Horst **Pape**

Zehn Winter auf Teneriffa

und die Geschichte
eines seltsamen Guanchen vom Bollullo-Strand

novum pro

Bibliografische Information
der Deutschen Nationalbibliothek:

Die Deutsche Nationalbibliothek
verzeichnet diese Publikation in
der Deutschen Nationalbibliografie.
Detaillierte bibliografische Daten
sind im Internet über
http://www.d-nb.de abrufbar.

Alle Rechte der Verbreitung,
auch durch Film, Funk und Fernsehen,
fotomechanische Wiedergabe,
Tonträger, elektronische Datenträger
und auszugsweisen Nachdruck,
sind vorbehalten.

Gedruckt in der Europäischen Union
auf umweltfreundlichem, chlor- und
säurefrei gebleichtem Papier.

© 2024 novum Verlag

ISBN 978-3-7116-0239-8
Lektorat: Juliane Johannsen
Umschlagfotos: Horst Pape,
Florentrols | Dreamstime.com
Umschlaggestaltung, Layout & Satz:
novum Verlag

www.novumverlag.com

Widmung

Der Autor bedankt sich herzlich bei seiner Schwiegertochter Mara, der Nachbarin Anita und seinem kollegialen Freund Richard für deren freundliche Unterstützung beim Korrekturlesen und diversen Formulierungsvorschlägen.

Kapitelverzeichnis

Los Cristianos	9
Die Entscheidung!	17
Am Baumhaus	34
Eine seltsame Begegnung	42
Plan B funktioniert	58
Der letzte Schliff muss sein!	67
Erster Winter: Botanischer Garten und Garachico	74
Ostern in Puerto de la Cruz	97
Zweiter Winter: Spanischunterricht	104
Eine unangenehme Überraschung	110
Dritter Winter: Höhlenbesuch	125
Vierter Winter: Inspirationen beim Wandern	154
Fünfter Winter: Ein seltsamer Fund	175
Sechster Winter: Loro-Park, der beste Tierpark der Welt	189
Siebter Winter: La Gomera, die Insel mit Pfiff	202
Achter Winter: Ein blumiges Fest	221
Neunter Winter: La Palma – Eine gute Idee	235
Zehnter Winter: Schweben über dem Orotava-Tal	252

Kapitel 1

Los Cristianos

Es war am Sonntag, den 3. Januar des Jahres 1982, als Paul unvermittelt aus seinem gewohnten Mittagsschlaf gerissen wurde. Verschlafen rieb er sich die Augen und sah dann seinen sechzehnjährigen Sohn Peter vor sich. Erst wollte er sich über diese Störung beschweren, besann sich aber, denn er blickte in strahlende blaue Augen.
„Was ist, mein Sohn?", lächelte Paul fragend. „Entschuldige, Vater, gestern hat mir mein Freund Detlef von seinem Urlaub auf Teneriffa erzählt. Er ist von dieser Insel sehr begeistert und hat mir sogar einen Prospekt von der Insel überlassen."
„Ja, und?", erkundigte sich Paul. „Die Insel soll ein wahres Naturparadies sein, und damit, so meine ich, müsste sie sich doch für deine und Mutters Suche nach einem passenden Urlaubsort empfehlen", strahlte Peter erwartungsvoll. „Schlage es deiner Mutter vor", grummelte Paul und wandte sich wieder zur Seite. Paul hatte eine anstrengende Woche hinter sich, er musste als verantwortlicher Bezirksdirektor in einigen von ihm überwachten Läden die Inventurarbeiten kontrollieren und war deshalb noch sehr angespannt.
Da in der Planung familiärer Urlaubsreisen Pauls Ehefrau Erika schon immer ein gewichtiges Wort mitzureden hatte, war der Hinweis, es der Mutter zu sagen, sehr berechtigt. Selbst seit ihre beiden Söhne nicht immer mitreisen wollten, sondern auch mal ihre eigenen Wege gingen, blieb es bei dieser Regelung.

Bernd, der drei Jahre ältere der zwei Söhne, hatte nach dem Abitur eine Lehre als Landschaftsgärtner begonnen, diese auch erfolgreich abgeschlossen und nur wenig später mit seiner Freundin Sabine in Duisburg eine eigene Wohnung bezogen.
Sohn Peter war, im Unterschied zu Bernd, ein unruhiger Geist. Er besuchte noch das Gymnasium „Filder Benden" in

Moers, aber nur die Schulbank drücken, genügte ihm nicht. So machte er in seiner Freizeit alte Mofas wieder fahrtüchtig, um sie dann zu verkaufen. Auch besserte er sein Taschengeld mit einem Brötchen-Lieferdienst vor Schulbeginn auf. Auf Reisen mit seinen Eltern wollte er allerdings noch nicht verzichten.

An Schlafen konnte Paul nun nicht mehr denken, auch weil ihn der Hinweis auf Teneriffa zu beschäftigen begann. Als Erika ihre Männer zu Tisch bat, verflüchtigte sich das Thema Teneriffa wieder ein wenig, aber nicht bei Peter. Obwohl es eine seiner Lieblingsspeisen, grüne Bohnen mit Ketchup, gab, blieb er beim Thema Teneriffa: „Mutter, du kannst dich in dem wunderbaren Klima der Insel gewiss gut entspannen und Vater sicher auch", lächelte er verschmitzt. „Und mir nützt es, vor dem bevorstehenden Abitur ein wenig abgelenkt zu sein."

„Wann wäre uns ein Termin denn möglich?", erkundigte sich Paul dann doch. „Für mich wäre, wegen der Osterferien, Ende März der beste Zeitpunkt. Wie aber passt es dir und wie Mutter?", ereiferte sich Peter. „Den Termin könnte ich übernehmen", sagte Paul nach kurzem Überlegen. „Zumal ich meine diesjährige Junggesellentour von März auf den Mai verschieben muss, weil einer meiner beiden Kumpels im März verhindert ist. Aber lass uns hören, was die Mutter davon hält", nickte Paul und blickte dann mit Peter zu Erika. Und was sahen sie? Ein belustigtes Lächeln. „Lieber Peter, das kommt mir etwas zu plötzlich, dazu muss ich erst meinen Terminkalender studieren, aber die Idee finde ich nicht schlecht."

Vielleicht dachte Erika auch daran, dass die Familie sich aus besonderen Gründen schon zwei Jahre nur kleinere Reisen innerhalb der Bundesrepublik und im nahen Ausland gönnte, eine längere Reise also durchdacht werden musste. Erika und Paul hatten sich nach zwölf berufsbedingten Ortsveränderungen in Moers eine Doppelhaushälfte gekauft, was einiges an Nerven für Erika und viel der knappen freien Zeit von Paul abverlangt hatte. Jetzt aber fühlten sie sich hier am Germendonkskamp in Moers endlich zu Hause.

Erika und Paul, sie in Hildesheim und er in Dortmund geboren, konnten sich hier erstmals während ihrer Ehe einen breiteren Bekanntenkreis aufbauen.

Für Erika war es eine lustige Kniffel-Gruppe, die sich abwechselnd einmal im Monat bei ihr, bei Tutti, Beate oder bei Margret traf, sowie zu gemeinsamen Ausflügen in die nähere Umgebung. Auch Paul wurde wieder ruhiger, er traf sich an jedem ersten Donnerstag im Monat mit seinem Nachbarn Clemens und den Sportfreunden Norbert und Artur zum Skatabend. An Mittwochabenden war fast immer Sport bei ihm angesagt, wozu er sich mit Sportinteressierten in der Turnhalle am Germendonkskamp traf, um unter der Leitung des Trainers Bernhard vom MSV-Meerbeck nach einer Lockerungsgymnastik erst Faustball und danach Fußballtennis zu spielen. So blieb es auch nicht aus, dass der Bekanntenkreis immer größer wurde, und Pauls Kellerbar an manchen Wochenenden ein Ort der Kommunikation in behaglichen Runden wurde.

Diese erfreulichen Bereicherungen ihrer privaten Zeit belebten nicht nur Erikas und Pauls Eheleben, sie führten Paul auch in seiner beruflichen Arbeit zu neuen und positiven Impulsen. Er wurde gelassener und in manchem verständnisvoller, während Erika nach dreiundzwanzig Ehejahren und anstrengender Nachwuchsbetreuung ruhiger, ausgeglichener und fröhlicher wurde.

Nach dem Mittagessen wurde noch aufgeräumt, und dies machten sich Vater und Sohn zur Aufgabe, um Erika für das Studium ihres Terminkalenders Zeit zu geben. Nach dieser Arbeit begaben sich die beiden Männer ins Wohnzimmer, wo auch Erika schon weilte, sie wollten sich die Sportschau ansehen. Peter konnte jedoch, mit Blick zu seiner Mutter, seine Neugier nicht länger zurückhalten. „Mutter, was sagt dir die Überprüfung deines Terminkalenders?" Erika lächelte: „Bei mir ist alles klar, ich könnte dabei sein", war ihre kurze Antwort. „Danke", lachte Peter, „das trifft sich ja famos." Er sagte es und stürmte in sein Zimmer in der ersten Etage, um den Urlaubsprospekt zu holen. „Da schau mal einer", freute sich nun auch Paul, während er darin blätterte. „Ein Bungalow mit zwei Schlafzimmern in einer wunderschönen Anlage nahe dem Strand von Los Cristianos", las er vor. „Was hältst du davon?", erkundigte er sich daraufhin bei Erika. „Nicht schlecht, und auch der Preis stimmt", gab Erika ihre Zustimmung. „Dann werde ich, wenn ihr einverstanden seid, am Montag im Reisebüro alles perfekt machen", schlug Paul lachend vor.

Und Ende März hatte ihr Warten dann ein Ende. Am Düsseldorfer Flughafen hob eine Maschine mit dem Ziel Teneriffa-Süd ab, und voller Erwartungen flogen Erika, Paul und Peter zu ihrem neuen Urlaubsort.

Los Cristianos liegt im Süden der Insel unweit ihres Zielflughafens und ist etwa 70 Kilometer von der Inselhauptstadt Santa Cruz de Tenerife im Norden der Insel entfernt. Hier im Süden hatte sich ab den 1970er Jahren um das winzig kleine Fischerdorf Los Cristianos ein beachtliches touristisches Zentrum entwickelt. Allerdings war die Gegend schon im 16. Jahrhundert bekannt, denn eben dort war schon ein Hafen geschaffen worden, von dem aus Fähren zu den Inseln El Hierro, La Gomera und La Palma ausliefen. 1924 wurde für die stetig wachsende Bevölkerung in Los Cristianos eine Kapelle errichtet und ab den 1960er Jahren siedelten sich aufgrund der klimatisch günstigen Bedingungen im Süden Teneriffas einige Pflegeheime, vor allem für Lungenkranke und deren Rehabilitation, an, womit auch die touristische Entwicklung von Los Cristianos begann. Für den aufblühenden Tourismus wurden entlang der Südküste erste Strandabschnitte künstlich mit Sand aus der Sahara angelegt und seither lassen diese Uferpromenaden keine Wünsche mehr offen. Restaurants, Cafés und allerlei unterschiedliche Einkaufsstätten, kleinere und größere, boten alles, was man in einem Urlaubsort erwarten konnte.

Das Hotel, die umgebende Parkanlage und der weite Strand hielten, was der Urlaubsprospekt versprochen hatte. Auch Erika und Paul waren von der Umgebung dieses Ortes sehr angetan. „Hier kann man Urlaub machen", freuten sie sich.

Mit Wanderungen und vielerlei Besichtigungen ließen sie keinen der gebotenen Höhepunkte aus. Und immer, wenn sie tagsüber in der Anlage waren, tummelten sich die drei in dem großen Swimmingpool, um danach das Bad in der Sonne auf der Liege zu genießen.

Wenige Tage vor dem Ende ihres Aufenthaltes besuchten die drei eine unterhaltsame Varieté-Show in Las Américas, der sich die Costa Adeje, Torviscas, Playa de Fañabé und La Caleta anschlossen, und hier durfte Peter seine Urlaubsabenteuer krönen. Mit seiner Eintrittskartennummer gewann er bei der angekündigten Verlosung eine Flasche Schampus, die er nach der Heimkehr in ihr Ferienhotel nach kurzer Kühlung köpfte und mit seinen Eltern genießen konnte.

„Warum nennt sich dieser Ort an Teneriffas Küste Las Américas, wenn alle anderen Küstenorte spanisch klingen?", erkundigte sich Peter während ihres gemütlichen Beisammenseins. Paul blickte interessiert auf, aber Erika wusste es: „Der Name soll sich auf die bekannten US-Schauspieler Elizabeth Taylor und Richard Burton beziehen. Das Ehepaar hatte während des hier im Süden beginnenden Touristenbooms in Santa Cruz im Norden Urlaub gemacht, und war gut beraten, sich in der in Planung befindlichen Feriensiedlung einen ganzen Wohnkomplex zu kaufen, der sich Jahre später als ihre ertragreichste Geldanlage erweisen sollte." „Wenn das stimmt, war es jedenfalls clever von den beiden geschäftstüchtigen Stars der amerikanischen Filmbranche", bemerkte Peter und gähnte dabei müde. Ja, er hatte sich ausgetobt, er bedankte sich bei seinen Eltern für den gelungenen Abend und zog sich dann in sein Zimmer in einem Nebengebäude zurück.

So verbrachten die drei auf dieser ihnen bisher unbekannten Sonneninsel im Atlantischen Ozean einen unvergesslichen und nachhaltigen Urlaub. Erika und Paul tat die Erholung sichtlich gut. Sie hatten miterlebt, wie sich Peter an ungestümen Wasserschlachten im Pool mit Gleichgesinnten beteiligte und Spaß an ausgedehnten Touren durch anspruchsvolles Gelände mit einem angemieteten Moped hatte. Auch ihre Spaziergänge, kleinen Wanderungen und organisierten Bustouren in die Umgebung waren eine Bereicherung für sie. Sie fühlten sich hier sehr wohl. „Hierher fliegen wir nochmals", war Erika überzeugt.

Aus beruflichen Gründen mussten Erika und Paul Moers nach fünf erlebnisreichen Jahren wieder verlassen. Das musste sein, da Paul als Einkaufsdirektor in die Frankfurter Zentrale seines Arbeitgebers berufen worden war. Den Kontakt zu ihrem bisherigen Bekanntenkreis ließen sie jedoch nicht abbrechen. Ihre Immobilie konnten sie günstig verkaufen und zogen nun in ein angemietetes Einfamilienhaus in Rödermark, einem Ort in der Nähe von Frankfurt am Main.

Paul besaß mit Erika zwar in Brombachtal-Hembach ein idyllisch gelegenes Zweifamilienhaus, das Paul fünfzehn Jahre zuvor hatte bauen lassen und als ihr Altersruhesitz gedacht war, aber wegen der langen Wegstrecke zu Pauls neuer Wirkungsstätte wollten sie noch nicht dorthin ziehen. Dafür erfüllte Paul seinen Eltern, Lotte und Peter, damals einen Lebenstraum. Sie verließen ihr Heim, Pauls Geburtshaus in Dortmund-Hombruch, als Vater Peter vom Arbeitsleben als Bergmann Abschied genommen hatte, und fühlten sich danach im dörflichen Hembach, mitten im Odenwald mit einem Gemüsegarten direkt am Hause, sehr wohl. Auf sie traf der Spruch „Einen alten Baum verpflanzt man nicht" nicht zu, inmitten der Natur blühten sie, von neuen Aufgaben gefordert, förmlich auf. Aber auch Erika und Paul verbrachten hier mit ihren Kindern in ihrer Ferienwohnung im oberen Stockwerk viel Freizeit, worüber sich die Großeltern und deren Enkel Bernd und Peter freuten.

Leider verstarb Pauls Vater nach einer kurzen, aber schweren Erkrankung im Jahre 1988. Von da an wurde Mutter Lotte noch öfter besucht, und Weihnachten wurde nur noch bei ihr im Odenwald gefeiert.

„Wo wollen wir Sylvester diesmal feiern?", fragte Erika Paul kurz vor Weihnachten im Jahre 1990. Paul erinnerte sich an Teneriffa, und so entschieden sich die beiden für einen Kurzurlaub zum Jahreswechsel auf dieser Insel. Paul buchte einen Aufenthalt vom 27.12. bis zum 05.01. im Hotel Botanico in Puerto de la Cruz, im grünen Norden der Insel. Zuvor hatten die beiden in den vergangenen Jahren bereits Urlaube in La Caleta und an der Costa Adeje verbracht, aber den Norden Teneriffas kannten sie noch nicht. Das Hotel war großflächig von einer bezaubernden Gartenanlage umgeben und bot alle Annehmlichkeiten, die einen Aufenthalt zu einem unvergesslichen Erlebnis machten. Vor allem aber waren sich Erika und Paul einig: „Wir haben vieles gesehen, haben viel bereist, aber hier im grünen Norden der Insel fühlen wir uns, wie man sich nur in einem Paradies fühlen kann." Und dieser Kurzurlaub war es, der alle ihre Erwartungen erfüllte, danach hatten sie nur noch ein bevorzugtes Urlaubsziel, Teneriffa. Hier war es vor allem Puerto de la Cruz, wo sie sich zuhause fühlten. Von da an nutzten sie nahezu jede Gelegenheit, um dieses Paradies zu besuchen.

Fern der Ferienerlebnisse ging das Leben der Familie jedoch gewohnt weiter.

Sechs Jahre vor Pauls Pensionierung dachten Erika und Paul wieder an einen neuen Umzug, und es sollte ihr letzter werden. Nachdem in recht kurzer Zeit zweimal in ihr gemietetes Einfamilienhaus in Rödermark eingebrochen worden war, woran vor allem Erika litt, wurde ein erneuter Ortswechsel nötig. Ein Umzug in das Haus im Odenwald, das ursprünglich als ihr Altersruhesitz vorgesehen war, kam für Erika aus nachvollziehbaren Gründen nicht mehr in Frage. Die Räume im Obergeschoss waren dafür zu klein. Und deshalb dachten beide, Erika wie Paul, wieder an Moers, ihre neue und alte Heimat. Mit der freundlichen Hilfe von Pauls Sportfreund Rüdiger, dem erfahrenen Sparkassendirektor, gelang ihnen rasch, im Ortsteil Schwafheim eine sehr schöne Bleibe zu kaufen. Sie entschieden sich für die Parterre-Wohnung in einem Zweifamilienhaus mit einem sechshundert Quadratmeter großen Garten, den ihr Sohn Bernd mit seinen Mitarbeitern nach seinen Ideen und zu Erikas Freude umgestaltete.

Jetzt begann eine Zeit der Wochenendehe für die beiden. Paul wohnte, seiner beruflichen Verpflichtung wegen, nun an Wochentagen bei seiner noch rüstigen siebenundsiebzigjährigen Mutter im Odenwald, während Erika sich in Moers allein wieder einleben musste. Über diese gefundene Lösung freute sich Pauls Mutter natürlich, sie konnte jetzt wieder ihren Sohn verwöhnen, wenn er denn mal im Lande war. Berufsbedingt war er fünf Monate des Jahres im Ausland tätig.

Im Dezember 1996 wurde Paul nach über zweiundvierzig Jahren Tätigkeit im selben Unternehmen in die Altersruhe entlassen, und von da an war dann Moers auch für ihn wieder die Heimat.

Rasch wurden einstige Freizeitaktivitäten mit den alten Bekannten und Sportfreunden in Moers wieder zur alltäglichen Gewohnheit, die Erika mit wöchentlichen Turnabenden und Paul mit monatlichen Kegelabenden ergänzten. Auf Dauer genügte dies Paul doch nicht. Als Bernhard, der Trainer der Mittwoch-Sportgruppe aus Altersgründen zurücktrat, nahm er die Herausforderung an, und machte den Trainerschein in der Sportschule Duisburg-Wedau und versuchte danach sein Glück als Trainer, zum Vergnügen seiner Sportfreunde, die begeistert mitmachten.

Kapitel 2

Die Entscheidung!

Wann immer Paul seine Reiselust beschreiben wollte, sagte er: „Besser selber sehen, als davon nur zu hören oder lesen." Reisen war für ihn der beste Weg, um die Welt besser kennenzulernen.

Dies galt auch für seine jährlichen vier- bis sechstägigen „Kulturtouren" mit seinen Kollegen Peter, Reinhard und Siggi, mit denen er fast alle Hauptstädte Europas schon besucht hatte. Diese Reisen gönnte ihm Erika, zumal sie immer auch Pauls Reisen mit der Familie anregen konnten. Mit seiner Familie hatte er schon die Niederlande besucht, war mit nach Österreich gefahren, nach England und auch nach Dänemark. Und als die Kinder flügge geworden waren, bereiste er mit Erika die USA und Kanada, und einige Länder in Asien und in Afrika, und als Besonderheit betrachtete er ihre gemeinsame Reise nach Australien. Innerhalb Europas galt das Interesse der beiden vor allem den Ländern Italien, Ungarn, Polen und Frankreich, und schließlich auch Spanien und Portugal. Erst in ihren reiferen Jahren besuchten sie dann die nordischen Länder Schweden, Finnland, Litauen und Norwegen, und mit großem Interesse auch Russland. Und so konnten die beiden mit gewissem Stolz sagen, dass sie schon die halbe Welt besucht hatten.

Was war es aber, das die beiden immer wieder nach Teneriffa und vor allem in den Norden der Insel trieb? Auf den Kanaren hatten sie schon die Inseln Gran Canaria und Lanzarote besucht, aber keine dieser Inseln hatten Erika und Paul so sehr begeistert wie eben Teneriffa. „Der ewige Frühling ist es, mit seiner immergrünen, paradiesischen Natur", lächelte Erika auf solche Fragen.

Und so war es kein Wunder, dass sich die beiden auch im Februar 2010 entschlossen, ihren bevorstehenden Urlaub wieder in Puerto de la Cruz im Norden Teneriffas im Hotel Bahia Principe San Felipe zu verbringen. Von hier versprachen sie sich eine wunderbare Sicht auf die Playa de Martiánez und den Atlantischen Ozean. Da sie den Ort und seine Umgebung schon kannten, verbrachten sie hier ihre ersten Tage vor allem in der tropischen Gartenanlage und am Pool des Hotels, wo sie sich auch von der hervorragenden Küche von morgens bis abends verwöhnen lassen konnten.

Paul fühlte sich hier sehr wohl, denn nach den kältesten und schneereichsten Winterwochen der beiden letzten Jahre in der Heimat, hätte er sein erholsames Nichtstun gerne weiter gepflegt, aber Erika ließ dies nicht zu. Sie interessierte sich für die Geschichte von Land und Leuten, und daran sollte auch Paul sich beteiligen. Sie schlug deshalb vor, Puerto de la Cruz genauer kennenzulernen.

Puerto war im Jahre 1604 gegründet worden, auch wenn schon Menschen ein Jahrhundert früher hier gelebt und gearbeitet hatten. Schon damals wurde ein einfacher Hafen angelegt, obwohl die Gegebenheiten an der Nordküste zum Atlantik nicht besonders einladend waren. Die weitere wirtschaftliche Entwicklung erforderte einen Ausbau des Hafens, so entstand der „Puerto von Araotava". Ab etwa der Mitte des 16. Jahrhunderts erblühte hier im Orotava-Tal der Weinhandel, der nach und nach immer wichtiger wurde. Weinstöcke wurden breitflächig angepflanzt, und für die Menschen in und um Puerto ergaben sich dadurch viele neue Betätigungsfelder. Fassbinder und Transportarbeiter, Schiffsleute zum Verladen und viele andere fanden mit ihren Familien dadurch zu neuem Broterwerb, was zur Folge hatte, dass die Bevölkerung ständig anwuchs. Um das Jahr 1604 gab es hier vielleicht 50 Häuser und 220 Bewohner, aber schon 630 Häuser mit 2 830 Bewohnern waren es im Jahre 1707. Ende des 19. Jahrhunderts begann das noch zarte Pflänzchen Tourismus zu wachsen, um dann, nach dem Zweiten Weltkrieg, geradezu zu explodieren. Daher wurde Puerto de la Cruz von der spanischen Regierung im Jahre 1955 zu einem „Ort von touristischer Bedeutung" erklärt. 1963 begann die bauliche Umgestaltung der Stadt, die ihren Höhepunkt mit dem vierundzwanzig Stockwerke hohen Hotel Belair erreichte. Der Umbau des Lago Martiánez nach Entwürfen des Architekten César Manrique im Jahr 1971 war der Beginn einer Rückbesinnung auf Tradition und natürlich gestaltete Landschaft, wie sie auch an der Playa Jardín, die vom selben Künstler entworfen wurde, am westlichen Ende der Stadt noch heute erkennbar ist. Am 23. Mai 2006 erklärte die Regierung der Kanarischen Inseln die Innenstadt von Puerto und einige außerhalb liegende Gebäude als Gesamtheit zu einem Ort von kultureller Bedeutung.

Lange herumliegen war Erika nicht gewohnt, und sie mochte dies auch nicht. Sie schlug deshalb vor, den Ortsteil La Paz, was auf Deutsch „der Frieden" heißt, den sie einst als Gäste des Botanico-Hotels besucht hatten, genauer kennenzulernen, zumal ihnen ein Liegen-Nachbar verraten hatte, dass dieser Ortsteil unter Touristen gerne als „Deutscher Stadtteil" bezeichnet wird. Nach leichtem Gemurmel war Paul dann doch bereit, Erika zu begleiten. Direkt vor dem Ausgang ihres Hotels befand sich die Playa de Martiánez, ein Strand aus schwarzem Vulkansand, der über dreihundert Meter lang und fünfundzwanzig Meter breit war, der aber die beiden nicht zum Verweilen oder gar zum Schwimmen verführen konnte. Rechts unweit des Ausgangs blickten sie auf die imposante fünfzig Meter hohe, mit Sträuchern bewachsene Felswand, auf deren Plateau sich La Paz über Jahrhunderte lang entwickelt hatte.

Vom Hotel bummelte der großgewachsene, jetzt vierundsiebzigjährige Paul mit seiner eher zierlichen Erika durch eine ansehnliche Palmenallee, bemerkte dabei manche kleine Bausünden an den Hotelanlagen, und nach nur kurzer Zeit erreichten sie das große Einkaufscenter „Las Piramides de Martiánez". Aber dafür interessierten sich die beiden an diesem Tage nicht, dieses wollten sie zu anderer Zeit besuchen.

„Hier müssen wir rauf?", fragte Erika erschrocken, als sie über die Brücke des Martiánes Barrancos gingen und dann vor einer Treppe standen. „Diese Treppe endet wohl nie?", stöhnte

Erika. Über zweihundert Treppenstufen stiegen sie hoch, mühsam und immer wieder anhaltend, um nach Luft zu schnappen. Aber die Mühe lohnte sich, denn danach erreichten sie das Café Yucca. Und dieses Haus war eine kleine Überraschung für das Paar, denn das Café wurde von einem aus der Nähe von Grömitz stammenden Ehepaar geführt. „Na, dann sind wir wohl im ‚Deutschen Stadtteil' von La Paz angekommen", erinnerte sich Paul und bestellte auf der Terrasse des Cafés auf Erikas Wunsch zwei Zaperocos, obwohl hier auch ein mit Mineralwasser hergestellter deutscher Filterkaffee angeboten wurde. Aber Erika liebte diesen Zaperoco, eine köstliche spanische Spezialität, die in mehreren Schichten hergestellt wird. Die untere Schicht besteht aus süßer Kondensmilch, über die ein Espresso und ein Schuss Likör 43 kommen, alles dann mit Milchschaum ergänzt und mit einer Prise Zimt und einem Limettenscheibchen serviert wird. „Ach, schmeckt der himmlisch", lobte Erika.

Nach dieser kleinen Einkehr bummelten die beiden weiter und erreichten nach einem erneuten, aber weniger steilen Anstieg eine kleine, recht schmucke Kapelle, die Ermita de San Amaro und damit das gewiss älteste Sakralgebäude von Puerto de la Cruz, das schon im Jahre 1591, durch die verstärkte Christianisierung der Menschen dieser Region, erbaut worden war. Die weit offene Tür lud zum Eintreten ein, und Erika und Paul folgten dieser Einladung gerne.

Beim Verlassen des Gebäudes blieb Paul auf dem Treppenabsatz stehen und wies geradeaus: „Erika, schau mal dort, siehst du da hinten das Spielcasino im Taoro-Park?" „Ja, natürlich, aber was soll das?", erkundigte sich Erika erstaunt, musste dann aber lachen: „Ein Besuch dort würde dir wohl sehr gefallen, aber mehr als das Casino gefällt mir der dortige Park", erklärte Erika. Und damit hatte sie recht. Erika meinte eine weite Parkanlage, die mit ihren verschlungenen Wegen, mit Wasserfällen und Springbrunnen und vielen schattigen Plätzen unter exotischen Bäumen und Palmen jeden Besucher anspricht.

Erika sah jedoch noch mehr: „Schau mal weiter nach links, dann siehst du sogar auf den Teide mit einer weißen Schneemütze!", jubelte Erika, als sie Spaniens mit 3 715 Metern höchsten Berg zum ersten Mal mit einer schneebedeckten Spitze sah, die sich vor dem azurblauen Himmel deutlich abhob. Nur wenige Schritte von der Kapelle entfernt war es ein Zufall, dass Paul ein in Rockwellschrift verfasstes Firmenlogo eines Immobilienmaklers bemerkte. Paul blieb stehen und überflog die angepriesenen Angebote. „Schau mal, Erika, ist das nicht …?" Weiter kam er nicht, denn Erika unterbrach ihn: „Du denkst doch nicht daran, hier eine Wohnung zu mieten?" Eine Antwort blieb Paul seiner Erika allerdings schuldig, denn genau in diesem Moment klingelte sein Handy. Es war sein Sohn Peter, der ihn anrief. Er erkundigte sich nach ihrem Befinden und ließ Paul wissen, dass seine Enkel, Paul und Finn, ihn und Oma sehr vermissen würden. Das freute Paul, denn er dachte gerne und oft an die zehnjährigen Zwillinge. Seit ihrer Geburt verbrachte er mit diesen, wann immer es möglich war, viel Zeit, und weit mehr als er es mit den eigenen Kindern gekonnt hatte. Damals hatte der Beruf eben Vorrang.

„Und was treibt ihr so?", erkundigte sich der Sohn. „Wir spazieren gerade nach La Paz und stehen vor dem Schaufenster eines Immobilienmaklers, deine Mutter will hier unbedingt eine Wohnung mieten", lachte Paul über seinen Scherz. Auch Peter lachte darüber, sagte dann aber: „Das lasst besser bleiben, wenn ihr an so etwas denken solltet, dann denkt doch eher darüber nach, auf Teneriffa eine Wohnung zu kaufen!" „Jetzt machst du aber Witze", erwiderte Paul etwas irritiert. „Ich meine das in allem Ernst, schaut euch mal um, was der Markt so hergibt, vierzehn Tage habt ihr ja noch Zeit. Welche Kosten für einige Aufenthalte auf Teneriffa fallen an? Kann man mit diesem Gesamtwert auch eine Wohnung kaufen, wenn man es über einige Jahre hochrechnet?" Dies waren Peters letzte Worte, er wollte noch mit seiner Mutter reden. Paul schüttelte den Kopf. „Wie kommt mein Sohn nur auf so abenteuerliche Gedanken? Eine Wohnung auf Teneriffa kaufen?" Wenige Minuten später war er mit Erika einig: „Der Junge spinnt doch!"

Die beiden bummelten weiter. Paul wäre nicht Paul gewesen, wenn ihn dieses Thema nicht noch weiter beschäftigt hätte. Schon in seiner beruflichen Arbeit liebte er es, von seinen Mitarbeitern auch mal scheinbar verrückte Ideen zu hören, denn verrückte Ideen helfen oft, völlig neue Wege zu finden und alte Trampelpfade zu verlassen. Dieser verrückte Vorschlag seines Sohnes beschäftigte Paul so sehr, dass er diesen bald gar nicht mehr als so verrückt sah. In seinem Oberstübchen quirlten einige „Wenn und Aber" weiter, als er Hand in Hand mit Erika die sehr belebte Carreta Botanico am Canaris Center vorbei entlang spazierte. Erst als sie das Einkaufscenter La Cupula erreichten, lenkte ihn dies wieder ab. Hier musste Erika reinschauen. Dann, nach einem Rundgang durch das Handelshaus und die angrenzenden Geschäfte, brauchte Paul eine Stärkung. Erika war es recht, so steuerten die beiden auf dem Rückweg das Lokal Zebra Maria, ein gepflegtes Ecklokal mit einladend großem Terrassenbereich, an. Vom kleineren, aber rustikalen Innenbereich wäre sogar ein freier Blick in die Küche möglich gewesen, aber Erika zog einen kleinen Seitentisch im Freien vor. Die Pizza schmeckte vorzüglich, nur hätte sich Paul einen herberen Wein gewünscht. Dass ihn dies aber wortkarg gemacht hätte, glaubte Erika nicht. Sie ahnte sehr wohl, dass seine Zurückhaltung nur mit Peters Anruf und dem Kauf einer Wohnung zusammenhängen konnte. Und so war es auch. Paul griff das Thema recht bald auf und Erika hörte sich in Ruhe seine gedanklichen Ausführungen an, sie blieb aber reserviert. Als Paul dann sogar schon mit Rechenbeispielen zu „mieten oder kaufen" begann, winkte Erika versöhnlich ab: „Lass uns erst eine Nacht darüber schlafen", riet sie ihm. Erika kannte ihren Paul ja, er sprang gerne auf neue Ideen an und war ohnehin immer ein Freund schneller Entschlüsse. Solche hatten ihm in seiner beruflichen Arbeit ja meist mehr Vor- als Nachteile eingebracht.

Als sich der Himmel dann plötzlich zu verdunkeln begann, brachen die beiden recht eilig wieder auf. Solche schnellen Wetteränderungen entwickeln sich auf Teneriffa im Norden der Insel häufiger als im Süden. Aber ebenso schnell wie Regenwolken kommen, so verschwinden sie meist wieder, sorgen damit aber für eine natürliche Bewässerung der wunderbar grünen und blühenden Landschaften.

Am nächsten Morgen waren sich Erika und Paul, auch ohne viele Worte, einig. Sie hatten darüber nachgedacht und beide waren zu der Einsicht gekommen, dass sich ein Kauf eigentlich lohnen müsste, zumal sie sich ja für Teneriffa als Winter-Urlaubsziel für die kommenden Jahre längst entschieden hatten. Sie hatten ja schon vieles gesehen und ihre Entdeckerfreude fand allmählich ihre Grenzen. „Ich werde die Gegend nach einem passenden Immobilienhändler abklappern, dann sehen wir ja, was sich so alles anbietet", schlug Paul vor, und Erika war damit einverstanden.

Ein „Irgendwann" kannte Paul nicht, er liebte das „sofort", und er musste auch nicht lange suchen, ihm war das Immobilienbüro Meier in der Calle de Hoya in der Nähe ihres Hotels schon aufgefallen. Hier wollte er versuchen, sich unverbindlich über die Möglichkeiten eines Wohnungskaufs zu informieren. Wenige Stunden später stand Paul dem Inhaber des Immobilienbüros dann auch gegenüber. Dieser ließ sich Pauls Größenvorstellung einer Wohnung schildern und hatte gleich mehrere Vorschläge parat. Eine davon befand sich in der City von Puerto, die schon am nächsten Tag zu besichtigen war. Paul war interessiert und versprach dem Mann, den Termin mit seiner Frau wahrzunehmen.

Nun war Paul in seinem Element. Nur mit einem Makler Kontakt zu haben? Nein. Er erinnerte sich wieder an Carmen, eine einheimische TUI-Reiseleiterin, die im Hotel zu bestimmten Zeiten für Kontaktgespräche bereitstand. Diese kannte sich auf der Insel bestens aus, und von ihr konnte er womöglich eine neutralere Meinung über den hiesigen Wohnungsmarkt erhalten. Und richtig, als er die Lobby betrat, sah er die hübsche, schwarzhaarige Carmen in der sogenannten Touristenecke allein an einem Tisch sitzen. Nach einer herzlichen Begrüßung sprach Paul sein Interesse am örtlichen Wohnungsmarkt an und ließ durchblicken, dass er, so sich eine Gelegenheit böte, eine Wohnung mit Wohn-, Schlafzimmer, einer Küche und einem nicht zu kleinen Bad kaufen wolle. Carmen hörte aufmerksam zu und dann schmunzelte sie. „So etwas ist leicht zu finden, wie aber sieht es bei dir mit Kinderfreundlichkeit aus, wie mit dem gewünschten Umfeld?" Sie bat Paul um seine Einstellungen zur Nähe von Stränden, zu Einkaufsmöglichkeiten und natürlich auch, welche Preisvorstellungen er habe. Paul versicherte, keine Strandnähe anzustreben, sich über einen freien Blick aufs Meer aber freuen würde. Ein Kindergarten nebenan müsse nicht sein, gegen eine nahe, auch gut besuchte Grünanlage habe er keine Einwände, und preislich denke er so an 150 000 bis 200 000 Euro. Carmens offene Art gefiel Paul sehr, und er nutzte den Moment, ihr einziger Besucher zu sein, um ihr seinen halben Lebenslauf zu erzählen. Carmen lächelte: „Damit kann ich etwas anfangen", sagte sie und empfahl Paul einen Makler in der Calle Acevino von La Paz. „Der kennt einige sehr schöne Wohnanlagen", erklärte sie, als sich ein weiterer Gast ihrem Tisch näherte. Paul bedankte und verabschiedete sich.

Schnell eilte er zu seiner Erika auf der Liegewiese, die mal wieder die Marco-Polo-Broschüre „Teneriffa" studierte und ein wenig erschrak, als ihr Paul von hinten kommend die Lektüre aus der Hand nahm. „Na, was hast du erfahren?", erkundigte sie sich. „Davon später, erst muss ich eine Runde schwimmen", lachte Paul. Dann aber, auf dem Weg zur Dusche, war Erika nur noch reine Neugier. „Nun erzähl schon", forderte sie leicht ungehalten. „Ja, Hinweise auf Wohnanlagen haben mich begeistert", lächelte Paul sie an. „Also eine brauchbare Perspektive für unsere Suche?", antwortete Erika fragend und schubste dabei Paul in den Pool, um ihm mit einem mutigen Satz zu folgen.

Pünktlich erschienen Erika und Paul am nächsten Tag zu ihrem Termin im Büro des Maklers Meier. Nach einer freundlichen Begrüßung wies der Mann darauf hin, dass er nicht nur die eine, sondern auch eine zweite Wohnung im Ortsteil Las Arenas anbieten könne. „Dann lassen wir uns gerne überraschen", antwortete Paul. Danach begab sich die kleine Gruppe zu dem ersten

Objekt, das sich nur zweihundert Meter entfernt in der gleichen Straße, einer Fußgängerzone unweit des bekannten von César Manrique entworfenen und erbauten Meerwasser-Freibades befindet. Als sie etwa in der Mitte der Ladenzeile ankamen, blieb Meier vor einem Geschäftshaus stehen, wies auf die Außenfront und erklärte: „Hier im ersten Stock befindet sich die freie Wohnung!" Paul rümpfte die Nase und schaute zu Erika. Er sah deren leichtes Kopfschütteln und sagte: „Die Besichtigung können wir uns sparen, die Lage ist für uns inakzeptabel." Herr Meier verstand sofort, er hatte wohl auch keine andere Entscheidung erwartet. „Dann lasst uns zurück in mein Büro gehen und ich fahre mit Ihnen in den Ortsteil Las Arenas, dort ist eine freie Penthouse-Wohnung zu besichtigen", lächelte er. So geschah es auch. Die Größe der Räume dieser wirklich noblen Heimstatt überzeugte sowohl Erika wie auch Paul, denn ein eingebauter Grill auf der Veranda und die gute Sicht auf den Teide wirkten verführerisch. Auch der Kaufpreis war akzeptabel, aber irgendetwas hinderte beide daran, sich festzulegen.

Am folgenden Tag wollte Erika alle Gedanken um die Suche nach einer Wohnung verdrängen und bat darum, einen Spaziergang nach Punta Brava zu machen. Dieser Ortsteil von Puerto de la Cruz liegt am Ende der Playa Jardín, dem längsten und schönsten Strand in Puerto. Paul hätte ja lieber einen weiteren Makler in La Paz besucht, war dann aber einverstanden. „Vielleicht entdecken wir bei dieser Gelegenheit auch neue Wohnungsangebote", tröstete er sich, und folgte Erika.

Unter azurblauem Himmel schlenderten die beiden bei gefühlten 23 Grad die Avenida Colón entlang, kamen am dortigen Meerwasser-Freibad und der Eremita San Telmo, einer kleinen Fischerkapelle vorbei, erreichten schließlich die geschützte Marina in der Altstadt von Puerto. Natürlich bemerkte Erika, dass Paul wieder vor einem Immobilienbüro stehen blieb. „Was hat er nun schon wieder?", dachte sie. Paul hatte im Schaufenster ein Wohnungsangebot des Maritim-Hotels entdeckt. Dieses Hotel war ihm schon von der Terrasse eines

Cafés im Taoro-Park aufgefallen, es war mit seinen fast zwanzig Stockwerken und zwei Wohntürmen an der Atlantikküste unübersehbar. Erika wartete ungeduldig, und ohne ihre Frage nach dem Warum seines Zurückbleibens zu beantworten, schlug er ihr vor, den Spaziergang über Punta Brava hinaus bis zum Maritim-Hotel zu verlängern. „Warum denn das?", fragte Erika kopfschüttelnd. „Das erzähl ich dir, sobald wir dort sind", schmunzelte Paul. Gedanklich war er inzwischen bei einer Wohnung in einem Hotelbereich, wie er eine solche in Marbella an der Costa del Sol in Andalusien vor einigen Jahren mit Erika kennengelernt hatte. Paul dachte auch an mögliche Pool- und Gartenbenutzung, dachte an Handwerker- und Notfallservice und auch an mögliche soziale Kontakte. Erika ertrug sein Schweigen zwar, brachte ihn mit einer Frage dann doch wieder auf den Boden der Realität: „Wo machen wir endlich eine kleine Pause, die haben wir uns nach dem anstrengenden Pflasterlaufen wohl verdient?" „Wir können bis nach Punta Brava weitergehen, oder wir finden schon eine Möglichkeit an der Strandpromenade der Playa Jardín", antwortete Paul, der natürlich lieber schnurstracks zum Hotel gegangen wäre.

Nach etwa fünfzehn Gehminuten verließen die beiden die Altstadt, kamen am Kreuz El Penón in dem Tempelchen vorbei und erreichten das Castillo San Felipe. Ein wahrlich prächtiges Festungsbauwerk, das schon zu Beginn des 17. Jahrhunderts erbaut worden war, um die Landebucht in der Mündung des Barranco Felipe vor Piraten zu schützen. Die Anlage war mit vier Kanonen bestückt und bot damals 35 Männern eine sichere Unterkunft. Das Castillo wurde durch eine große Flut im Jahre 1826 allerdings stark beschädigt und Ende des 20. Jahrhunderts restauriert. Heute dient es kulturellen Zwecken.

Nach dieser imposanten Festung begann mit der Playa Jardín der wohl bekannteste Strandabschnitt dieser Region. Auch dieser wurde in den 90er Jahren von dem renommierten kanarischen Künstler César Manrique geschaffen, mit dem Ziel, den Besuchern Wohlgefühl und Entspannung zu vermitteln. Schon allein der Zugang zum Strand über Gärten mit endemischen

Pflanzenarten, über kleine Pfade zwischen Vulkansteinmauern und an Wasserfällen vorbei, sorgt für jedermanns Wohlbefinden.

„Hier werden wir ein passendes Lokal für einen Café con leche finden", freute sich Paul. Und nur wenig später, als sie die Umkleidekabinen links des Strandweges und die Duschen auf der rechten Seite passiert hatten, bot sich eine Möglichkeit zur Einkehr. Leider sagte diese Erika nicht zu. Also gingen sie über die etwas höher gelegene Landzunge El Charcón weiter. Hier hatten sie einen herrlichen Blick, nicht nur über den schönsten Strandabschnitt der Playa Jardín, sondern bis zu dem verträumten Örtchen Punta Brava. Und mit dem Restaurant Los Faroles fanden sie für Erika auch eine ansprechende Lokalität, wo sie sich den ersehnten Café con leche servieren ließ. Paul, der sich ein Cerveza bestellt hatte, ahnte sehr wohl, dass Erika ihre Neugier nur mit Mühe zurückhalten konnte. Und dies traf zu: „Nun sprich doch schon, was hast du dir wieder ausbaldowert?", bohrte sie hartnäckig. Paul schilderte Erika nun recht ausführlich, was er gesehen und sich im Geiste auch schon zurechtgedacht hatte, und seine Gedanken beunruhigten Erika, auch wenn sie nicht widersprach. „In einem Hotel wohnen?" Natürlich sprach einiges dafür, aber Erika musste darüber noch nachdenken.

Wieder etwas erholt, wanderten die beiden den Strandweg weiter, kamen am Loro-Tierpark vorbei und erreichten dann mit Punta Brava einen der hübschesten Ortsteile von Puerto de la Cruz. Die dort direkt am Meer liegenden Häuser, Straßen und Plätze haben ihren ganz eigenen Charme. Scheinbar verirrten sich an diesem Tag nur wenige Touristen in dieses ehemalige Fischerdorf.

Lange aufhalten wollten sich Erika und Paul hier nicht, denn Pauls Ziel war das Maritim. Eine knappe halbe Stunde mussten sie noch gehen, um das Areal des Maritim-Hotels zu erreichen. Sie durchquerten dazu einen sehr schönen Park mit einer großen Poolanlage, erreichten dann die großzügig gestaltete Rezeption. Allerdings befand sich das von ihnen gesuchte Maklerbüro im Nachbargebäude. Aber auch hier hatten sie Pech, denn an diesem Tage war das Büro nicht geöffnet. Ein zufällig vorbeikommender älterer Herr bemerkte ihr augenblickliches Desaster und stellte sich als Wallraf vor. Er erzählte, dass er hier schon viele Jahre eine eigene Wohnung besäße, und erkundigte sich, ob er irgendwie helfen könne. Paul erklärte ihm, dass er und seine Frau daran dächten, sich hier möglicherweise einzukaufen, aber noch unschlüssig seien. Der freundliche Mensch erklärte daraufhin, dass hier mehrere Wohnungen frei seien, und hatte auch einen freundschaftlichen Rat: „Und wenn ihr euch zu einem Kauf entscheidet, dann rate ich von einer Wohnung mit direktem Blick auf den Atlantik ab, auf dieser gen Norden liegenden Seite kann es ungemütlich kalt werden", und schüttelte sich dabei, scheinbar fröstelnd.

Erika und Paul bedankten sich für die freundliche Auskunft und mit dem Gefühl, in ihrer Suche einen Schritt weiter gekommen zu sein und begaben sich in ihr Hotel zurück.

„Was ist denn das? ", erschrak Erika, als sie ihr Zimmer betraten und auf dem Doppelbett einen großen Zettel liegen sahen. Es war ein Warnhinweis des Hotels, mit dem sie gebeten wurden, ihrer eigenen Sicherheit wegen die Fenster und Türen zum Balkon geschlossen zu halten, weil ein Sandsturm zu befürchten sei. Ungläubig schüttelte Erika den Kopf: „Wo soll denn hier feiner Sand herkommen, etwa der grobe, schwarze Sand von den Stränden?" Paul lächelte und erklärte Erika: „Solcher Sand wird bei einer sogenannten Calima-Wetterlage über dreihundert Kilometer von der Sahara über den Atlantik bis hierher geweht, so wie es zuweilen auch bei uns zuhause vorkommt, was wir immer dann sehen können, wenn geparkte Autos und unsere Veranda von hauchdünnen Sandschichten bedeckt sind." Paul konnte nur weniges erschüttern und roter Sand aus der Sahara gehört nicht dazu, er schlief die Nacht über tief und fest. Am nächsten Morgen zuckte er hilflos mit den Achseln, als Erika darüber klagte, durch die Gewalt des Sturmes zweimal geweckt worden zu sein. Sie klagte auch darüber, dass eine rote Sandschicht unterhalb der Balkontür über einen Meter weit ins Zimmer geweht worden sei. Als sie dann beide vom Balkon hinabschauten, waren die Auswirkungen eines Sturms deutlich zu erkennen. Abgebrochene Äste und Palmzweige schwammen im Pool und emsiges Hotelpersonal war schon mit Aufräumarbeiten auf den Wegen beschäftigt. „Gibt es solche Stürme öfter hier?", erkundigte sich Erika leise. „Dann sollten wir den Kauf einer Wohnung doch noch überdenken!" Paul beruhigte seine Erika wieder: „Solche Unwetter erleben wir doch auch zuhause in Moers!"

Als sie später wegen des gesperrten Aufzugs den Frühstücksraum zu Fuß erreichen wollten, war auf ihrem Weg eine zwei Meter hohe, umgekippte Zimmerpalme zu übersteigen, und im Treppenflur mussten sie über Unmengen Glassplitter und anderen Unrat balancieren. Zwei Eckfenster waren im Sturm zerbrochen und in der Lobby war wegen der zersplitterten Glasflügeltür der Zugang zum Garten mit Sesseln provisorisch gesperrt.

Natürlich war dieses Unwetter im Frühstücksraum jetzt das alles beherrschende Thema. Ob an den Tischen oder am Büfett, jede und jeder hatte bei diesem nächtlichen Höllenlärm einen anderen Horror erlebt. Paul blieb auch jetzt gelassen, er bedankte sich bei Erika dafür, dass sie ihn trotz allen Lärms in der Nacht nicht geweckt hatte.

„Und was machen wir heute?", erkundigte sich Erika, als sie sich nach dem Frühstück wieder beruhigt hatte. „Lass uns doch den Ortsteil La Paz besuchen, von dem mir die hübsche TUI-Reiseleiterin Carmen anvertraut hatte, dass es dort ausgesucht schöne Wohnungen zu kaufen gäbe." La Paz zu besuchen gefiel Erika, auch wenn der Weg nach dem Sturm dorthin beschwerlich sein konnte. Und ja, der Sandsturm hatte auch hier seine Spuren hinterlassen. Nach dem mühsamen Aufstieg der über zweihundert Treppenstufen und einem Stück des Weges über die Carreta Botanico bogen sie nach links in die von Carmen empfohlene Calle Acevino ab und erreichten eine eher bescheiden anmutende Einkaufsmeile. Natürlich tasteten Pauls Augen wieder alle Hausbeschilderungen ab, es hätten darunter ja solche von Maklern sein können. Lange musste er nicht suchen. Nach nur wenigen Metern hinter einem kleinen Einkaufscenter wurde er im Tiefparterre des Masaru-Hotels fündig. Es war ein kleines Büro, in dem auch nur zwei Angestellte ihrer Arbeit nachgingen.

Und es war vor allem ein smarter, sehr sympathischer Niederländer, der sich die Wünsche seiner Besucher anhörte. Er erkundigte sich, ab wann sie denn eine Wohnung benötigen würden, und ob sie eine Wohnung mieten oder kaufen möchten. „Wir denken an einen Kauf", sagte Paul. Er legte seinen Besuchern dann Bilder von geeigneten, leerstehenden Objekten vor und war im Übrigen die Geduld in Person. Zwei der abgebildeten Objekte gefielen Erika und auch Paul. Edwin, so hatte sich der Mann vorgestellt, nickte verstehend und ließ sich von seiner Kollegin die Schlüssel für diese Wohnungen geben und lud seine Kunden in sein Auto ein. Nach einer sehr kurzen Fahrt hielt er an einer sehr ordentlichen Anlage, die sich sowohl in direkter Nähe zum Garten des Hotels Botanico und ebenso zum Einkaufscenter La Cupula befand. „Sehr ansprechend", lobte Erika nach der Besichtigung der Räumlichkeiten und Paul stimmte ihr beifällig nickend zu. Ähnlich äußerten sie sich auch nach einer Besichtigung in einer im maurischen Stil erbauten Wohnanlage namens Lotos Park. Ja, auch diese Wohnung gefiel sowohl Erika als auch Paul. „Aber wir brauchen noch Bedenkzeit und …", weiter kam Erika nicht. Und der clevere Edwin bemerkte sehr wohl, dass seine Kunden noch unschlüssig waren, und da ihm noch etwas eingefallen zu sein schien, sagte er: „Ich habe noch ein weiteres Highlight hier in La Paz und auch das möchte ich Ihnen zeigen, müsste dafür allerdings mit einer befreundeten Kollegin sprechen, die für ein anderes Maklerbüro arbeitet." „Aber ja, wir haben Zeit", versicherte Paul. Edwin telefonierte nun mit der genannten Kollegin und lud seine Kunden zur Weiterfahrt ein. Nach nur wenigen Minuten erreichten sie über die Calle Sabina das Portal E des Strelitzia Parks 2, vor dem die von Edwin angerufene Dame wartete. Paul wunderte sich ein wenig, dass Edwin mit der Angestellten eines Konkurrenzunternehmens zusammenarbeiten wollte. „Warum nicht, die Courtage werden sie sich bestimmt teilen", schmunzelte er sich in den Bart. Die freundliche junge Dame öffnete ihnen erst das Tor zur

Anlage und im ersten Stock die Tür zu einer Wohnung. Nach nur wenigen Augenblicken dachte Paul: „Die könnte es sein", und schaute zu Erika, die ihm nur zurückhaltend zulächelte. Beim anschließenden Rundgang durch den parkähnlichen Garten, an einem Wasserfall vorbei zum Pool, sah Paul Erikas glücklich strahlende Augen, nur die Lage der Wohnung war noch ein Knackpunkt. Das bemerkte Edwin wohl, und er wusste, woran er zu arbeiten hatte. Er bat Paul um seine Handy-Nummer und erkundigte sich, wie lange sie noch vor Ort wären. Dann fuhr er die beiden in ihr Hotel zurück. Nach all diesen Besichtigungen hatten Erika und Paul nur noch diesen einen stillen Wunsch: Es sollte eine Wohnung im Strelitzia-Park sein.

Lange brauchten Erika und Paul auf Edwins Anruf nicht warten. Schon am nächsten Morgen, als es sich die beiden auf der Sonnenliege in Pool-Nähe gemütlich gemacht hatten, klingelte das Handy.

„Sie könnten heute Nachmittag mit mir in der Strelitzia-Park-Anlage eine Wohnung besichtigen", hörte Paul. Edwin erklärte ihm, dass der Besitzer auf das Festland ziehen und seine Wohnung verkaufen wolle. „Kann ich Sie um 15 Uhr abholen?", erkundigte er sich. Da gab es kein Zögern: „Aber ja, wir sind bereit!", versprach Paul. „Da hat der gute Edwin wohl alle Hebel in Bewegung gesetzt, um die Courtage alleine zu kassieren", lachte Paul erheitert, als er Erika über den vereinbarten Zeitpunkt zur Besichtigung informierte. Edwin kam pünktlich und die Fahrt von ihrem Hotel nach La Paz, an der imposanten, hochragenden begrünten Felswand vorbei, erschien den beiden weit kürzer, als sie es tatsächlich war.

Dann ging alles recht fix. Ein braun gebrannter Spanier empfing Edwin und seine Begleitung mit seiner Lebensgefährtin, einer Dame aus Venezuela. Er stellte sich als Gonzales vor, sprach recht gut Deutsch und aus dem Gespräch entnahm Paul, dass er als Hotelmanager tätig war. Nun war es vor allem Erika, die vieles wissen wollte. Sie interessierte sich für viele Details der Wohnung, die Eigenheiten des Wohnzimmers, der Küche, und ebenso des Schlaf- und Gästezimmers. Und noch ausführlicher erkundigte sie sich nach dem geräumigen Bad und einer Gästetoilette. Die 75 Quadratmeter große Wohnung besaß einen idealen Zuschnitt, der sie größer erscheinen ließ, als sie wirklich war. Paul freute sich vor allem über die große, etwa vier Meter breite und zehn Meter lange gefliese Terrasse mit einem zwei Meter breiten Grünstreifen davor, auf dem vier kleine Palmen im Verbund und ein Wandelröschen-Busch standen. Und ebenso gefiel ihm, dass eine Schefflera-Hecke und ein kleines Türchen diese Wohnung zum Park hin abschloss. „Hier lässt sich ein Urlaub wohlig verbringen", dachte Paul. Dann, nach einem Rundgang durch die Räume, bot Gonzales seinen Besuchern noch an, einige Möbelstücke des Wohnzimmers, das Schlafzimmer, Kühlschrank und Herd, sowie die Terrassenmöbel und die Lampen in allen Räumen zu übernehmen und wies nebenbei auch darauf hin, dass zur Wohnung eine abgeschlossene Garage gehöre. Diese Angebote kamen Erika und Paul durchaus gelegen, denn die gesamte Einrichtung samt den technischen Geräten war in gutem Zustand. Schließlich bat Gonzales seine Gäste zum Kaffee, und dabei sprachen sie dann über den Preis der Immobilie, der auch die übernommenen Einrichtungsgegenstände einschloss. Als Gonzales dann darauf hinwies, dass die Wohnung spätestens im April frei sein werde, war Paul begeistert.

Und so waren sich Erika und Paul ohne viele Worte einig, ein im Vergleich zu den bisher gesehenen Wohnungen faires Angebot erhalten zu haben.

Dann verständigten sich Gonzales und Paul noch darüber, dass Edwin beim Notar alle Vorbereitungen zum Vertragsabschluss treffen und Paul in Deutschland über den genauen Termin zur Unterschrift informieren sollte. Paul hielt es für selbstverständlich, auch seinen Sohn Peter schon von hier aus zu informieren. Er teilte ihm in knappen Worten mit, dass der Weg für einen Vorvertrag frei und per Handschlag besiegelt sei.

Nach dem Gespräch wies Edwin Paul noch darauf hin, dass er und sein Sohn sich auf jeden Fall beim spanischen Konsulat in Düsseldorf noch eine sogenannte NIE-Nummer (Número de

Identidad de Extranjeros) besorgen müssten, weil ohne diese Steuernummer ein Wohnungskauf auf Teneriffa nicht möglich sei.

Dann war alles geregelt, man trennte sich, und Edwin fuhr seine Kunden ins Hotel zurück.

„Erika, wir haben gerade zum letzten Mal auf Teneriffa Urlaub in einem Hotel verbracht", lachte Paul, als Erika ein paar Tage später die Koffer zur Heimreise zu packen begann.

Kapitel 3

Am Baumhaus

Nach den Aufregungen bei der Suche nach einer geeigneten Wohnung auf Teneriffa freuten sich Erika und Paul wieder auf ihr Zuhause in Moers.

Nach der Landung auf dem kleinen Flughafen Weeze an der holländischen Grenze waren sie erst einmal froh, dass der redefreudige Horst, ein Versicherungskaufmann, Skatbruder und Sportfreund aus Pauls Turngruppe, sie wieder abholte. Während der vierzig Minuten dauernden Fahrt nach Moers plauderte Horst über einiges, das sich vor Ort und in der Sportgruppe ereignet hatte, aber Erika und Paul waren recht unkonzentriert. Zu sehr wirkten die letzten Ereignisse auf Teneriffa bei ihnen noch nach.

Erst als sie an ihrem Haus am Siedweg ankamen, lebten sie wieder auf. Erika und Paul bedankten sich bei Horst dafür, dass er sie abgeholt hatte, aber dafür hatte dieser nur ein fröhliches Lächeln übrig und nach einem „Bis bald" gab er Gas und fuhr wieder ins Büro.

„Ach wie schön", seufzte Erika glücklich, als sie blühende Schneeglöckchen in ihrem Vorgarten erblickte. Und es war typisch für Erika, dass sie nach dem Abstellen des Gepäcks in der Diele sofort in ihren Garten eilte.

„Lass sie machen", dachte Paul, dem der Garten nicht so wichtig war. Lieber sah er die eingegangene Post durch, die ihm in der Küche von der Nachbarin Anita auf dem Tisch bereitgelegt worden war. Es könnte sich ja etwas Wichtiges darunter befinden. Plötzlich klopfte es am Fenster, und Paul sah, dass ihm Erika energisch zuwinkte, zu ihr in den Garten zu kommen. „Ist was Schlimmes passiert?", erkundigte er sich und fürchtete, Erika würde wohl aus einer Mücke wieder einen Elefanten machen. „Es ist schlimm genug, schau doch, die Fische im Teich bekommen zu wenig Luft, und schau hier die dicke Eisschicht über dem Wasser", eiferte sich Erika besorgt. Paul lächelte und beruhigte

Erika: „Keine Sorge, meine Liebe, das Schilf im Wasser und am Uferrand leitet reichlich Sauerstoff unter die Eisschicht und keiner unserer Goldfische kann ersticken." Das leuchtete Erika ein. Sie schaute sich weiter im Garten um, wo schon erstes Leben zu erblühen schien: „Schau doch mal zur Zaubernuss, schau ihren herrlich gelb blühenden Busch an. Ist er nicht wunderbar?" Paul winkte ab, sagte noch „ja – ja", und begab sich wieder zu seiner Post. Kurze Zeit später beendete Erika ihre Garteninspektion, sie war mit allem zufrieden und nahm Pauls Einladung zu einem Glas Sekt gerne an. „Gibt es Neues in der Post?", erkundigte sich Erika wie beiläufig, und Paul verneinte es.

Eine Stunde später war das Gepäck in den entsprechenden Räumen abgestellt, und so schlug Erika vor, wie immer nach ihrer Rückkehr von einer Reise kurz bei Anita und Ewald, ihren Nachbarn im Obergeschoß, reinzuschauen. Diese waren nicht nur hilfsbereite Nachbarn, sondern auch die Miteigner dieser Zweifamilien-Immobilie. Mit einem kleinen Präsent wollten sich die beiden für deren Urlaubs-Service bedanken. Wirklich Neues erfuhren sie nicht, allenfalls, dass Ewald für seinen Erdgeschoss-Nachbarn Paul den Bürgersteig vom Schnee freigefegt und sauber gehalten habe, während dieser sich auf Teneriffa von der Sonne verwöhnen ließ. Das war Paul natürlich eine Flasche Rotwein wert, und auch weil Ewald vor ihrer Rückkehr die Heizung wieder eingeschaltet hatte. Paul erwähnte während des Gesprächs beiläufig, dass sie sich auf Teneriffa eine kleine Wohnung kaufen würden und dass bis auf die notariellen Angelegenheiten alles schon in trockenen Tüchern sei. „Vielleicht werden wir ab und an im Winter auch mal vier, fünf oder sechs Monate auf Teneriffa verbringen", lachte Paul vergnügt. Das wollte Erika so nicht stehen lassen und widersprach lachend: „Aber Weihnachten werden wir immer hier verbringen. Ohne unsere Familie kann ich Weihnachten nicht feiern." „Ja, natürlich nicht", räumte Paul verständnisvoll ein und lächelte dann: „Auch auf die weihnachtliche Lichterdekoration im Garten verzichten wir nicht."

Am folgenden Tag fuhren Erika und Paul am frühen Nachmittag nach Neuss, sie wollten ihren Sohn Peter und dessen Familie besuchen. Peter hatte seinen Eltern ja zum Kauf der Wohnung nicht nur zugeraten, sondern wollte sie ihnen auch auf Lebzeiten spendieren.

Peter hatte sein Abitur erfolgreich abgeschlossen und danach eine Lehre als Einzelhandelskaufmann und die Bundeswehrzeit absolviert. Jetzt verdient er sein tägliches Brot mit dem Verkauf von Schuhen. Seine langjährige Verbindung mit Gaby hatte schon vor Jahren ein freundschaftliches Ende gefunden und mit seiner neuen Liebe Mara, einer intelligenten, hübschen und sportlichen Blondine, die er auf einer Geschäftsreise nach Hongkong kennengelernt hatte, und seinen Zwillingen wurde er ein glücklicher Familienvater.

Bei Kaffee und Kuchen saßen sie dann mit Peter und Mara zusammen und plauderten über vieles, das sich in den letzten Tagen ereignet hatte. Leider waren die Enkelkinder Paul und Finn von der Schule noch nicht zurück. Paul freute sich vor allem auf diese munteren Bengel.

    Stattdessen redete Paul bei leckerem Splitterkuchen recht ausführlich über die Einzelheiten und den Verlauf des vorläufigen Kaufgeschehens auf Teneriffa, wobei Erika über die prächtige Parkanlage sprach, die von einem großzügig in U-Form geschwungenen Wohnkomplex umgeben ist.

    „Und wann wird das Geschäft festgeschrieben?", erkundigte sich Peter, dem anzusehen war, dass er am liebsten gleich zur Insel geflogen wäre. „Es wird wohl im April sein, aber den genauen Termin werde ich vom Makler Edwin noch frühzeitig mitgeteilt bekommen", sagte Paul und erinnerte sich dann: „Ach ja, das ist wichtig. Für die Beurkundung der Dokumente musst auch du dir die NIE-Nummer beim spanischen Konsulat in Düsseldorf besorgen." „Das werde ich rechtzeitig erledigen", versicherte Peter. Mara unterbrach dann das Gespräch, sie wolle die Kinder von der internationalen Schule abholen, sagte sie und bat Erika und Paul, doch bis zum Abendessen zu bleiben. Paul war in Gedanken bei den Kindern und nickte nur: „Ja, ja, das freut mich", sagte er. Und dann, nur wenig später, freuten sich die Kinder noch mehr, als sie Oma und Opa wieder zu sehen bekamen und von ihnen in die Arme genommen wurden. Es gab ein großes „Hallo!"

Die Entwicklung der jetzt zehnjährigen Zwillinge erlebte Paul seit ihrer Geburt weit bewusster mit, als er es beim eigenen Nachwuchs und später auch mit den Kindern seines ältesten Sohnes gekonnt hatte. Während seiner beruflichen Tätigkeit war er viel und oft über Wochen in dienstlichen Aufgaben unterwegs und hatte dadurch für persönliche Belange nur wenig Zeit. Jetzt, im Kreise seiner Enkelkinder, wurde ihm durchaus klar, dass er viele wunderbare Momente im Kindesalter seiner eigenen Kinder versäumt hatte, und er wusste auch, dass Erika in deren Entwicklung meist alle Beschwernisse allein zu tragen gehabt hatte.

„Komm doch mal, Opa", waren die Jungs begeistert. Sie wollten ihrem Opa ihr neues Baumhaus vorführen, und sie waren gespannt, wie ihm das gefallen würde. „Wer von euch beiden hatte denn diese tolle Idee?", erkundigte sich Paul. „Das war ich, Opa", sprudelte es aus dem quicklebendigen Blondschopf Paul. „Habt ihr das allein geschafft, oder hat Papa ...?", weiter kam er nicht, denn der vorwitzige Finn fiel ihm ins Wort: „Nein, das hat Papa mit seinem Freund gebaut." „Dann habt ihr vor lauter Kletterei keine Zeit mehr zum Fußballspielen?", erkundigte sich Opa Paul. „Da irrst du dich aber sehr", erwiderte Finn mit Stolz. Es war dann aber Paul, der seinen Opa animieren wollte: „Glaubst du, die zwei Tore stehen nur zur Zierde auf dem Rasen? Lass uns im Baumhaus erst eine Limo trinken und dann darfst du beim Elfmeterschießen unser Torwart sein!" Paul wollte die Einladung in das Baumhaus annehmen, aber Erika widersprach: „Das ist zu gefährlich für so einen alten Mann", sagte sie lachend und hatte die Jungs sofort auf ihrer Seite. „Na gut, dann lasst uns Fußball spielen", war Paul einverstanden und begab sich in eines der beiden Tore. Begeistert und fast professionell schossen die beiden abwechselnd, und Paul musste öfter hinter sich greifen, als ihm lieb war.

Nach einer Weile saßen die drei dann bei der versprochenen Limo auf der Gartenbank neben der Wohnzimmertür statt im Baumhaus und eine muntere Unterhaltung entwickelte sich. So erkundigte sich Paul: „Wie läuft es bei euch in der Schule, welche Fächer liegen euch?" „Opa, du weißt ja, dass wir in unterschiedliche Klassen gehen, ich glaube aber, dass Finn die nettere Klassenlehrerin hat", wich Paul der Frage aus. „Wie hast du denn das festgestellt?", erkundigte sich der Opa. „Sie ist erstens netter als mein Klassenlehrer, und zweitens hat sie Finn in dem vierteljährlich wechselnden Aushang am Schwarzen Brett als Jahrgangsbesten veröffentlicht. Das habe ich bei meinem Lehrer noch nie erlebt. Und Finn wäre bei ihm auch nie so ausgelobt worden." „Bist du jetzt voller Neid, lieber Paul?", wollte Opa Paul den Jungen aus der Reserve locken. „Aber nein, mich ärgern nur die blöden Fragen dazu", antwortete Paul erstaunlich abgeklärt, sagte dann aber ganz ruhig: „Opa, am liebsten habe ich Mathe." Worauf Finn spontan Sport als sein Lieblingsfach erwähnte und gleichzeitig fragte: „Opa, welchen Sport hast du in meinem Alter gemacht?" „Das ist eine gute Frage. Als ich in eurem Alter war, das war im Jahre 1946, war gerade ein schrecklicher Krieg zu Ende. Deutschland hatte verloren und lag in Schutt und Asche. Meinen Vater, der ab 1939 Soldat und 1946 aus der Kriegsgefangenschaft entlassen worden war, habe ich dann erstmals bewusst erlebt." „Warum so spät?", fragte Paul. „Während des Krieges gab es für ihn nur Kurzbesuche von zwei oder drei Tagen einmal im Jahr, und mit sieben Jahren wurde ich zu einer Tante in Schlesien evakuiert, wegen der zunehmenden Bombenangriffe im Ruhrgebiet. In Dortmund wohnten wir in einem Vierfamilienhaus in einer Zweizimmer-Wohnung." Gespannt hörten die Kinder ihrem Opa zu, solcherlei Dinge kannten sie nicht. „Und wie ging es weiter?", erkundigte sich Finn.

Paul zögerte einen Moment, sprach dann aber weiter. „Mein Vater, also euer Uropa, war nach seiner Rückkehr im Bergbau tätig und eure Uroma hatte zu jener Zeit die große Sorge, mich täglich satt zu bekommen. Es herrschten die sogenannten Hungerjahre nach Kriegsende. Aber meiner Mutter fiel immer eine Lösung ein, so auch, als ich mit der Bitte um einen Fußball zu ihr kam, weil ich meinem Fußball-Idol, Georg Kennemann vom 1. FC Nürnberg als Mittelläufer nacheifern wollte. Im Handumdrehen hatte sie mir, mangels Beziehungen oder Geld für einen Lederball, einen mit Lumpen gefüllten Stoffball genäht. Von nun an war ich der King bei meinen Spielkameraden, mit denen ich auf dem Schulhof einer Berufsschule in unserer Straße regelmäßig Fußball spielen konnte. Dort bin ich sogar dem Jugendleiter des Hombrucher Fußballvereins aufgefallen, der mir empfohlen hatte, der Schülermannschaft beizutreten, was ich ihm spontan versprach." „Das hätte ich auch gemacht", war Finn begeistert. „Der hat gesehen, dass du in Sport sehr begabt bist", lachte er. „Jungs, es kam leider alles anders.

Als ich meiner Mutter von meinem Traum als künftigem Mittelläufer des Hombrucher Fußballvereins erzählte, weinte sie und sagte mir: ‚Junge, dafür brauchst du doch Fußballschuhe, und die können wir uns nicht leisten.' Damit ging der deutschen Fußballnationalmannschaft ein künftiger Mittelläufer ein für alle Mal verloren", lachte Paul. „Opa, dass es gar nichts gab, kann ich mir nicht vorstellen, aber schade, dass du deinen Traum nicht erfüllen konntest", lächelte Finn verstehend und wollte nun ebenso wie sein Bruder noch mehr aus dieser Zeit erfahren. „Das kann ich euch bei nächster Gelegenheit erzählen, jetzt sollten wir aber nochmals Tore schießen." Er sagte es, winkte dann aber ab: „Nein, das geht nicht, denn Oma hat für euch noch eine Überraschung." Paul winkte der im Wohnzimmer sitzenden Erika zu: „Komm, Oma, zeig mal, was du den Jungs mitgebracht hast." Voller Neugier schauten die Zwillinge nun zu ihrer Oma und dann waren Jubelschreie zu hören, als Erika den Kindern die in Puerto de la Cruz für sie gekauften Trikots mit den Emblemen von Real Madrid überreichte.

Selbstverständlich wollten die Jungs diese sofort überziehen, und so vergaßen sie in ihrer Freude, dass sie gegen den Opa ja noch mehr Tore schießen wollten.

Und so wurde der Abend für alle Beteiligten ein wahrer Familienabend, zumal auch Pauls Mutter hinzugekommen war. Aufgrund altersbedingter Schwächen war sie vor drei Jahren vom Odenwald nach Neuss in eine Wohnung im Nachbarhaus von Peter gezogen. Oma Lotte hatte die Wahl gehabt, entweder in Pauls Nachbarhaus in Moers oder nach Neuss zu ziehen. Sie entschied sich, aus welchen Gründen auch immer, für Neuss. Paul war jede Lösung recht, denn er wusste, dass seine Mutter von Mara und Peter ebenso gut versorgt würde wie von ihm und Erika. Auch Pauls Enkeln war es nur lieb, jetzt auch noch neben zwei Omas und Opas ab und an auch noch eine Uroma um sich zu haben. Oma Lottes Parterre-Wohnung des Odenwaldhauses wurde vermietet, nur das Obergeschoss blieb der Familie weiterhin als gelegentlicher Entspannungsort erhalten.

Schnell lebten sich Erika und Paul in Moers wieder im Rhythmus des gewohnten Alltags ein. Leider hatte sich im Verlauf der vergangenen Jahre in ihrem Umfeld manches verändert. Erikas Kniffel-Runde hatte sich aufgelöst und in Folge einiger unerwarteter Vorkommnisse musste sich Paul eine neue Skatrunde schaffen. Jetzt wurden die Sportfreunde Rüdiger, Horst und Fränki seine neuen Spielpartner. Und weil der Kegelkneipenwirt Dieter seinen Laden schließen musste, hatte sich auch Pauls Kegelklub aufgelöst. Nur die Organisation und Durchführung der Turnabende am Mittwoch jeder Woche blieben Paul unter seiner eigenen Leitung, eine gesunde, sportliche Herausforderung, die er zur Freude seiner Sportfreunde immer mit neuen Gymnastik- und Spielideen aufzulockern verstand.

An diesem ersten gemeinsamen Abend nach Pauls Wiederkehr, als sich nach den sportlichen Aktivitäten wie gewohnt die Sportfreunde in der Kneipe am Germendonkseck zum Absacker trafen, war es Heinz, sein talentierter Urlaubsvertreter, der sich bei ihm erkundigte, wie es ihm in Puerto de la Cruz gefallen habe. „Kennst du diese Stadt auf Teneriffa?", erkundigte sich Paul. „Ja, recht gut", lächelte Heinz. „Ich habe mit meiner Frau gegenüber dem Meerwasser-Schwimmbad im Hotel Valle Mar gewohnt, und dort haben wir im letzten Jahr einen wunderschönen Urlaub erlebt." „Genauso haben auch wir die Insel erlebt und nicht zum ersten Mal", lachte Paul erheitert. „Wir haben uns diesmal sogar dazu entschlossen, dort künftig zu überwintern." „Ihr wollt dort einen Langzeiturlaub im Hotel verbringen?", erkundigte sich Heinz. „Nein, wir wollen uns in La Paz, einem Vorort von Puerto de la Cruz, eine Wohnung kaufen", antwortete Paul. Natürlich führte dieser Hinweis jetzt auch dazu, dass über Pauls Trainertätigkeit gesprochen werden musste. Nach einigem Hin und Her endeten die Gespräche damit, dass Paul seinen Sportfreund Heinz dazu ermunterte, einen Trainerschein zu machen, da sein Engagement als Vorturner im kommenden Herbst sicher enden würde.

Es waren nicht nur die Sportfreunde, auch im Familien-, Freundes- und weiteren Bekanntenkreis reagierten viele erschrocken, als ihnen bewusst wurde, dass Erika und Paul ihr Zuhause für eine so lange Zeit hinter sich lassen wollten.

Kapitel 4

Eine seltsame Begegnung

„Für meine Männer darf nichts einfach sein", seufzte Erika, als ihr Sohn Peter mit seinen Eltern im Wohnzimmer saß und mit ihnen über die erworbene Wohnung auf Teneriffa sprach. Peter sorgte sich um den Zustand der übernommenen Möbel. „Können die wirklich noch gut sein?", zweifelte er. Schon diese Frage erregte Erika: „Wir haben in der Wohnung in Puerto de la Cruz keinen Möbelnotstand. Die Möbel im Schlafzimmer sind ebenso gut erhalten wie die in der Küche und im Wohnzimmer, wenn ich vom Schrank und der noch fehlenden Couch einmal absehe. Der Vorbesitzer, Gonzales, hatte einen guten Geschmack, also lasst eure Möbelfaseleien", bat sie. „Na gut, du hast ja recht, aber nach dem Einzug werden wir einiges dennoch nach unserem Geschmack verändern müssen", entgegnete Paul beschwichtigend. Auch Peter versuchte sich diplomatisch: „Um nichts falsch zu machen, schlage ich vor, schon einige Tage vor der Unterzeichnung der Kaufurkunden nach Teneriffa zu fliegen. Wir können uns dann um alles Nötige kümmern und werden sehen, ob bei der Erstbesichtigung der Wohnung etwas übersehen wurde." Paul nickte zustimmend: „So sehe ich es auch." Was sollte Erika nun noch sagen? Sie schüttelte resignierend den Kopf. „Da ist doch jedes Wort unnötig", dachte sie und unterließ jeden weiteren Kommentar.

Und dann kam er, der Anruf, auf den sie gewartet hatten. Der Makler, Edwin, rief an und erzählte in knappen, aber klaren Worten, dass Gonzales das Appartement geräumt habe und der Termin für die Vertragsunterzeichnung beim Notar auf den 16. April festgelegt sei. Paul wollte sich bedanken, wurde von Edwin jedoch unterbrochen: „Wenn euch der Termin passt, dann reserviere ich für dich und deinen Sohn ein Hotelzimmer", bot er Paul an. Paul musste den Vorschlag allerdings ablehnen: „Den

Termin muss ich erst mit meinem Sohn besprechen, ich rufe dann an", sagte er und bedankte sich herzlich für dessen Mühe.

Gleich nach diesem Gespräch rief Paul seinen Sohn an, er wollte hören, ob ihm dieser Zeitpunkt überhaupt möglich sei. Nach kurzem Nachdenken gab Peter dann grünes Licht: „Wenn es dir recht ist, dann buche ich für uns einen Flug ab Düsseldorf, Hinflug am 15. April, Rückflug am 23. April. Wir haben dann genügend Zeit, um dort alles Nötige zu erledigen. Sage deinem Kontaktmann aber, er soll uns für die Zeit vom 15. bis 17. ein Hotelzimmer buchen, die übrigen Tage wollen wir dann in der neuen Wohnung verbringen." „Ein prima Vorschlag, dann ist ja alles gesagt", lobte Paul. Das war es allerdings doch noch nicht, denn Peter hatte noch einen Vorschlag: „Frage den Makler bitte, ob er uns am Flughafen abholen kann." „Glaubst du, wir können ihm dies zumuten?", war Paul unsicher. „Es sind für ihn doch hin und zurück immerhin knappe zweihundert Kilometer." Peter sah dies locker: „Verdient der Knabe nicht genug an diesem Deal? Er wird uns den Gefallen sicher tun", war er überzeugt und beendete das Gespräch.

Und Peter hatte recht. Als Paul die exakten Flugdaten vorlagen, rief er Edwin an, um den Termin für die Vertragsunterzeichnung zu bestätigen. „Das ist ja prima", war Edwin begeistert: „Dann werde ich euch für die Zeit vom 15. bis 23. April auf meine Kosten ein Hotelzimmer bestellen, und wenn es dir recht ist, hole ich euch auch vom Flughafen ab." „Das ist sehr großzügig von dir", lobte Paul, bat Edwin aber, das Zimmer nur bis zum 17. zu buchen. „Die übrigen Tage verbringen wir dann gern in unserer neuen Wohnung", erklärte er dem Mann. „Na schön, das verstehe ich", lachte Edwin: „Dann wünsche ich euch einen guten Flug, und wir sehen uns am Flughafen wieder."

Der 15. April kam, für den Flug und die Tage auf Teneriffa war alles vorbereitet. Erika hatte einen Koffer mit den für acht Tage benötigten Klamotten mit leichter Bettwäsche und etwas Verpflegung gepackt. Paul und Sohn Peter konnten in aller Frühe zum Düsseldorfer Flughafen fahren. Pünktlich um 9:30 Uhr hob ihre Maschine ab, und nach viereinhalb Stunden Flug landeten sie um 13:00 Uhr Teneriffa-Zeit auf dem Flughafen von Teneriffa-Süd. Die Zeit auf Teneriffa liegt eine Stunde hinter der von Mitteleuropa.

Edwin erwartete sie im Ankunftsterminal. Paul begrüßte ihn herzlich und stellte ihm seinen Sohn Peter vor. Bei strahlendem Sonnenschein und angenehmer Temperatur fuhr Edwin durch die karge Landschaft des Südens, an Santa Cruz und La Laguna vorbei in Richtung Puerto de la Cruz, dem grünen Norden der Insel. Während der Fahrt unterhielt sich Edwin vor allem mit Peter, der viele Fragen hatte und von Edwin präzise Antworten erwartete. Vor allem interessierte sich Peter für den formalen Ablauf der grundbuchamtlichen Überschreibung, denn hierin hatte er keinerlei Erfahrung. Nach einer guten Stunde erreichten die drei die Wohnanlage „Strelitzia Park 2" in La Paz, und wieder fragte sich Paul: „Wie wird die Wohnung Peter gefallen?" Das hatte sich Paul schon während des Fluges gefragt, und er war auf eine Antwort sehr gespannt.

Señor Gonzales, ein erfahrener Hotelmanager, empfing seine Vertragspartner sehr freundlich, bedauerte aber, dass seine Lebenspartnerin nicht dabei sein konnte. „Sie ist bereits zu unserem neuen Wohnort nach Algeciras auf dem Festland gereist", erklärte er lächelnd. Dass der Mann so gut Deutsch sprach, überraschte Peter, und er freute sich darüber, da ihm die folgenden Gespräche jetzt leichter fielen. Schon der Rundgang über die Terrasse und durch den Garten gefielen Peter und noch mehr die Wohnung selbst, wie Paul zufrieden beobachten konnte. Gonzales verabredete mit Paul und Peter für den kommenden Tag die genaue Zeit zur Vertragsbeurkundung beim Notar in Puerto an der Plaza del Charco. Danach verabschiedeten sie sich, und Edwin brachte seine Klienten zum Hotel Masaru, in dem er für die beiden ein Zimmer gebucht hatte.

„Na, wie gefällt dir die Wohnung?", erkundigte sich Paul, als er mit Peter bei einem Gin Tonic an der Hotelbar saß. „Eine so praktisch zugeschnittene Wohnung, in einem so herrlichen

Umfeld habe ich nicht erwartet, mein Kompliment an Mutter und dich", lächelte Peter.

„Was hältst du von einem ersten kleinen Rundgang durch die nähere Umgebung?", erkundigte sich Paul nach ihrem Einchecken und Abstellen des Gepäcks in ihrem Zimmer. Dabei dachte er nicht nur an einen Rundgang durch La Paz, sondern auch an einen kleinen Imbiss. Wo ihnen die besten Cervezas und leckersten Tapas angeboten würden, wusste er. Es war die kleine, ihrem Hotel nahe gelegene, gepflegte „City-Kneipe", wo sie im Außenbereich einen freien Tisch fanden. „Hier kann man es wirklich aushalten", rekelte sich Peter zufrieden in einem behaglichen Korbsessel, während ihm Paul nun die ganze Story von der Wohnungssuche erzählte.

Das Büro des zuständigen Notariats fanden Paul und sein Sohn am folgenden Morgen im Zentrum von Puerto de la Cruz, in der Nähe eines kleinen Hafens, der die Wiege des Ortes genannt wird. Da sie Gonzales am vereinbarten Treffpunkt noch nicht sehen konnten, schlug Peter vor, die wenigen Schritte zum Hafen zu gehen. Zwar gefiel dieser wirklich kleine Hafen Peter, aber er hatte eine Frage dazu: „Gibt es hier auch einen Jachthafen?" Peters Frage war verständlich, denn in seiner Freizeit war er begeisterter Segelsportler. „Den gibt es noch nicht, er soll aber, wenn ich recht gelesen habe, am jetzigen Parkplatz hinter der Mole gebaut werden", antwortete Paul, der immer wieder unruhig auf seine Uhr schaute. Und zu Recht, denn plötzlich sah er, dass sich Gonzales dem Haus des Notars näherte. Der Besuch beim Notar war nur noch reine Formsache, denn alles Nötige war schon präzise vorbereitet und wie auch in Deutschland üblich, wurde der Text der Urkunde vom Notar verlesen. Nachdem Gonzales und Peter die Wohnungsübertragungsurkunde mit ihren Unterschriften rechtsgültig gemacht hatten, ließen sich die drei Männer mit einem Taxi zum Strelitzia-Park bringen.

Nach einem letzten Durchgang durch die Wohnung übergab Gonzales Paul dann alle Schlüssel zur Wohnung, zu den Abstellschränken auf der Terrasse und der Garage. Auch dies war rasch erledigt und nach einer Verabredung für den Abend, Edwin hatte es sich nicht nehmen lassen, seine Geschäftspartner zu einem Abendessen einzuladen, trennten sich die drei.

Jetzt waren Vater und Sohn allein, und sie fanden dies als befreiend und losgelöst. „Lass uns einen Bummel durch La Paz und Puerto machen, du wirst wirklich schöne Ecken sehen", schlug Paul vor. Peter war einverstanden, denn er wünschte sich, dieses Städtchen näher kennenzulernen. Zunächst kamen sie am Hotel Botanico vorbei, der wohl besten Hoteladresse im Norden Teneriffas. „Von hier haben deine Mutter und ich diesen Ort mit seinen einzigartigen Naturschönheiten vor gut fünfundzwanzig Jahren zum ersten Mal gesehen", schwärmte Paul. Nach kurzer Wegstrecke kamen sie bei der kleinen Kapelle Ermita de San Amaro an. Hier lächelte Paul, fasste Peter am Arm und wies zur gegenüberliegenden Straßenseite: „Vor dem dortigen Immobilienbüro stand ich, als wir während deines Anrufs über ein Mieten oder Kaufen einer Wohnung in Puerto sprachen." „Siehst du, auch Kinder geben ihren Eltern zuweilen einen guten Rat", freute sich Peter. Sie gingen weiter und dann, auf dem Weg hinab nach Puerto, erreichten sie das Café Yucca. Dies war kein Zufall, denn an diesem konnte Paul nicht vorbeigehen: „Hier gibt es einen sehr leckeren Zwiebelkuchen", lachte er und bat seinen Sohn, einen solchen mit ihm bei einem Gläschen Weißwein zu genießen.

Nach dieser Einkehr gingen sie den Weg mit den über 200 Treppenstufen hinunter, bogen in die Palmenallee ein und kamen an der Playa Martianéz in Puerto an, bummelten dann die Strandpromenade entlang über die Avenida Colon bis zum Café Paris, und blieben dort mit Blick auf die fantastische Anlage des Meerwasserschwimmbades stehen. Peter griff sich die Hand seines Vaters, sah ihm in die Augen, und sagte begeistert: „Viel habe ich ja noch nicht sehen können, aber das Wenige ist geradezu überwältigend. Du hast dir mit Mutter ein wirklich wunderbares Winterquartier gewählt, herzlichen Glückwunsch dazu!"

Für seine Einladung zum Abendessen hatte Edwin in der Carreta Botanico das Restaurant Magnolia ausgewählt. Er hatte eine gute Wahl getroffen, denn dieses Restaurant kann sich mit den besten Häusern in Europa messen. Nicht nur seiner kulinarischen Delikatessen wegen, nein, auch aufgrund seines herausragenden Services.

Nach ersten Betrachtungen über die allgemeine Weltlage, über Besonderheiten der Insel und manch anderem, erkundigte sich Peter bei Señor Gonzales, wie das Zusammenleben in einer Anlage mit über siebzig Appartements funktionieren würde? Gonzales lächelte und beschrieb dann ein recht positives Bild. Er sprach von netten Nachbarn, von einem in der Anlage wohnenden, pflichtbewusst agierenden Präsidenten, einem zuverlässigen Verwalter und wies dabei auch auf eine jährlich stattfindende Eigentümerversammlung hin. Für Paul hatte er sogar eine kleine Überraschung parat. Er reichte ihm eine vorgefertigte Liste und sagte: „Darauf habe ich die wichtigsten Telefonnummern der mir hilfreich gewesenen Handwerker notiert." Dann gab er Paul noch manch nützlichen Tipp zum Einkauf von Lebensmitteln und Einrichtungsgegenständen in der näheren Umgebung. Paul dankte ihm dafür, denn solche Hinweise sind immer hilfreich. Gonzales wies noch darauf hin, dass Paul unter seinen künftigen Nachbarn nicht nur spanische oder deutsche haben würde, sondern auch solche aus England, Irland, Belgien und aus Italien. Darüber freute sich Paul, weil er hier unter Europäern wohnen würde.

Und so erlebten Paul und Peter einen sowohl lukullisch wie atmosphärisch interessanten Abend, den sie zu späterer Stunde in einer schräg gegenüber dem Magnolia-Restaurant gelegenen Bar ausklingen ließen. Erst lange nach Mitternacht verabschiedeten sich Gonzales und Edwin, und Paul bummelte mit seinem Sohn zum Hotel zurück.

Am anderen Morgen, es war der 17. April, verließen Peter und Paul das Hotel, sie wollten sich jetzt in ihrem neuen Domizil einquartieren. Paul berührte dabei ein merkwürdiges Gefühl. „Ist das alles wirklich, oder träume ich?", fragte er sich.

Lange konnte er aber nicht träumen, denn sein Sohn wies auf die viele Arbeit hin, die nun anstand, und verfasste eine

Liste der noch fehlenden Einrichtungsgegenstände und weitere Kleinigkeiten. „Jetzt wäre ein Mietwagen nützlich", sagte er danach, und Paul stimmte ihm sofort zu. Und er handelte auch sofort, denn nur fünf Gehminuten entfernt, befand sich eine Autovermietung, die Paul sofort aufsuchte.

Als er mit dem Leihwagen zurückkam, versuchte er mit der Fernbedienung erst das Eingangstor zur Tiefgarage und dann die Garage mit der Nummer 32 per Knopfdruck zu öffnen, so hatte es ihm Gonzales bei der Schlüsselübergabe erklärt, und es funktionierte tatsächlich. Zufrieden wollte er dann zur Wohnung gehen, kam aber nicht weit, denn in der Nähe der Einfahrt zur Tiefgarage wurde er von einem älteren, adrett gekleideten Herrn angesprochen, der sich überaus korrekt als Eddy vorstellte. „Entschuldigen Sie, dass ich Sie einfach anspreche." Paul nickte freundlich: „Da gibt es nichts zu entschuldigen", lächelte er. „Kann ich etwas für Sie tun?" Der Mann schüttelte den Kopf und sagte: „Sind Sie der neue Mieter im Appartement 1." „Ja, bin ich, aber warum interessiert Sie dies?", erkundigte sich Paul. „Na ja, mir ist nicht verborgen geblieben, dass der Nachbar, Gonzales, ausgezogen ist, und da Sie nun aus seiner Garage kommen, meinte ich, dass ..." Paul unterbrach den Mann und sagte: „Freut mich, Sie kennenzulernen, Eddy. Mein Name ist Paul, aber leider habe ich jetzt wenig Zeit, ich muss schleunigst wieder an die Arbeit. Wir werden uns sicher noch öfter begegnen." „Aber ja, und wenn Sie etwas brauchen sollten, ich wohne im Appartement 28", sagte Eddy etwas verlegen.

Peters Einkaufsplan war eine lange Liste geworden. Neben manchem Kleinkram hatte er für das Wohnzimmer einen neuen Schrank, eine Schlafcouch und einen Fernseher notiert, und damit war Paul sofort einverstanden. Einen Esstisch mit vier Stühlen und einen Couchtisch hatten Erika und Paul aus dem bisherigen Inventar übernommen und mit deren Zustand war Peter recht zufrieden. „Kleinere noch fehlende Dinge für das Gästezimmer könnt ihr samt Mutters Sonderwünschen ja während eures nächsten Besuchs anschaffen", erklärte Peter und schlug dann vor, IKEA in La Laguna aufzusuchen. Das taten sie auch, lange suchen mussten sie dort nicht. Schnell entschieden sie sich für eine Schlafcouch und auch für einen Schaukelstuhl, deren Lieferung ihnen schon für Mittwoch der kommenden Woche zugesagt wurde. Auch die benötigten Inletts für Betten sowie Kissen fanden sie rasch und ebenso den wichtigen Werkzeugkasten. Und daran schon fast vorbei, sah Paul plötzlich eine Reihe von gerahmten Bildern. „Peter, schau mal diesen Picasso, den will ich uns in die Wohnung hängen", lachte Paul und ließ sich davon nicht mehr abbringen. Fröhlich zwinkerte er seinem Sohn zu: „Es ist ein großer Unterschied, ob ich mit dir oder mit deiner Mutter einkaufen gehe. Unter uns Männern geht alles viel einfacher." Peter schmunzelte: „Die Frage bleibt allerdings, ob Mutter alles gefallen wird, was wir kaufen."

Als die beiden dann die Einkäufe im Kofferraum verstaut hatten, fuhren sie zu dem Möbelgeschäft in La Verde, einem Vorort von Puerto, das ihnen Gonzales empfohlen hatte. Paul hatte die Idee, dem Wohnzimmer ihres Feriendomizils eine spanische Note zu geben und mit einem dazu passenden Schrank glaubte er es zu erreichen.

„Glück muss der Mensch haben", lachte er plötzlich und wies Peter auf einen Schrank im Schaufenster des Möbelgeschäftes hin. Peter stutzte: „Wird der der Mutter nicht etwas zu dunkel sein?" „Nein, genau an diese Stilrichtung habe ich gedacht. Nichts wie rein in den Laden." Ein Verkäufer eilte herbei und dieser lobte den Schrank als eine Besonderheit. Aber leider war seine Antwort ernüchternd, als sich Peter erkundigte, wann er denn geliefert werden könnte. „In sechs Wochen erst?", erschrak auch Paul. Einen Moment verharrte der Verkäufer, dann lächelte er aber und sagte: „Wenn Sie sich mit diesem Ausstellungsstück zufriedengeben, dann liefern wir den Schrank schon in der kommenden Woche." Peter nickte kurz und mit seinem Vater untersuchte er das gute Stück gründlich nach möglichen Fehlern. Sie fanden keine und so machten sie den Kauf und die Lieferung für den kommenden Montag perfekt. „Jetzt haben wir zwei Fliegen mit einer Klappe geschlagen", strahlte Paul. „Dieser Schrank hat nicht nur meine gewünschte Stilrichtung, er hat auch eine passende Stellfläche für den Fernsehapparat", war Paul happy.

„Das Gröbste wäre geschafft", lächelte Peter während der Rückfahrt: „Nur den von Gonzales empfohlenen Fernsehtechniker im La Cupula-Einkaufscenter in La Paz müssen wir noch aufsuchen." „Danach sollten wir auch an ein kleines Essen denken", war Paul einverstanden. Er spürte leichten Hunger.

Der Besitzer des besuchten Rundfunk- und Fernsehladens nannte sich Mario, und die Eigenheiten im Strelitzia-Park kannte er recht gut. Da Paul wusste, was er wollte, war der Kauf eines Fernsehgerätes schnell erledigt, zumal Mario die Lieferung und den Anschluss des Gerätes für den nächsten Dienstag zusicherte.

Jetzt hatten Vater und Sohn nur noch an Lebensmittel und einige Getränke zu denken, und sie mussten nicht lange suchen, im Supermarkt des Centers war alles vorrätig. Eine knappe Stunde später, nachdem die beiden den Kofferraum des Wagens geleert und alles in die Wohnung gebracht hatten, gönnten sie sich auf der Terrasse endlich eine zünftige Brotzeit bei fröhlichem Vogelgezwitscher.

Wieder erholt wollten sie die bei IKEA gekaufte Bettware mit ihren mitgebrachten Bettbezügen und Kissenhüllen überziehen, denn ihre erste Nacht in der eigenen Wohnung wollten sie einigermaßen wohlig verbringen, aber Peter bremste Pauls Drängen: „Wir haben doch keine Eile", lächelte er. „Lass uns doch die Sicht auf den rauschenden Wasserfall, auf die wirklich herrliche Parkanlage mit ihren wunderbaren unterschiedlichen Palmen, Kakteen und den Blick auf die vielen blühenden Sträucher und Strelitzien genießen. Ich kann mich daran nicht sattsehen. Es ist einfach herrlich hier!"

Den Vormittag des folgenden Sonntags verschliefen beide, aber kurz nach dem Aufstehen gab es nur eines für sie: Ab zum Pool, sie wollten einige Runden schwimmen! Während Peter später ein einfaches, aber herzhaftes Frühstück bereitete, begab sich Paul auf die Terrasse, er wollte sich die übernommene Hausordnung ansehen. „Wie, 26 Paragrafen sollen beachtet werden?", brummte er. „In einem Altenheim kann es gewiss nicht strenger sein", wunderte sich auch Peter, der die Bemerkung durch die geöffnete Tür gehört hatte. „Das ist schon okay", widersprach Paul. „Schließlich wollen wir ja unsere Ruhe und Ordnung haben."

Nach dem Frühstück entschlossen sich Vater und Sohn zu einer neuen Erkundung im Ort. Jetzt führte sie ihr Weg die Calle Sabina etwa einhundertfünfzig Meter hinunter zu einem kleinen, etwa achtzig Meter über dem Meer gelegenen Mirador, einer Aussichtsplattform auf der Klippe von La Paz, von der aus sie weit über den Atlantischen Ozean schauen konnten. Dann gingen sie entlang der Calle Acevino und kamen an der Ruine einer alten Finca vorbei, die Peter zu der Bemerkung veranlasste: „Vater, ist es nicht unmöglich, in dieser schönen Gegend einen solchen Schandfleck stehen zu lassen?" „Das sehe ich genauso, und ich werde versuchen, den Grund dafür herauszufinden, wer weiß, was dahintersteckt?", antwortete Paul. Danach bogen die beiden auf den Klippenweg ab, von dem sie einen wunderbaren Blick auf eine imposant zum Meer hin abfallende Küstenlandschaft, auf fern aufragende Berge und auf das schöne Orotava-Tal hatten. Als Paul dann einen Wegweiser zum Bollullo-Strand erblickte, war er erleichtert, denn zu diesem wollte Paul, da er gehört hatte, dass eben dieser Strand ein Eldorado für Einheimische sei. Nicht, dass es dort gar Gold zu finden gäbe, nein, nur seiner üppigen, urigen Schönheit wegen. Der weitere Weg führte sie dann durch eine Bananen-Plantage bis zu einer Schlucht, die mit ihrem wechselnden Ab- und Aufstieg recht mühsam zu überwinden war. Nach einer weiteren Bananenplantage waren die beiden fast am Ziel. Sie schauten auf einen kleinen Strand in einer zauberhaften Schlucht, etwa vierzig Meter unter ihnen. Nach einem im Zick-Zack-Kurs steil abwärts führenden Weg erreichten sie dieses Kleinod. Eine idyllische Bucht mit schwarzem Sandstrand, vor dem nach fünfzig Metern links und rechts der Bucht mehrere kleine und ein recht großer Felsen aus dem Meer ragen, an denen sich die seichten Wellen des Meeres in der Mittagssonne brachen und die Schaumkronen eine schillernde Augenweide waren. Und hier erblickten die beiden eine kleine bewirtschaftete Hütte, vor der sie auf der Terrasse Platz nahmen und Tapas mit zwei kühlen Blonden bestellten. Von hier konnten und wollten sie das hier übliche Leben beobachten. Es war recht ruhig, sie beobachteten zwei Frauen mit ihren Kindern. Die Kinder planschten im Wasser, während die Mütter aufmerksam zuschauten. Dann sahen sie, wie sich ein älterer Mann am Ufer aus seinem Boot zu erheben versuchte, und sie sahen auch, dass die Kinder ihm fröhlich zuwinkten, ihn also kennen mussten. Einen so merkwürdig gekleideten Menschen hatte Paul noch nie gesehen. Der Mann war ein wahres Unikum. Sein schulterlanges graues Haar fiel lose herab, und er war mit einer Art Lendenschurz bekleidet, der wohl aus Ziegenfell geschaffen war. Mit bedächtigen Schritten näherte er sich der Hütte, und sehr interessiert beobachtete Paul jeden Schritt des Mannes: „Schau mal, Peter, wer uns da näher kommt?", deutete Paul auf die sonderliche Erscheinung. „Wir lernen jetzt Robinson Crusoe in seinen alten Tagen kennen", spöttelte Peter. Als der Greis die Terrasse erreicht hatte, schaute er sich um, machte noch zwei, drei kleine Schritte und nahm an ihrem Nebentisch Platz. Es mutete Paul und Peter seltsam an, als der Wirt dem Mann ein großes Glas Bier brachte, das dieser weder bestellt noch sonst ein Wort gesprochen hatte. „Ein sehr schweigsamer Stammkunde", flüsterte Peter, wandte sich dann aber wieder zu seinem Vater, mit dem er sich über seine Bundeswehrzeit unterhielt. Das tat Peter immer mal, denn als Wehrpflichtiger hatte er seinen Dienst bei der Flugabwehr in Holland wahrgenommen, und es hatte ihm Freude gemacht. Paul selbst hatte keine militärische Ausbildung, er erzählte aber, um beim Thema zu bleiben, von den Kriegseinsätzen seines Vaters in Norwegen. Der Fremde am Nebentisch bewegte sich nur wenig, aber Paul gewann allmählich den Eindruck, dass er ihrem Gespräch aufmerksam folgte. Und er glaubte sogar, dass der Mann ihm einmal lächelnd zugenickt habe. Sein Bier trank dieser Alt-Robinson sehr langsam aber mit Genuss, denn nach jedem Schluck strich er sich recht behäbig über den bartbedeckten Mund. Dann, nach vielleicht zwanzig Minuten, wurde es allerdings sonderbar, denn als sein Glas schließlich ausgetrunken war, griff dieser mysteriöse Mensch nach seinem Bierdeckel, auf dem er zuvor etwas niedergeschrieben zu haben schien, erhob sich und näherte sich Pauls Tisch. Mit einer leichten Verbeugung, aber ohne ein Wort zu sagen, legte er eben diesen Bierdeckel vor Paul ab, verneigte sich nochmals leicht und entfernte sich, ohne zurückzuschauen.

„Wer war denn dieser seltsame Mensch, der eben am Nebentisch gesessen hat?", erkundigte sich Paul beim Wirt, als dieser ihnen eine zweite Runde Bier reichte. Der Mann lächelte: „Ein alter Bekannter, der uns mit seinem Boot, wenn es der Wellengang zulässt, fast jeden Tag gegen 14:00 Uhr besucht, und das schon so lange ich zurückdenken kann. Schon mein Opa kannte ihn gut, wir sind quasi seine Verbindung zur Außenwelt, aber erst seit etwa fünfzehn Jahren treibt er seine Späße mit den Kindern am Strand. Er verkauft uns landwirtschaftliche Produkte, wir besorgen ihm, was ihm an Bedarfsgütern fehlt. Er trinkt sein Bier und verschwindet dann wieder. Er ist wohl taubstumm, denn ich habe ihn noch nie sprechen gehört. Er haust vermutlich in einer der Höhlen weiter rechts neben dieser Bucht. Wir nennen ihn scherzhaft den Bollullo-Guanchen, aber wir wissen eigentlich wenig über ihn!" Als der Wirt sich wieder abgewandt hatte, griff Paul nach dem erhaltenen Bierdeckel und schob ihn in seine Gesäßtasche. „Den Text versuche ich heute Abend zu entziffern", lächelte er dabei.

Dieser Platz in der kleinen Bucht am Meer gefiel sowohl dem Vater als auch seinem Sohn und deswegen blieben die beiden bis zum Abend. Bier und Tapas bekamen sie ja genug und Gesprächsthemen gingen den beiden selten aus. Schließlich machten sie sich aber doch auf den Heimweg, denn mit der beginnenden Dämmerung wollten sie wieder in ihren vier Wänden sein. Erst zu Hause erinnerte sich Paul, während eines Absackers auf der Terrasse, an den Bierdeckel. Er nahm ihn und hatte arge Mühe, das Niedergeschriebene zu lesen. Was er dann las, erstaunte ihn sehr: „Ich bin 88 Jahre alt und möchte mir, bevor ich das Zeitliche segne, etwas von der Seele schreiben. Können wir uns treffen? Ich bin fast jeden Tag zwischen 14 und 15 Uhr in der Strandhütte. Sie sind mir sehr sympathisch, ich würde mich freuen." „Schön und gut, aber wie sollen wir uns verständigen?", fragte Paul seinen Sohn, nachdem er das laut vorgelesen hatte. „Mit Händen und Füßen, einem Schreibblock und Kuli kann das schon klappen, aber trotzdem finde ich es seltsam, weil ich glaubte, er sei Spanier, und jetzt höre ich, dass er fließend Deutsch schreibt, und warum kommt der gerade auf dich zu mit seinem Wunsch", meinte Peter. „Er wird seine Gründe haben, und um die zu erfahren, werde ich bei passender Gelegenheit den Strand wieder besuchen", lächelte Paul.

Am folgenden Montag wurde der Schrank und am Dienstag der Fernseher geliefert, der von Mario auch sofort angeschlossen wurde. Jetzt waren Vater und Sohn wieder mit der Welt verbunden.
    Aber dann: Schon die ersten Meldungen ließen die beiden erschrecken. Der Vulkan Eyjafjallajökull auf Island war ausgebrochen. Schon vor ihrer Reise nach Teneriffa hatten sie von diesem Naturereignis gehört, da auf Island aber Vulkane öfter ausbrechen, hatten sie diesem Naturereignis keine große Bedeutung beigemessen. Jetzt mussten sie hören, dass wegen der gefährlichen Rußpartikel in der über halb Europa schwebenden Aschewolke der gesamte Flugverkehr eingestellt worden sei. Das war neu, und es war beunruhigend. Weder Vater noch Sohn konnten ihre Nervosität verbergen. „Wirst du mit einer Flugverschiebung etwa Terminprobleme bekommen?", erkundigte sich Paul. „Ja, das werde ich, denn schon am Montag nächste Woche habe ich einen unaufschiebbaren, sehr wichtigen Geschäftstermin", stöhnte Peter. Sofort telefonierte er mit mehreren Airlines, aber eine direkte Flugverbindung nach Düsseldorf oder Köln blieb unmöglich. Paul versuchte, seinen Sohn zu beruhigen, und sagte: „Heute ist Dienstag und bis Freitag wird sich die Lage sicher wieder zum Positiven ändern." „Das ist mir zu unsicher, lieber Vater, ich benötige einen Plan B." „Wie stellst du dir diesen denn vor?", erkundigte sich Paul, worauf Peter gequält zu antworten versuchte: „Lass mich eine Nacht darüber schlafen, mir wird sicher etwas einfallen, mach dir also keine Sorgen."

Um sich etwas abzulenken, fuhr Paul am nächsten Tag in das Einkaufscenter La Villa in Orotava. Er wollte noch einige fehlende Küchen- und Haushaltsutensilien besorgen. Peter ließ er bewusst allein, der für seinen Plan B die nötige Ruhe brauchte.

Als er wieder zu Hause war, meldete sich über die Sprechanlage am Eingangstor D des Strelitzia Parks 2 ein Fahrer von IKEA. Eilig drückte Paul auf die Einlasstaste und schnell war alles entladen. Nach einer weiteren Stunde war das Wohnzimmer nahezu komplett eingerichtet. Diese Ablenkung tat auch Peter gut, denn er griff sich sofort den Schaukelstuhl, und baute ihn im Handumdrehen zusammen. Danach nahm er das Picasso-Bild und hängte es über der Couch an die Wand. Jetzt hätten sie es bequem gehabt, Peter im Schaukelstuhl und Paul auf der Couch, aber es ging nicht, denn voller Unruhe verfolgten sie die neuesten Nachrichten. Entwarnung war allerdings nicht in Sicht.

„Wie weit bist du mit deinen Recherchen", erkundigte sich Paul. „Nach Lage der Dinge habe ich im Moment nur eine Möglichkeit, wieder einigermaßen pünktlich nach Hause zu kommen. Ich muss vom Flughafen Teneriffa-Nord nach Madrid fliegen, mit der Bahn weiter nach Paris und von dort könnte mich mein Mitarbeiter mit dem Auto abholen."

„Das hört sich sehr kompliziert an", murmelte Paul. „Du stehst sicher nicht allein vor diesem Problem, zumal jetzt auch Flieger und Bahnen sehr voll sein werden." „Das sehe ich auch so und deshalb habe ich bereits Flug- und Bahntickets gebucht, worin ich jetzt meine einzige Chance sehe, irgendwie und mit viel Glück von hier wegzukommen."

Kurz danach bekam Peter über sein Handy von jener Fluggesellschaft, mit welcher sie nach Teneriffa geflogen waren, die Nachricht, dass sich der Rückflug wegen des Flugverbots vorerst um eine Woche verschiebe. Das war zwar höchst ärgerlich, aber Peter verlor seinen Humor deswegen nicht. „Für dich Vater, ist das doch wunderbar", spottete er. „Du kannst jetzt eine Woche länger Urlaub machen." „Was soll daran wunderbar sein?", widersprach Paul: „Ich habe hier nicht genug Wäsche und außerdem kein Ticket, du hast ja alle zusammen gebucht." Peter lä-

chelte verständnisvoll: „Mit dem Ticket werde ich alles regeln, ich muss dir aber noch zeigen, wie eine Waschmaschine funktioniert. Eine solche hast du in deinem Leben ja noch nie bedient. Dann kannst du deine Wäsche selber waschen und wirst keinen Wäsche-Notstand kriegen", grinste Peter seinen Vater an.
„Wenn das mal alles gut geht", flüsterte Paul kopfschüttelnd.

An diesem Nachmittag hatten beide keine Lust mehr, wie ursprünglich vorgesehen runter in die Altstadt nach Puerto zu gehen. Sie zogen vor, einige Runden zu schwimmen, dann im und am Whirlpool des Schwimmbades zu relaxen. Da alle Liegen am Pool belegt waren, zogen sie sich auf ihre Terrasse zurück. Hier konnten sie sich von den Aufregungen und Ärgernissen der letzten beiden Tage bei vielstimmigem Vogelgesang und kühlen Cervezas erholen.

Erst am nächsten Morgen entschlossen sie sich doch wieder zu einem Bummel durch die Altstadt von Puerto. Und es musste das Herz und der historische Mittelpunkt der Metropole sein, die Plaza del Charco, die bei den Einheimischen auch als Plaza del Charco de los Camarones (Garnelen) bekannt ist. Weil dieser Platz bis zum Beginn des letzten Jahrhunderts bei stürmischem Seegang oft überspült worden war und sich große Wasserpfützen bildeten, sammelten sich darin auch angeschwemmte Garnelen. Der Platz hatte, je nach historischer und politischer Epoche, immer wieder wechselnde Namen. Plaza de la Constitución war einer, in der Zeit der Franco-Diktatur nannte man ihn auch „Plaza Real" oder „Plaza del Generalísimo Franco". Geplant wurde dieser Platz im Jahre 1610 von Jerónime Mines und war als Umschlagplatz für die Güter gedacht, die im benachbarten Hafen gelöscht wurden. Ein in die Jahre gekommener, sehenswerter Springbrunnen ist der Mittelpunkt des Plaza del Charco. Sich hier im Schatten südamerikanischer Lorbeerbäume, kanarischer Phönixpalmen und riesiger Gummibäume aufzuhalten, ist gewiss ein Erlebnis besonderer Art, das man sich ab und an gönnen sollte. Noch mehr aber wurden Paul und Peter von der Speisekarte am Rincon del Puerto, dem ältesten

Haus am Platze, angelockt, deshalb kehrten sie im Restaurant „El Balcón-Tapas Luis" ein. Ein wunderschöner Innenhof empfing die hungrigen Gesellen und sie ließen sich hier mit exzellenten Tapas verwöhnen.

Am nächsten Morgen fuhr Paul seinen Sohn zum nahe gelegenen Nord-Flughafen in La Laguna, von hier konnte Peter endlich seine Odyssee in Richtung Neuss beginnen. Während der Fahrt bat Peter seinen Vater, den Bollullo-Guanchen ganz herzlich zu grüßen, falls es zu einem Treffen kommen sollte. „Das mache ich gerne und ich bin selbst gespannt, wie und ob das stattfinden wird. Aber jetzt wünsche ich dir erst einmal Halsund Beinbruch für deine spektakuläre Heimreise und herzlichen Dank für deine Unterstützung beim Kauf der Wohnung."
„Nicht der Rede wert, damit kann ich Mutter und dir für mein glückliches Dasein auf diesem wunderschönen Planeten einmal ‚Danke' sagen", lächelte Peter. Vor dem Flughafen angekommen, verabschiedeten sich die beiden mit einer herzlichen Umarmung, und Peter nahm sein Handgepäck und verschwand im Abfertigungsgebäude.

„Wie wird diese Reise nur zu Ende gehen?", seufzte Paul verhalten.

Kapitel 5

Plan B funktioniert

Nach der Verabschiedung seines Sohnes am Flughafen Nord in La Laguna gab Paul den Mietwagen beim Autoverleiher an der Calle Acevino zurück und besuchte danach den direkt nebenan liegenden Mini-Markt. Er wollte für die kommenden Tage das Nötigste an Lebensmitteln besorgen. Die Besitzerin, es war eine charmante, redselige Deutsche, sprach ihn an. In der Unterhaltung mit ihr bekam er einige Hinweise zum Leben hier am Ort. So verriet sie ihm, wo man nach ihrer Meinung in La Paz besonders gut und preiswert essen könne, wo der nächste Friseur, ein praktischer Arzt oder auch ein Zahnarzt und wo die nächste Apotheke zu finden sei. „Hier verstehen fast alle die deutsche Sprache", versicherte sie ihm.

Von seinen trüben Gedanken jetzt etwas abgelenkt, begab er sich zu seiner neuen Wohnung und griff, es sich im Schaukelstuhl bequem machend, zu seinem Handy. Er musste Erika mitteilen, dass er Peter am Flughafen zu seiner abenteuerlichen Heimreise über Madrid und Paris verabschiedet habe. Paul wusste sehr wohl, wie sehr Erika in Sorge war, wie und wann Peter die Heimat wieder erreichen würde. „Und wann fliegst du zurück?", erkundigte sie sich. „Am nächsten Freitag, falls der Himmel dann wieder freigegeben ist", sagte Paul, weil sein Flug von der Fluggesellschaft auf diesen Termin automatisch umgebucht worden war. „Kommst du mit deiner Wäsche zurecht?", fragte Erika noch und Paul beruhigte seine Erika auch darin: „Ich komme klar, denn unser Sohn hat mir die Technik der Waschmaschine bestens erklärt", lachte er. Auch wenn er jetzt, zum ersten Mal seit seiner Pensionierung, einige Tage allein zurechtkommen musste, sah er darin kein Problem. Schon in seiner Jugend und Ausbildungszeit hatte er größere Anforderungen im häuslichen Bereich zu bewältigen gehabt und war mit allem fertig geworden. Natürlich musste er jetzt manches überdenken, aber seine Solo-Tage ging er sehr gelassen an. Einen Kaffee zu bereiten, hatte ihm Erika längst beigebracht und sein erster Versuch gelang ihm auf Anhieb.

Als er seinen Kaffee auf der Terrasse dann zu sich nehmen wollte, klingelte es an der Wohnungstür. „Wer kann mich hier besuchen wollen?", rätselte Paul und öffnete die Tür. Es war Eddy, der nette ältere Herr, der ihn in der Garage schon angesprochen hatte, der vor ihm stand. „Ich will dich nicht stören, lieber Nachbar", entschuldigte er sich lächelnd: „Wir, meine Frau und ich, möchten dich für morgen zum Kaffee einladen, meine Frau Veronika wird zu diesem Anlass eine Sekttorte backen!" „Das hört sich gut an, aber wie komme ich zu dieser Ehre?", erkundigte sich Paul. „Das ist einfach, wir haben bemerkt, dass du allein bist und in deinem neuen Umfeld vielleicht Hilfe nötig hast oder unter Langeweile leidest", erklärte Eddy. Was konnte Paul dazu sagen? „Über die Einladung freue ich mich sehr, und ich komme gerne, aber bleibe jetzt nicht in der Tür stehen, komme herein und trinke mit mir ein Gläschen Rotwein, dann werde ich deinen Hinweis zu meinem neuen Umfeld sicher besser verstehen", bot er Eddy lachend an. Eddy nahm die Einladung sogleich an, trat ein und machte es sich am angebotenen Platz bequem. Während Paul zwei Gläser Rotwein bereitete, schaute sich Eddy doch erst in der Wohnung um und lobte dann: „Du hast in dieser Woche mit deinem Sohn verdammt viel geschafft, mein Kompliment dafür." Dann lobte er das Wohnzimmer und hier gefiel ihm das Bild von Picasso besonders. „Ein sehr schönes Bild", meinte er. „Es scheint neu zu sein, wo hast du es gefunden?", erkundigte er sich. „IKEA bietet jede Menge dieser kunstvollen Drucke", antwortete Paul und erklärte seinem Besucher, dass ihm an diesem Bild des Meisters vor allem die fünf in nur einer Linienführung hingezauberten Tierskizzen begeisterten. Das Bild gefiel Eddy ebenfalls sehr. „Lass uns jetzt auf eine gute Nachbarschaft anstoßen", bat Paul seinen Besucher, dem er den Platz neben sich im Schaukelstuhl wieder anbot.

„Und wo hast du deinen Sohn gelassen?", erkundigte sich Eddy. Nun erzählte Paul in knappen Worten die sehr komplizierte Geschichte, die den Flugverkehr in Europa lahmgelegt hatte, und Eddy hörte aufmerksam zu. Die Unterhaltung wurde immer freier und lockerer und verführte beide gar dazu, Ausschnitte ihrer Lebensläufe zu erzählen. Wie Paul war auch Eddy im Ruhrgebiet aufgewachsen. Eddy wurde 1933 in Marl geboren und war ein Fan von Schalke, Paul erblickte das Licht der Welt im Jahre 1936 in Dortmund und war natürlich ein Anhänger der gelbschwarzen Borussen. Mit viel Glück hatten beide den Zweiten Weltkrieg überstanden, sprachen jetzt aber lieber über ihre Schulzeit und ihre ersten Berufserfahrungen. Paul schenkte nach und berichtete dann über seine zweiundvierzig Jahre beim Kaufhaus Woolworth und erzählte auch, dass er während dieser Zeit mit seiner Familie zwölfmal umziehen musste. Die vielen Umzüge verblüfften Eddy, darüber wollte er mehr erfahren. Paul ließ sich dies in seiner Erzählfreude nicht zweimal sagen: „Nach meiner Lehrzeit im Großhandel bewarb ich mich bei Woolworth und im April des Jahres 1954 begann meine Ausbildung als Aspirant im Lager der Dortmunder Filiale dieser Firma. Mein Monatslohn von 200,- Deutschen Mark klingt heute wenig, aber ich kam recht gut zurecht, denn vor lauter Arbeit hatte ich keine Zeit, um Geld auszugeben. Mein Ziel war es, mich nach dieser Ausbildung zum Geschäftsleiter eines Hauses irgendwo in Deutschland zu qualifizieren." Paul bemerkte, dass Eddy aufmerksam zuhörte, und so erzählte er ihm weiter, dass er nach seiner Probezeit in Dortmund als Aspirant nach Hamm und Osnabrück versetzt worden sei, womit sein gut behütetes Leben bei seinen Eltern ein Ende hatte. Zum Assistenten befördert habe er in Solingen, in Berlin-Spandau, Hannover, Berlin-Charlottenburg und auch in München unterschiedliche Erfahrungen sammeln können, die ihm im Leben weitergeholfen hatten. Er erzählte auch, dass er während seiner Zeit in Hannover seine große Liebe gefunden und im August 1959 geheiratet und dann in München tätig mit ihr seine erste gemeinsame Wohnung bezogen habe.

Ja, Paul hatte immer ein aufregendes Leben und jeder seiner jeweiligen Wohnorte war immer nur für kurze Zeit. Von München durfte er noch nach Braunschweig umziehen und nur einige Monate später nach Bielefeld. Hier lächelte er und erzählte Eddy ausführlicher: „Kaum hatten wir uns dort eingewöhnt, durfte ich zwei neue Überraschungen erleben: Die eine war, dass meine Erika schwanger war, und die andere, dass ich, zum Geschäftsleiter ernannt, den Laden in Hannover-Linden übernehmen sollte. Also wieder umziehen. In Hannover zogen wir zunächst in eine Zweizimmerwohnung, als sich aber bald nach der Geburt unserer Tochter Bärbel ein weiterer Familienzuwachs anmeldete, zogen wir innerhalb Hannovers in eine größere Wohnung. So richtig eingewöhnen konnten wir uns aber nicht, denn nach nur einem Jahr wurde ich in eine größere Filiale in Düsseldorf versetzt. Und in dieser Zeit, im Februar 1962 brachte meine Erika, aber noch in Hannover, unseren ersten Sohn, den Bernd, zur Welt. Wir bezogen in Düsseldorf, jetzt als Familie mit zwei Kindern, eine schöne Vierzimmerwohnung, in der wir die bisher längste Zeit verbrachten. Erst im Jahr 1965, nach der Geburt unseres zweiten Sohnes, dem Peter, wurde ich wieder versetzt und mit der Neueröffnung einer Filiale in Berlin-Zehlendorf betraut. Hier bezogen wir, jetzt fünfköpfig, unweit meines Ladens in der Machnower Straße in Zehlendorf, eine sehr geräumige Parterrewohnung und hatten hier auch einen kleinen Garten dabei. Hier glaubte ich mich am Ziel meiner Karriere. Da sich mit dem Erfolg des Ladens auch mein Gehalt aufbesserte, dachte ich sogar daran, uns diese Wohnung zu kaufen. Meine überraschende Beförderung zum Bezirksdirektor, mit der Versetzung ins Ruhrgebiet, ließ diesen Plan platzen. Jetzt war ein Umzug mit Sack und Pack durch die damalige DDR in die Duisburger Mainstraße in der Nähe des Hauptbahnhofs zu organisieren. Hier hätte alles schön und gut sein können, aber leider überschattete uns nach fünf Jahren ein fürchterliches Familiendrama. Bei einem Verkehrsunfall kam unsere Tochter Bärbel ums Leben. Es war schwer, damit fertig zu werden. Zwei Jahre später erwarb ich in Moers eine Doppelhaushälfte und glaubte, damit unseren letzten Umzug perfekt gemacht zu haben. Dem war nicht so, die Firmenleitung beförderte mich zum Einkaufsdirektor und damit ergab es sich, in die Nähe von Frankfurt a. M. umzuziehen. Und so zogen Erika und ich ohne unsere inzwischen flügge gewordenen Söhne nach Rödermark, um nach weiteren fünf Jahren wieder, diesmal aus privaten Gründen, zurück nach Moers zu ziehen."

„Mein lieber Paul, die Beschreibung deines Lebens hat mich fast schwindelig gemacht", erklärte Eddy begeistert. „So etwas hätte meine Veronika niemals mitgemacht, aber so ganz ohne kleine Turbulenzen ging es auch bei uns nicht. Ich war achtzehn Jahre lang nach dem Abitur in der Verwaltung der Zeche Auguste Viktoria in Marl tätig, und bis zu meiner Pensionierung bei den Chemischen Werken Hüls als Controller beschäftigt. Wir sind damals einmal umgezogen, ein zweites Mal nur, um nach meiner beruflichen Zeit unseren Lebensabend auf Teneriffa zu verbringen." „Das hört sich ja spannend an, ihr lebt also schon über zehn Jahre auf der Insel?", fragte Paul. „Ja, das stimmt, erst hatten wir uns eine Wohnung im Maritim gekauft, nur ein Jahr später aber vermietet, weil wir uns dann in El Sauzal ein Haus kauften, das wir nach fünf Jahren aber wieder verkauften, um im neuerbauten Strelitzia-Park eine der größeren Wohnungen zu kaufen. Für uns war ein Leben hier nicht nur altersgerechter, sondern auch verkehrstechnisch günstiger", erzählte Eddy. Als er dann jedoch zu seiner Uhr sah, erschrak er: „Veronika wird mich sicher schon vermissen. Aber vielen Dank für die lebendige Unterhaltung, ich freue mich, dich morgen zu Kaffee und Kuchen bei uns wiederzusehen", sagte er und verabschiedete sich.

Auch Paul freute sich darüber, einen ersten, recht sympathischen Kontakt in der Anlage zu haben. Er war aber sicher, dass sich noch mehr solcher Kontakte ergeben würden. Dass man in einer solchen Anlage nur aneinander vorbeigeht, konnte er sich nicht vorstellen.

Zum Mittagessen bereitete sich Paul einen „Strammen Max". Einen solchen kannte er noch aus seiner frühen Ehezeit und dieser gelang ihm. Als er danach in der Küche für Ordnung sorgte, klingelte es erneut an der Wohnungstür. Paul öffnete und sah einen Fremden vor sich stehen. Der Mann lächelte und mit einer angedeuteten Verneigung sagte dieser: „Verzeihen Sie, dass ich störe, ich will mich Ihnen, falls Sie einmal Hilfe brauchen, nur kurz als Präsident dieser Anlage vorstellen, nachdem ich vom Verwalter erfahren habe, dass Sie der neue Besitzer dieses Appartements sind, mein Name ist Knuttermann!" Auch Paul stellte sich vor und bat den Mann, im Wohnzimmer Platz zu nehmen. „Ich möchte nicht lange stören", sagte er. „Ich will Sie nur auf einige hier übliche Regeln hinweisen, die für ein friedliches Miteinander sorgen." „Dann legen Sie mal los", lächelte Paul. „Aber die Haus- und Schwimmbadanweisungen können Sie sich sparen, die habe ich bereits mit meinem Sohn studiert." „Das ist ja prima", lächelte der Besucher. „Dann bleibt mir ja nur auf die korrekte Müllentsorgung hinzuweisen, dass also Glas und Plastik in den Containern an der Ecke Calle Sabina und Calle Acevino zu entsorgen sind und für den restlichen Hausmüll die Behälter neben der Garageneinfahrt bereitstehen." Paul bedankte sich für die Aufklärung, hatte aber den Eindruck, dass der Besucher noch etwas auf dem Herzen haben könnte. Und so war es auch. Er wies darauf hin, dass er mit seiner Frau hier ganzjährig wohne, und bat dann Paul, ihm im Falle einer längeren Abwesenheit einen Wohnungsschlüssel zu überlassen, falls er diesen nicht lieber einem seiner künftigen Nachbarn geben wolle. „Es können ja Wasser- oder sonstige Schäden entstehen und dann ist dies hilfreich", erklärte er und verabschiedete sich.

„Der Mann nimmt seinen Job ja sehr ernst", ging es Paul durch den Kopf.

Plötzlich klingelte sein Handy, und was hörte Paul: „Vater, ich bin gut in Madrid angekommen, befinde mich bereits am Hauptbahnhof und wurstchele mich jetzt durch ein totales Chaos. Wie aber ist es bei dir?" „Ein Chaos habe ich nicht, aber für deine Weiterfahrt drücke ich die Daumen, mach's gut, Sohnemann!" Mehr brauchte Paul nicht zu sagen, Peter hatte das Gespräch schon beendet.

Die Nachrichten, die Paul im Fernsehen mit großem Interesse verfolgte, kannten nur ein Thema. Es war die Aschewolke von Island, die den Flugverkehr über fast ganz Europa lahmlegte und ein Ende dieser Dramatik war nicht abzusehen. Dies lag vor allem daran, dass die Teilchen der Vulkanasche Flugzeugtriebwerke beschädigen und Sensoren verstopfen konnten und auch die Sicht der Piloten damit enorm beeinträchtigt werden konnte. Allein auf den Kanaren waren von dieser Naturkatastrophe rund dreißigtausend Reisende betroffen.

Bei derart üblen Aussichten half es Paul, nur positiv zu denken, um im Kopf klar zu bleiben. Dabei fiel sein Blick auf das bisschen schmutzige Wäsche und im Nu war die Trommel nach Peters Anweisungen gefüllt, und dann brachte er die Maschine ohne Schwierigkeiten zum Laufen; und das Ergebnis konnte sich sehen lassen. Allerdings stellte Paul fest, dass er keinen Wäschetrockner hatte. Also spannte er, wie er es bei Erika abgeguckt hatte, einen Bindfaden in einer vom Park nicht einsehbaren Ecke der Terrasse und legte die Wäscheteile darüber, die bei der prallen Sonneneinstrahlung im Handumdrehen trockneten.

Natürlich musste er dieses Erfolgserlebnis sofort Erika mitteilen, die sich dann nach einem flüchtigen „Aha" und einem „Soso" nach dem Reiseverlauf von Peter erkundigte. Paul erzählte ihr also von dessen Anruf, was Erika jedoch nicht beruhigte. „Das sieht ja wirklich schlimm aus, welche Auswirkungen diese Aschewolken auf den Luftreiseverkehr haben, da kommen stündlich neue Hiobsbotschaften hinzu", klagte sie voller Sorge.

Am nächsten Tag erreichte Paul Peters ersehnter Anruf: „Hallo Peter, wo steckst du?" „Alles okay, Daddy, ich habe beim Einchecken am Bahnhof in Madrid irres Glück gehabt, denn nur weil ich mein Ticket schon online gebucht hatte, war mir die Mitfahrt möglich gewesen. In knapp 20 Stunden erreichte ich Paris, und mein Kumpel, der hier schon auf mich wartete, hat mich wohlerhalten, aber hundemüde bei meiner Mara abgeliefert." „Dann gratuliere ich dir zu dieser geglückten Odyssee", sagte Paul nun sehr erleichtert. Peter lachte: „Organisation ist alles, damit siehst du, wie nützlich ein Plan B im Leben sein kann! Und wenn du aber, lieber Vater, Langeweile haben solltest, dann besuche doch den Bollullo-Guanchen, der wird sich freuen," spottete Peter belustigt. Paul schüttelte etwas unwillig den Kopf und sagte nur noch: „Tschüss, und schlaf dich erst mal aus."

Für seinen Besuch bei Veronika und Eddy bereitete sich Paul gut vor. Er besorgte einen Blumenstrauß und für Eddy dachte er an eine Flasche Rotwein. Er klingelte und mit einem freundlichen „Danke schön für die Einladung" überreichte er den feierlich gestylten Gastgebern seine Geschenke, und Veronika bot Paul sogleich das freundschaftliche Du an. Wie Paul sogleich sehen konnte, hatte Veronika eine kunstvoll dekorierte Sekttorte geschaffen, die auf einem runden Tisch im Wohnzimmer als Blickfang platziert worden war. Freuen konnte sich Paul aber darauf noch nicht, denn Veronika wollte ihm erst ihre Wohnung zeigen. „Ja, die Frau hat einen guten Geschmack", dachte Paul. Eddy hatte inzwischen drei Gläser mit Sekt gefüllt und bat, in einem wahren Blumenmeer auf dem breiten Balkon Platz zu nehmen, und dann tranken die drei auf eine gute Nachbarschaft, sie waren ja nur durch eine Etage voneinander getrennt.

Nach diesem Empfangsdrink lud Veronika die beiden Männer an den runden Tisch im Wohnzimmer, den sie zuvor stilvoll gedeckt und dekoriert hatte. Die Sekttorte war ein echter Genuss und Hingucker, und Paul bestätigte dies der Gastgeberin sogleich. Im weiteren Verlaufe ihrer unterhaltsamen Gespräche fiel Paul auf, dass Veronika immer ins Schwärmen geriet, wenn sie auf ihr verkauftes Haus in El Sauzal zu sprechen kam. „Sie hat das Haus wohl sehr geliebt", dachte Paul. Als Veronika dann einige Bilder davon zeigte und über den Schweiß und die Energie, die sie in die Verschönerung des Gartens und den Umbau des Hauses gesteckt hatte, sprach, war er sich dessen sicher. Dabei erschien es Paul, dass Eddy wesentlich zurückhaltender war als noch am Vortag, und er provozierte ihn mit der Frage, was er denn dazu beigetragen habe. Eddy zögerte erst, sagte dann aber ganz ruhig: „Ich höre meine Frau gerne reden und weiß, was wir beide geleistet haben", und schmunzelte dann: „Und ganz nebenbei habe ich auch noch Spanisch gelernt."

Zum Abschied gab Veronika ihrem Gast zwei Stückchen ihrer feinen Torte mit. Paul bedankte sich dafür, aber noch herzlicher dankte er für die Einblicke in das Familienleben der beiden und versprach dann: „Wenn wir im Oktober hier eingezogen sind, werdet ihr beiden unsere ersten Gäste sein, bleibt bis dahin gesund."

Mit einem kurzen Anruf teilte Paul seiner Erika mit, dass Peter in Neuss gut angekommen sei, und zwei Stunden später freute er sich darüber, von der Fluggesellschaft grünes Licht für seinen Rückflug erhalten zu haben. „Habe ich noch etwas zu erledigen?", fragte er sich. Das hatte er, er wollte bis zu seinem Abflug bei einer Bank ein Konto einrichten lassen. Bald würden ja Nebenkosten für die Wohnung anfallen und diese sollten abzubuchen sein. Dafür besuchte er Edwin in dessen Büro und bat um Rat. Edwin empfahl ihm, die La Caixa-Bank direkt am Hafen von Puerto zu wählen, weil er dort von einer deutschsprachigen Angestellten beraten würde. Dankbar nahm Paul den Tipp an, und auf gleichem Weg erledigte er sein Vorhaben. Seinen Besuch des Bollullo-Guanchen verschob er auf den kommenden Herbst. Er bedauerte dies, aber die Aschewolken am Himmel hatten auch ihn von vielem sehr abgelenkt.

Kapitel 6

Der letzte Schliff muss sein!

Auch Erika machte sich über ihr neues Heim Gedanken, das wusste Paul sehr wohl. Sie dachte über vieles nach, woran ihre Männer einrichtungstechnisch nicht dachten. „Dies und jenes kann uns bestimmt noch fehlen." Über das, was Paul und Peter erledigt hatten, war Erika zwar informiert, aber manches blieb für sie noch offen. „Darüber müssen wir noch reden", nahm sie sich vor.

Und das konnte sie schon einige Abende später, als sie mit Paul auf der Gartenterrasse saß, ein Gläschen Wein genoss und mit ihm über den vor Tagen beendeten Besuch in Berlin plauderte. Mit Pauls Freund Rüdiger und dessen Frau Marita hatten sie sich nach dem Besuch des Pergamonmuseums das Fußball-Pokalendspiel zwischen Bayern München und Werder Bremen angesehen, das mit 4:1 für Bayern zu Ende gegangen war. „Solche sportlichen Highlights werden mir auf Teneriffa fehlen", mutmaßte Paul. Darüber konnte Erika nur lächeln: „Ach Paul, diese Pokalspiele finden doch im Sommer statt, und dann sind wir eh zu Hause."

Der Name Teneriffa war gefallen und schon war Erika wieder dort. „Wie werden wir über Wochen und Monate auf der Insel leben?", flüsterte sie. Paul dachte über anderes nach: „Ich glaube, dass es nicht falsch ist, unseren Flug zur Insel jetzt schon für Mitte Oktober zu buchen, denn je eher, desto preiswerter wird es sein", schlug Paul vor. Erika unterbrach ihn sofort: „Moment mal, wollen wir dort einziehen, wenn nicht einmal sämtliche Räume neu gestrichen sind?" „Ach ja, ich weiß, was du denkst, wie aber wollen wir das organisieren?", war Paul irritiert. „Ganz einfach! Denn mein Terminkalender sagt mir, dass wir in der zweiten Junihälfte alles erledigen können und, um auch dies zu sagen, ich möchte für das Wohn- und für das Schlafzimmer neue Gardinen anfertigen lassen", ereiferte sich Erika. Dieser

Gedanke beunruhigte Paul, wie konnte er alles zeitlich unterbringen? Ab dem 21. Mai hatte er mit dem Kreuzfahrtschiff Aida Diva eine achttägige Reise von und nach Antalya für beide gebucht, die über Athen, Rhodos, Istanbul und Izmir führen und mit einem anschließenden einwöchigen Badeurlaub in Side enden sollte. Wie konnte er noch einen Termin für Teneriffa finden? Aber er fand einen: „Na gut, ich kann für den 16.–27. Juni einen Flug nach Teneriffa buchen, dieser passt uns zeitlich recht gut", gab er sich einsichtig. Erika nickte zufrieden: „Prima, so können wir es machen." Sie sagte es und nahm einen Schluck aus ihrem Weinglas.

Als Erika und Paul am Abend des 16. Juni auf Teneriffa landeten und zwei Stunden später mit dem Mietwagen im Strelitzia-Park ankamen, war Paul sehr gespannt, wie Erika die von ihm und Peter eingerichtete Wohnung wohl gefallen würde. „Na, wie gefällt es dir?", erkundigte er sich. „Ich bin ehrlich überrascht! Mein Kompliment, so habe ich es nicht erwartet", sagte Erika leicht lächelnd. Paul war beruhigt, aber auch sicher, dass Erika noch Wünsche haben würde. Sie ging durch die Wohnung, vom Bad über das Schlafzimmer wieder zurück zum Wohnraum. „Sag mal, mein Lieber, was habt ihr euch eigentlich bei diesem Bild hinter mir gedacht, es erscheint mir recht gewöhnungsbedürftig." Diese Kritik hatte Paul durchaus erwartet und antwortete dann, wenn auch leicht verlegen: „Wir fanden, dass diese stilistische Bilder-Komposition von Picasso ideal in unsere Wohnung passt. Das Bild wirkt beruhigend und gleichzeitig anregend." Erika nahm dies hin, obwohl sie kein Fan von Picasso war.

Am nächsten Morgen machte Paul den Vorschlag, kurz bei Veronika und Eddy reinzuschauen: „Die freuen sich und von Veronika bekommst du sicher die Adresse eines Gardinendekorateurs." Ja, die Nachbarn freuten sich sehr, und Paul bemerkte beruhigt, dass die Frauen sich sofort gut verstanden. Der Besuch dauerte deshalb auch etwas länger, als er gedacht hatte. Erika bekam ihre gewünschte Adresse des Dekorateurs und dankte dafür sehr herzlich. Und Paul, sich an den Präsidenten Knuttermann erinnernd, erkundigte sich, ob er bei Abwesenheit den Zweitschlüssel der Wohnung zur möglichen Schadensvorsorge künftig bei ihnen hinterlegen könne. „Wir helfen immer, das gehört schließlich zu einem angenehmen Miteinander", versicherte Veronika, während Eddy sich in dieser Unterhaltung wieder auffallend zurückhielt, er überließ die Konversation vor allem seiner Frau.

Nach der Adresse eines Malers erkundigte sich Paul allerdings nicht. Die Wahl eines Fachmanns wollte er Edwin, seinem Immobilienmakler, überlassen. Er versprach sich davon einen kompetenten Vorschlag für gute und zeitnahe Arbeit.

Und das war richtig, denn schon am Tag nach seiner Anfrage, stand ein Fachmann vor seiner Tür. Dieser schaute sich alles zur Erledigung Gewünschte an und versprach, schon am übernächsten Tag mit der Arbeit beginnen zu können. Das Angebot nahmen Erika und Paul an. Und der Überraschungen nicht genug, meldete sich an diesem Tag auch der Gardinen-Dekorateur, nahm Erikas Wünsche entgegen und versprach schnellste Lieferung. Alles klappte und Erika war zufrieden. Im Gegensatz zum leidigen Fachkräftemangel in Deutschland mussten sie hier nicht lange warten.

Jetzt waren Fachleute am Werk, denn binnen einer Woche war alles erledigt. Erikas Heim war so gestaltet, wie sie es sich gewünscht hatte. Paul wollte in diesen Tagen niemandem im Wege stehen und war deshalb meist außer Haus unterwegs. Kein Weg war ihm zu weit und in dieser paradiesischen Natur gab es vieles zu erkunden.

Auch an die Begegnung mit dem Bollullo-Guanchen erinnerte sich Paul, und er entschloss sich, diesen zu besuchen. „Um 14:00 Uhr bin ich dort und sehe dann, ob er kommt." Er erklärte Erika sein Vorhaben und machte sich zeitig auf den Weg. Das Meer war ruhig, auch an Land war kaum Wind zu spüren, und Paul marschierte mit Schreibblock und Kuli ausgestattet zuversichtlich zum Bollullo-Strand. Den Weg kannte er, und das teils Auf und Ab im Gelände störte ihn nicht, war er doch voller Hoffnung, den Bollullo-Guanchen anzutreffen. Nach einer knappen Stunde erreichte er sein Ziel. Die Terrasse der kleinen Bodega war frei, nur eine ältere Dame konnte er sehen und am Strand einige spielende Kinder. Er nahm Platz und bestellte ein Bier. Sein Blick ging über die Weite der Bucht aufs Meer, das von hier nur von einem aufragenden Felsen teils verdeckt war, von dem Guanchen keine Spur. Aber dann! Plötzlich sah er, wie auf einer Seite des aufragenden Felsens ein Boot trieb. „Das könnte er sein!" Paul bezahlte das Bier und ging über den Strand dem anlandenden Boot entgegen. Ja, es war der Guanche. Paul erkannte ihn sofort, er war in seinem Ziegenfell-Outfit nicht zu verwechseln, aber dieser erkannte auch Paul. Paul sah deutlich, dass der Mann ihm und den Kindern zuwinkte. „Auf was lass ich mich da nur ein", ging es Paul durch den Kopf. „Und wie kann ich mit dem Taubstummen überhaupt kommunizieren, werden mir Schreibblock und Kuli eine Hilfe sein?" Sein Interesse überwog jedoch, und er näherte sich dem Ufer und dem Boot. Er hatte keinen Zweifel mehr, dass der Fremde nicht an Land wollte, sondern mit ihm aufs offene Meer hinausfahren wollte, denn er winkte ihm freundlich zu, einzusteigen. Jetzt bekam Paul eine Gänsehaut, war es pure Angst oder verhaltene Freude? Aber dann saß er auch schon mit nassen Füßen neben dem Bollullo-Guanchen, der ihn innig umarmte und nun mit seinem Außenborder aufs Meer fuhr. Als die beiden, außer Sicht- und Hörweite der nur wenigen Strandbesucher waren und einen Felsvorsprung umschifft hatten, bekam Paul vor Staunen den Mund nicht zu. Der Mann stellte den Motor ab und stellte sich flüsternd vor: „Entschuldigung, mein Name ist Waldemar Ritter. Ich bin wie du ein Deutscher, wurde in Witten an der Ruhr geboren und lebe seit 1942 hier in Puerto de la Cruz und habe seit Jahrzehnten mit keinem Deutschen mehr gesprochen." Paul war unsicher und irritiert, aber er stellte sich auch korrekt vor: „Ich heiße Paul, stamme aus Dortmund und wohne in Moers am Niederrhein, und seit Kurzem bin ich glücklicher Besitzer einer Ferienwohnung in La Paz." Der Fremde blickte Paul in die Augen und sagte leise: „Ich weiß dies schon seit deinem Besuch mit deinem Sohn hier. Am Nebentisch habe ich alles verstanden, was ihr euch erzählt habt", lächelte Waldemar. Paul nickte verstehend: „Du hast mir einen Bierdeckel zugesteckt, weshalb?", fragte Paul. „Das ist schnell gesagt. Seit einigen Wochen weiß ich, dass ich mittlerweile zwei Probleme habe, und die muss ich mir von der Seele reden. Euer Gespräch über die Familie, euer Erleben hier auf der Insel, aber auch die militärische Ausbildung deines Sohnes und deine Worte über die Kriegserlebnisse deines Vaters haben mich darauf vertrauen lassen, dass mir ein Vater, der so offen mit seinem Sohn spricht, in meiner Sorge helfen kann." Paul hob die Hand, als wolle er etwas sagen, aber Waldemar winkte ab. „In der Nähe deiner Heimat geboren zu sein und mit dir jetzt sprechen zu können, das verbindet. Ich wurde als Soldat hierher verschlagen und lebe hier in einer Höhle in freier Natur." „Wenn es dich hierher verschlagen hat, darfst du darüber glücklich sein, an der Ostfront war es für die Soldaten, wie ich oft zu hören bekam, eher höllengleich", sagte Paul mit ernster Miene und fuhr fort: „Jetzt möchte ich aber auch noch von dir wissen, warum du hier offensichtlich schon seit Jahrzehnten den Taubstummen mimst?" Der Mann nickte verlegen: „Paul, ich will als Deutscher nicht erkannt werden und dazu gibt es eine lange Geschichte, habe aber das Sprechen vor allem fast verlernt, weil meine Frau und mein Sohn taubstumm sind." „Auch dein Sohn ist …?", blickte Paul auf. „Ja, mein Sohn ist auch taubstumm, aber ein intelligentes Kerlchen. Ich konnte ihm schon im frühen Kindesalter die Bedeutung von Zahlen beibringen und er kennt sich in den Grundrechenarten bestens aus. Ebenfalls weckten meine Frau und ich seine Spielleidenschaft mit ‚Mensch ärgere dich nicht' und Halma, sogar das Schachspiel hat er kapiert und ist mir ein cleverer Gegner geworden. Aber in letzter Zeit wirkt er zunehmend unzufriedener." Während ihres Gesprächs schaukelte das Boot immer weiter aufs Meer hinaus und starker Wind kam auf. Paul beschlich ein ungutes Gefühl und bat Waldemar, zurück zum Bollullo-Strand zu schippern. „Dein Wunsch ist mir Befehl, ich habe aber eine Bitte: Versprache mir, mich wieder zu besuchen, ich muss dir noch so viel erzählen", sagte Waldemar. Paul versicherte ihm sein Kommen bei nächster Gelegenheit, und bevor Waldemar den Motor zündete, sagte Paul noch: „Bevor ich es vergesse, ich soll dir herzliche Grüße von meinem Sohn ausrichten." „Danke, Paul, und bestelle ihm ebenfalls beste Grüße von mir, und sobald ich am Ufer bin, werde ich wieder der Taubstumme sein, es soll für die braven Menschen hier so bleiben. Ich bin und bleibe für diese Spanier der Bollullo-Guanche", sagte Waldemar in aller Ruhe. Er fuhr zum Strand und ließ Paul mit all seinen vielen noch offenen Fragen wieder aussteigen.

Noch sehr aufgewühlt erreichte Paul seine Wohnung und wollte, nein, er musste sich bei Erika alles von der Seele reden. „Der Mann ist nicht stumm, wie ich dachte, und auch nicht taub, nein er kann reden, und er redet sogar fließend Deutsch, er hat bestimmt eine gute Schule besucht", beteuerte Paul. „Er will als Deutscher nicht wahrgenommen werden, sagte er mir während unseres Gesprächs außerhalb der Bollullo-Bucht. Es hängt vielleicht mit seiner Vergangenheit als Soldat zusammen. Aber er sagte mir auch, dass er ein Problem mit seinem taubstummen und recht cleveren Sohn hat." „Dann hat dieser Typ offensichtlich zwei oder mehr Probleme, die er mit dir besprechen möchte. Paul, das Ganze erscheint mir recht dubios. Meinst du wirklich, du solltest dich darauf einlassen?", war Erika ängstlich. „Das zieh ich durch", sagte Paul energisch, weil er den Bollullo-Guanchen mittlerweile sympathisch fand.

Am 24. Juni verabschiedete sich Paul gleich nach dem Frühstück, er wollte am Hafen in Puerto die Caixa-Bank aufsuchen. Als er nahe an seinem Ziel in der Altstadt war, irritierten ihn ungewohnt seltsame Geräusche, sie kamen ihm wie das Gemecker von Ziegen vor. „Was mag dies sein?", fragte er sich. Ziegen am Hafen? So etwas gibt es nicht. Kaum war er aber um die nächste Häuserecke gebogen, als er genau solche sehen musste. Er sah eine Ziegenherde, die sich im nicht sehr tiefen vorderen Bereich des Hafenbeckens tummelte und von reitenden Hirten vor den Untiefen behütet wurden. Es war ein seltsames, aber lustiges Spektakel, das von Hunderten Zuschauern beobachtet wurde.

Was Paul nicht wissen konnte, es ist ein alter Brauch. Immer am Morgen des 24. Juni werden nach der „Noche de San Juan", der Nacht der Johannisfeuer, Ziegenherden in den Hafen von Puerto de la Cruz getrieben, um sie mit einem Bad im salzigen Wasser des Atlantiks zu reinigen. Das Ritual des Ziegenbades blickt auf eine lange Tradition zurück, die noch aus der Zeit der Guanchen stammt, der Urbevölkerung der Insel, der es allerdings weniger um die Reinigung und Pflege des Fells ging, sondern um ein Fruchtbarkeitsritual.

Zur Caixa-Bank musste Paul sich durch die Menschenmassen drängeln und rasch waren hier von der netten deutsch sprechenden Angestellten Pauls Anliegen erledigt.

Bevor Erika und Paul am nächsten Tag zum Heimflug bereit waren, verabschiedeten sie sich kurz bei Veronika und Eddy. Erika bedankte sich für den Tipp mit dem Gardinendekorateur und betonte: „Der Mann hat wirklich hervorragende Arbeit geleistet. Auch der Maler hat übrigens picobello gearbeitet, so dass wir uns jetzt schon auf unseren ersten Winter in unserer heimeligen Wohnung freuen."

Kapitel 7

Erster Winter

Botanischer Garten und Garachico

Paul hatte seine Gewohnheiten und Traditionen. Dazu gehörten die jährlichen Kurzreisen mit seinen Freunden Siggi, Peter und Reinhard. Kaum wieder in Moers, war Paul schon Tage später mit diesen nach Toronto und Vancouver in Kanada unterwegs. Ende September fuhr er mit seinen Skatbrüdern Rüdiger, Horst und Frank für drei Tage nach München, sie wollten dort das Oktoberfest besuchen. Danach ausruhen? Nein, das war nicht möglich, denn Mitte Oktober wollten sie wieder nach Teneriffa fliegen, um für acht Wochen in ihren neuen vier Wänden zu leben. „Was müssen wir mitnehmen, was fehlt dort noch?", fragte sich Erika und fand noch mancherlei Unentbehrliches. „Wir dürfen das vorgeschriebene Höchstgewicht nicht überschreiten!", warnte Paul. Wie war das zu schaffen? Für einen monatelangen Urlaub benötigt eine Frau doch mehr Klamotten als sonst und im Haushalt fehlt noch etlicher Kleinkram. Paul tröstete seine Erika: „Den Aufpreis leisten wir uns diesmal."

Es gab vor der Abreise für beide aber noch einiges zu tun. Erika machte den Garten winterfest und Paul musste einen Abschiedsskatabend mit Horst und Rüdiger in seinem Büro organisieren.

Endlich war es so weit, und es hieß für Erika und Paul, bei Freunden und Verwandten Adieu zu sagen. „Mitte Dezember sehen wir uns wieder", lachte Paul, denn den Rückflug hatte er für den 12. Dezember gebucht. Erika sah das nicht so heiter, auch wenn Paul sie zu trösten versuchte. Ihre Wohnung in Moers für eine so lange Zeit zu verlassen, fiel ihr schwer. „Erika, das ist doch der Anfang eines neuen Lebens, wir lernen neue Sitten, neue kulturelle Bräuche und auch neue Freunde kennen und unseren älter gewordenen Knochen wird die Wärme auf der Insel sicher zuträglich sein", schwärmte Paul begeistert.

In seinem beruflichen Leben hatte Paul immer und viel zu organisieren gehabt, und das konnte er noch heute. Für die Fahrt vom Flughafen Süd auf Teneriffa zur Wohnung wollte er wegen des schweren Gepäcks kein öffentliches Verkehrsmittel nutzen, sondern mietete ein Auto, das in La Paz wieder zurückgegeben werden konnte. Am Ziel angekommen, sah Paul, dass Eddy, den er über sein Kommen informiert hatte, in der Wohnung die Rollläden hochgezogen und die Wohnung gelüftet hatte, und Erika durfte sich über frische Blumen auf dem Tisch im Wohnzimmer freuen.

„Mein Gott, sind das freundliche Menschen", lächelte sie erfreut.

Wie in Moers beim Packen musste Paul beim Leeren der Koffer in La Paz nicht helfen. Nur die leeren Gepäckstücke durfte er in die Garage bringen, das konnte er besser, als in einem Kleiderschrank Ordnung halten.

Am folgenden Morgen bereitete Paul das Frühstück, dessen Zubereitung er seit seiner Pensionierung übernommen hatte, und danach wollten sie bei Veronika und Eddy anklopfen. Um sich für deren Aufmerksamkeiten zu bedanken.

„Nicht der Rede wert", schmunzelte Eddy, „wir freuen uns, dass ihr wieder hier seid." Über vieles wurde nun gesprochen, über Dinge aus der Wohnanlage, über mancherlei kleine Familienereignisse, und Eddy erkundigte sich über das Fußballgeschehen in der Bundesliga. Paul plauderte über die Reisen mit seinen Kumpels, da gab es ja viel zu erzählen. Vor allem von der letzten Tour nach Kanada. Eddy wunderte sich, dass sie mit dem Zug „Canadian No. 1" in 72 Stunden 4 500 Kilometer von Toronto nach Vancouver gefahren sind. Und weil es gemütlich war, bot Eddy sogar ein Gläschen Sekt an, das auch Erika dankend annahm, denn entgegen Pauls Erwartung fühlte sie sich hier wohl. Nach längerem Gespräch versprach Erika bei der Verabschiedung Veronika und Eddy zu einem Gegenbesuch in den nächsten Tagen einzuladen.

Mit Erikas Empfehlung „heute bleibt die Küche kalt", war Paul einverstanden. Wichtig war jetzt, die Wohnung auf Vordermann zu bringen, so wünschte es sich Erika. Eine Hilfskraft für die groben Reinigungsarbeiten zu engagieren, lehnte sie hier ebenso ab, wie sie in Moers auch nie eine haben wollte. In Sachen Ordnung und Sauberkeit konnte es Erika niemand recht machen, und das respektierte Paul mittlerweile. Paul säuberte die Terrasse, und dann beschäftigte er sich mit dem Aufhängen von Familienfotos im Schlaf- und Gästezimmer. Und damit wurde es später Nachmittag und Zeit, etwas gegen den Hunger zu unternehmen. „Lass uns doch beim Österreicher an der Calle Acevino reinschauen", schlug Paul vor. Das taten sie, und hier konnten sie eine Kleinigkeit essen. Danach war wichtig, das Nötigste für den Kühlschrank einzukaufen. „Was brauchen wir außerdem?", erkundigte sich Paul. „Einen Staubsauger brauchen wir und auch einen Toaster, und so leid es mir tut, einen ‚Hackenporsche' werde ich wohl auch brauchen", sagte Erika. „Das ist alles?", erkundigte sich Paul. „Nein, es ist nicht alles, wir brauchen noch ein Vorrats- und Weinregal, aber darum kümmerst du dich."

Es blieb noch manches mehr zu besorgen und manches aufzuarbeiten und dafür benötigten Erika und Paul noch zwei volle Tage. Paul dachte daran, den Leihwagen wieder abzugeben, aber Erika hatte eine gute Idee. Sie wünschte sich einen Ausflug nach Garachico. „Was gibt es dort zu sehen?", erkundigte sich Paul erstaunt. „Dort ist vor über dreihundert Jahren ein Vulkan ausgebrochen und mich interessiert, was davon noch heute gesehen werden kann." „Was kann man da noch sehen? Eine Ruinenlandschaft vielleicht? Wie eine in Pompeji?", spottete Paul. „Wenn du aber möchtest, ist das schon okay!", beschwichtigte er dann.

Am nächsten Morgen fuhren sie zeitig los. Sie fuhren von La Paz über die Süd-Autobahn in Richtung Nordwesten, erreichten Los Realechos, fuhren weiter nach Icod de los Vinos und nach einer guten halben Stunde waren sie am Ziel. In der Nähe des kleinen Hafens parkten sie und benötigten kein Fachwissen, um zu erkennen, dass dieser Hafen noch Schäden einer Verschüttung aufwies. Sie sahen ein zwar kleines, aber schmuckes Städtchen.

Ja, im Jahre 1706 erlebte die Stadt den Ausbruch eines eher kleinen Vulkans, der dennoch erhebliche Schäden verursachte. Der Trevejo, so wird er genannt, ergoss mit einem gewaltigen Ausbruch seine Lavamassen über die Stadt bis ins Meer. Auch der damalige Hafen wurde verschüttet und nur alte Kaimauern blieben erhalten. Die weitere Entwicklung der Stadt fand zunächst ein länger dauerndes Ende. Gegen das Versteinern des Hafenbeckens konnten die Menschen nichts tun, nur abwartend weiterleben konnten sie oder sich eine neue Heimstatt suchen. Dieses Naturereignis bewirkte, dass sich danach Puerto de la Cruz allmählich zu einem Handelszentrum von Teneriffa entwickeln konnte.

Die Ausmaße dieser verheerenden Eruption waren von Erika und Paul leicht zu erkennen. Wie aber den betroffenen Menschen seinerzeit zumute gewesen war, konnten sie sich nicht vorstellen.

Sie gingen weiter und sahen ein hochaufragendes Mauerwerk, das eine mittelalterliche Festung, ein Schlösschen oder Ähnliches sein konnte. „Was mag das sein?", fragte sich Paul.

Das Castillo de San Miguel ist in der Tat eine kleine Festung, die in den Jahren um 1575 bis 1577 als Schutzwehr für den damals sehr wichtigen Hafen von Garachico erbaut wurde und den Vulkanausbruch überstand. Sie weist einen rechteckigen Grundriss auf, besitzt zwei Stockwerke und eine Plattform für kleine Geschütze. Heute beherbergt der Bau ein kleines Museum. Eine Weile blieben die beiden hier, aber ewig Zeit hatten sie nicht, nach nur wenigen Schritten erreichten sie die bizarre Badelandschaft El Caletón. Die im Meer erkalteten Lavazungen sind hier ein schöner Blickfang und als Naturbassins zum Schwimmen hervorragend geeignet. Auch das Wahrzeichen des Ortes, der Roques de Garachico, ist eine kleine vulkanische Felseninsel, die sich mit teilweise vertikalen Felswänden steil aus dem Meer erhebt und ein geradezu majestätisches Bild abgibt. Diesen herrlichen Ausblick wollten Erika und Paul von einem auf einer Felsplatte auf dem Gelände der Badelandschaft gelegenen kleinen Café genießen und bestellten sich zwei Zaperocos. „Solche wild zerklüfteten Landschaften formen sich immer dann, wenn sich austretendes Magma mit Meerwasser vermengt", erklärte Paul, der den Anblick sehr interessiert genoss.

Auch nicht weit von dort erreichten sie dann, wieder zu neuen Taten bereit, das ehemalige Stadttor im „Parque de la historica Puerta de Tierra", das nach dem Vulkanausbruch übrig geblieben war und bei späteren Ausgrabungen entdeckt wurde. „Schau mal, Erika", Paul zeigte nach unten, wo in drei bis vier Metern Tiefe Reste eines alten Stadttores zu sehen waren. „Das zeigt doch, dass das alte Garachico von der Lava wirklich begraben war." Mit einem Rundgang durch dieses kleine Städtchen sollte dieser interessante Ausflug enden.

Aber während der Heimfahrt erbat sich Erika, in Icod de los Vinos nochmals zu halten. Sie hoffte, dort einen tausendjährigen Drachenbaum zu sehen. „Du meinst den Drago Milenario?", lachte Paul, der davon auch schon gehört hatte. „Dann nichts wie hin, mein Schatz!", war er begeistert.

Icod de los Vinos liegt in einem fruchtbaren Tal an der Küste und ist das Zentrum des kanarischen Weinbaugebietes Ycoden-Daute-Isora, das in neuerer Zeit besonders für seine Weißweine bekannt geworden ist. Vor allem aber ist hier der Blick von einem etwas höher gelegenen Kirchplatz über den Botanischen Garten möglich, in dessen Zentrum ein gewaltiger Drachenbaum steht. Mit seinen zwanzig Metern Höhe und einem Stammumfang von etwa sechs Metern darf er als majestätisch bezeichnet werden. „Die Form der Äste des Baumes erinnert mich an einen riesigen Sonnenschirm", lachte Paul.

Inzwischen war es schon fast 15 Uhr, und Paul stimmte sofort zu, als Erika an ein kleines Mittagessen dachte. „Ich habe Appetit auf ein Bocadillo con quesa und ein Glas Weißwein dazu!" „Das haben wir uns auch verdient", schmunzelte Paul und bestellte im Außenbereich einer Tapasbar sitzend zwei Portionen des mit Manchego-Käse, Salat- und Tomatenscheiben belegte sowie mit Mayonnaise bestrichenen spanischen Stangenbrotes und zwei Gläser trockenen Weißwein aus dieser Gegend. Als nach dem Essen Paul den Kellner um die Rechnung bat, erkundigte dieser sich üblicherweise, wie es ihnen denn geschmeckt habe? Vor allem wollte er wissen, ob und wie ihnen der hiesige Wein zugesagt habe. Darin waren sich Erika und Paul einig: „Der Wein ist sehr gut!", lobten sie. „Dann empfehlen Sie unsere Weine bitte weiter, unsere Winzer sind stolz auf ihre Produkte", sagte der Mann und verabschiedete seine Gäste mit einem freundlichen „Hasta luego."

Am folgenden Morgen gab Paul den Leihwagen wieder zurück. „Kreative Ruhe ist jetzt nötig", murmelte er nach seiner Rückkehr. Erika kam dies gelegen, sie wollte in Ruhe darüber nachdenken, wie sie das Treffen mit Veronika und Eddy gestalten sollte. „Soll ich dafür eine Obsttorte oder den Splitterkuchen nach dem Rezept von Mutter Lotte backen?" „Nur zu, beides ist mir recht", lachte Paul, der sich mit einem ganz anderen Gedanken beschäftigte.

Schon seit ihrem letzten Einkauf dachte Erika darüber nach, ihre Alltagsbedürfnisse nicht mehr mit einem Leihwagen und mit Paul, sondern auch mal allein und mit einem Hackenporsche zu erledigen. So richtig überzeugt waren beide davon nicht, denn es war über vierzig Jahre her, dass Erika für ihre Einkäufe einen Einkaufsroller benutzt hatte. Und für Paul sollte es zum ersten Mal in seinem Leben werden. Dieses Bild, Paul mit Einkaufsroller, konnte er sich nicht recht vorstellen. „Das besprechen wir am besten nach unseren nächsten fußmärschigen Einkäufen", schlug Paul vor. Tage später zeigte er dann aber doch Einsicht, denn Erika bestand darauf. Also besorgte Paul das gewünschte Ding für Erika.

„Was für eine himmlische Ruhe", schwärmte Paul und drückte Erika seinen „Guten-Morgen-Kuss" auf die Wange. Eine ganze Weile hatte er schon wach gelegen und das Fehlen von vorbeifahrenden Autos genossen. Im Gegensatz zu hier befand sich in Moers ihr Schlafzimmer auf der Straßenseite. Erika verstand Pauls Freude natürlich, verkniff sich aber nicht, ihn an den Aufbau des Regals in der Garage zu erinnern. Sie kannte Pauls schlechtes Gedächtnis, wenn es um solche technisch komplizierten Dinge ging, sie hatte ja ihre Erfahrungen. Tatsächlich hatte Paul für handwerkliche Tätigkeiten eher zwei linke Hände, aber der Zusammenbau eines Regals überforderte ihn dann doch nicht. Und er machte es so gut und vor allem schnell, dass den beiden noch Zeit blieb, einen von Erika vorgeschlagenen Rundgang durch La Paz zu machen.

Dabei dachte Erika vor allem an einen Besuch des Botanischen Gartens. Diesen Wunsch hatte sie schon während der bisherigen vier Urlaube in Puerto de la Cruz, musste ihn nur immer wieder verschieben, denn er stieß bei Paul auf wenig Gegenliebe. Als die beiden dann losmarschierten, war der Botanische Garten nach einem nur kurzen Weg erreicht. Paul dachte zuerst an eine Einkehr im gegenüberliegenden Café Europa, aber Erika stoppte ihn: „Lieber Paul, den Kaffee gönnen wir uns nach unserem Besuch im Botanischen Garten!" Paul erkannte, dass Widerspruch sinnlos sei, denn Erika wusste, was sie wollte.

„Dieser Botanische Garten ist schon über 200 Jahre alt, und er ist einzigartig", tröstete Erika ihren Paul, der, wie sie bemerkte, recht lustlos neben ihr her spazierte. Ja, der Garten ist in der Tat einzigartig. Er wurde auf Wunsch des spanischen Königs Karl III. vom Marqués de Villanueva del Prado im Jahre 1788 gestaltet, einem Mann, der sehr bemüht war, seltene und unterschiedliche Pflanzen aus dem weiten spanischen Reich, das sich über große Teile von Amerika und Asien erstreckte, zu sammeln. Der gute Mann wählte das Orotava-Tal aus, weil er hier empfindliche Arten, die einen harten Winter in Madrid nicht überstehen würden, besser an die hiesige Natur anpassen konnte. Daher ist dieser Garten heute auch als „ Jardín de Aclimatación de La Orotava" bekannt. „Seltsam, diesen Bäumen sieht man das hohe Alter nicht einmal an", grummelte Paul, als er während ihres Bummels unter diesen Bäumen stand. Erika genoss diesen Besuch auf ihre Art, sie bestaunte und würdigte jeden Strauch und Baum, wobei sich Paul höchst respektvoll zurückhielt. Natürlich kannte Erika Pauls Desinteresse für die Botanik, sie hatten in Moers ja auch einen Garten und auch dort sah sie ihren

Paul nur selten. „Dieser Garten wird auf 55 000 qm vergrößert und mit künstlich angelegten Teichen und Wasserläufen sowie einem 12 Meter hohen Wasserfall bereichert", erklärte Erika. „Das hört sich gut an, können wir uns aber erst ansehen, wenn alles fertig ist!", brummte Paul nur wenig begeistert.

Ihr Nachhauseweg führte sie, nach der Einkehr im Café Europa, über die Carretera Botanico, die offiziell „Avenida Marqués de Villanueva del Prado" heißt, am Grand Hotel Botanico vorbei. Hier erinnerten sie sich an ihren allerersten Urlaub in Puerto de la Cruz. Das Gebäude wollten sie sich bewusst ansehen, weil sie erfahren hatten, dass das Hotel nun der Loro-Parque-Stiftung gehöre, und dass der erwirtschaftete Reinerlös des Hauses ausschließlich für Projekte zur Erforschung und Erhaltung gefährdeter Papageienarten aufgewendet werde. Dadurch wurde dieses Gebäude für Erika noch bedeutender, als sie es bislang empfunden hatte, und sie entschloss sich, bei passender Gelegenheit auch den Loro-Park zu besuchen, weil hier neben Vögeln, Delfinen, Seelöwen, Tigern und anderen Tieren in Tiershows auch Orcas zu sehen sind.

Dann endlich zuhause angekommen, wollten sich Erika und Paul in aller Ruhe auf der Terrasse entspannen. Das wollten sie, aber ein seltsames Gerenne mit vielem Hin und Her auf der Terrasse nebenan, hinderte sie daran. „Da sind wohl unsere Nachbarn angekommen", mutmaßte Paul. Lange rätseln musste er nicht, denn er sah am Zugang zur Terrasse eine nette, recht hagere schwarzhaarige Dame mit einem kleinen, aber kernigen Mann an ihrer Seite. Mit einer lässigen, herbeiwinkenden Handbewegung und einem freundlichen „Buenos dias" grüßte Paul und bat die beiden, hereinzukommen. Und dies taten sie auch. Sie mussten sich allerdings mit Händen und Gesten verständigen, denn Anna und Silvio stammten aus Turin und sprachen nur italienisch. Und da Erika und Paul neben Deutsch nur einige wenige Floskeln Spanisch sprachen, blieb eine Verständigung schwierig. Wichtig war ja nur, dass man sich kennengelernt hatte und nun wusste, wer die Nachbarn zur rechten Seite der Veranda waren. Auf der linken Seite musste niemand erwartet werden, dort gab es nur den Durchgang zum Park und zum Aufzug in die oberen drei Etagen. Erika bot einen Drink an, den die beiden aber dankend ablehnten. Sie hätten noch viel zu tun, glaubte Paul aus Silvios Gestik zu erahnen.

Für Paul wurde es schnell Gewohnheit, sich nach dem immer von ihm zubereiteten Frühstück eine halbe Stunde in dem nahe gelegenen Pool sportlich auszutoben. Erika bevorzugte dafür, wie schon bei all den Urlauben auf den Kanaren, lieber die Zeit nach dem Mittagessen, dann waren ihr die Außentemperaturen sympathischer. Als eine Bereicherung dieses Schwimmvergnügens empfand Paul, dass er hier immer mal Bewohner der Anlage während eines kurzen Plausches im Becken oder Whirlpool kennenlernen konnte. Damit erweiterte sich sein Bekanntenkreis in wenigen Tagen um einen ehemaligen Kapitän zur See namens Klarmann, um den Iren Patrick, den Briten David und ebenso Frau und Herrn Platzek aus Süddeutschland und dem netten Ehepaar Wohlfahrt aus der Nähe von Braunschweig.

Als der Proviant in Küche und Kühlschrank wieder aufgefüllt werden musste, wollte Erika dies mit ihrem Hackenporsche erproben. Natürlich stellte Erika die Einkaufsliste mit den nötigen Lebensmitteln zusammen, wobei Paul, an eigene Bedürfnisse denkend, ihr gerne beratend beistand, sich ansonsten aber zurückhielt.

„Ziemlich ungewohnt, mit diesem Ding durch die Gegend zu gehen", nörgelte Paul auf dem Weg in die City von La Paz. „Jetzt kannst du nachfühlen, wie ich mich in unserer jungen Ehe und mit drei Kindern im Schlepptau jahrelang plagen musste", murmelte Erika. „Du bist doch immer eine starke Frau gewesen", lächelte Paul versöhnlich. Als ihr Ziel erreicht und alles Nötige besorgt war, dauerte es ein wenig, bis alles aus dem Einkaufswagen in den Hackenporsche umgeladen war. Paul mühte sich noch, einen Wasserkanister mit acht Litern reinem Quellwasser darauf zu packen und schaffte es. Das Quellwasser war ihnen sehr wichtig, denn das Leitungswasser auf Teneriffa eignet sich nicht zum Trinken, es soll nur zum Kochen benutzt werden. Schließlich war alles transportbereit und unfallfrei erreichten die beiden den Strelitzia-Park.

All das, was Erika zum Backen für den Kaffeeklatsch mit Veronika und Eddy benötigte, hatte sie nun parat. Schon knappe vier Stunden später durfte Paul eine wunderbar duftende Aprikosentorte und Mutter Lottes Spezialität, einen Splitterkuchen loben. „Mein Schatz, ich staune, wie selbstverständlich du in diesem für dich doch neuen und ungewohnten Küchenumfeld solche Prachtexemplare fertigst", lobte Paul, zumal ihm nicht entgangen war, dass seine Frau mit den Einstellungen am Herd zunächst noch leichte Schwierigkeiten hatte. „Verhohnepiepeln kann ich mich selber, unterlass bitte deinen überflüssigen Spott", fauchte Erika leicht pikiert.

Nach dem Abendessen schaltete Paul am Fernseher die Tagesschau ein, die wegen der Zeitverschiebung hier schon um 19 Uhr zu sehen ist. Danach spielten sie wie oft auch zu Hause noch drei Runden Rummikub oder Kniffel, um sich danach mit ihrer Lektüre in ihre Lieblingsecken des Wohnzimmers zurückzuziehen.

Am dann folgenden Sonntag klingelte es ziemlich genau um 15:30 Uhr an der Wohnungstür. Veronika und Eddy folgten der Einladung. Nach einer herzlichen Begrüßung wies Erika sogleich darauf hin, dass sie, des trüben Wetters wegen, den Tisch nicht auf der Veranda, sondern im Wohnzimmer gedeckt habe. „So hätte es meine Veronika auch gemacht", lobte Eddy fröhlich und überreichte Erika einen wirklich gut gewählten Blumenstrauß. „Der ist aber schön", lobte Erika das hübsche Geschenk. „Na ja, diesmal passt es ja, weil wir aber unter einem Dach wohnen, muss der Austausch von Blumen nicht bei jedem Besuch sein", lachte er. Veronika liebte im Gegensatz zu Eddy solches Reden nicht, denn sie schüttelte unwillig den Kopf.

Während Paul die Sektkelche zu füllen begann, lobte Veronika Erikas stilvoll gedeckte Kaffeetafel und bewunderte ihre Backkünste. Erika versuchte, davon ein wenig abzulenken, und lobte nun Veronikas herrliche bunte Bluse. Ja, sie war chic, aber das Lob verleitete Veronika sogleich dazu, zu verraten, wo sie das edle Stück gekauft habe. „In einer wirklichen Edelboutique habe ich sie zu einem Preis von über 200 € gekauft", erzählte sie und empfahl Erika dieses exklusive Geschäft in wärmsten Worten, zumal dort auch eine ihrer Bekannten einkaufen würde, mit der sie in regelmäßigem Kontakt stünde, und deren Mann einen Doktortitel trage. Als Veronika dann glaubte, ihre Einkaufsstätte für hoch qualifizierte Lebensmittel verraten zu müssen, was in Santa Cruz ja nur das „El Corte" sein konnte, versuchte Erika, die Unterhaltung zu weniger banalen Themen hinzulenken. Sie erkundigte sich mit einem kleinen Hintergedanken nach Veronikas einstiger beruflicher Arbeit und bekam eine ehrliche, aber sehr überraschende Antwort: „Ach Gott, ich war gelernte Krankenschwester und wollte in meinen jungen Jahren zu Albert Schweitzer, dem Urwalddoktor in Lambaréné im zentralafrikanischen Gabun, auswandern. An Heiraten dachte ich damals nie, das schlechte Miteinander meiner Eltern hatte mich erschreckt. Mein Vater war ein Fremdgänger, der nichts anbrennen ließ." „Ja und?", lächelte Erika. „Es war dann Eddys hartnäckiges Werben, das mich glauben ließ, dass nicht alle Männer so sind wie mein Vater." Diese Worte überraschten auch Paul: „Darüber bist du heute sicher sehr glücklich, denn wie ich sehe, harmoniert ihr beiden doch sehr gut. Und deinem Eddy wirst du bestimmt vieles in deinem Leben danken." Damit konnte sich Veronika nicht so recht anfreunden und so wurde das weitere Gespräch allmählich zu einem lustigen Scharmützel zwischen Veronika und Eddy, dem Paul allerdings gerne und sehr belustigt zuhörte. Währenddessen servierte Erika dann noch Snacks und Paul einen trockenen Rotwein dazu. Allmählich wurde es in diesem Kreise wieder ruhiger und so endete dieser Nachmittag des Kennenlernens damit, dass noch manche amüsante Anekdote über Kinder und Enkel ausgetauscht wurde.

Eines Morgens erkundigte sich Paul bei Erika, er hatte wieder einmal seine Gedanken spielen lassen, ob sie nicht mal Lust hätte, ihre alt-teneriffischen Erinnerungen aufzufrischen. „Schön, aber wie stellst du dir das vor?", erkundigte sich Erika, die wieder mit einer kleinen Spinnerei von Paul rechnete. „Lass uns mit einem Bus nach Los Christianos fahren. Dann finden wir bestimmt unser damaliges Hotel wieder, in dem wir wohnten und uns vor über dreißig Jahren in die kanarische Inselwelt verliebt haben", schlug Paul lächelnd vor. „Paul, das ist eine grandiose Idee", war Erika überrascht.

Eine Vorbereitung war dafür nicht nötig. Schon am folgenden Tag saßen die beiden, früh morgens, in einem der grünen Guaguas, so nennen die Kanarios ihre Busse, und fuhren in den Süden der Insel. Erika interessierte sich für die grüne, blühende Natur, die an ihnen an der Autobahn von Puerto de la Cruz bis hinter La Laguna vorbei rauschte, danach richteten sich ihre Blicke hauptsächlich aufs offene Meer, wo sie heute sogar die Berge auf Gran Canaria sehen konnten, und die Landschaft im Süden wurde immer karger.

Nach über einer Stunde freute sich Erika, als die Fahrt in Los Christianos endete. Ganz ohne Erinnerung waren sie beide nicht. Schnell fanden sie in der Nähe des Hafens zum Strand. Dann verloren sie aber die Spur zum ehemaligen Hotel und dessen Umgebung. Der Name ihrer damaligen Herberge wollte ihnen nicht mehr einfallen, selbst eine Nachfrage im Touristenbüro blieb erfolglos. Enttäuschung und Bewunderung äußerte Paul aber, als sie,, in der Gegend ihrer ehemaligen Bleibe in einer Cafeteria einen Cappuccino bestellt hatten: „Ich staune Bauklötze, wenn ich sehe, was sich hier städtebaulich alles verändert hat. Nie hätte ich mir vorstellen können, dass mit diesen Veränderungen unser Orientierungssinn dermaßen funktionsunfähig werden könnte." „Das wundert mich bei deinem ansonsten ausgeprägt guten Ortsgedächtnis allerdings auch, aber ich glaube, dass das in die Jahre gekommene Hotel im Zuge der innerstädtischen Baumaßnahmen vermutlich abgerissen wurde", versuchte Erika Paul zu trösten. Sie spazierten zurück zum

Strand, machten es sich auf einer Bank mit dem Blick auf das weite Meer gemütlich, und schwelgten bis zur Abfahrt am Nachmittag in wunderbaren Erinnerungen. Sie dachten an die Moped-Touren ihres Sohnes Peter und wie stolz er damals war, in seinem eigenen Zimmer im Nebengebäude des Hotels tun und lassen zu können, was er wollte, an den Besuch der Varieté-Veranstaltung in Los Américas und an die gemeinsamen Bustouren in die nähere und weitere Umgebung. „Daran erkennst du, mein Schatz, dass uns unser Gedächtnis noch nicht im Stich gelassen hat", freute sich Paul.

In den folgenden Wochen bereisten die beiden mit diesen bequemen Guaguas einige Städte und Landstriche. Sie besuchten die Inselhauptstadt Santa Cruz, La Laguna sowie die Orte La Orotava und Los Realechos. Das brachte Anregungen, Abwechslungen und ließ auch den ersten Alltagstrott vergessen.

Zwei turbulente Monate verbrachten Erika und Paul hier. Sie erlebten nicht nur so manches, sondern lernten auch Menschen anderer Kulturen kennen. Aber Paul wunderte sich dann doch, als ihm Erika eines Abends zuflüsterte: „Du, ich habe Heimweh nach Moers!"

Wer holte Erika und Paul wieder vom Flughafen in Weeze ab? Für Pauls Sportsfreund und Skatbruder Horst war dies selbstverständlich. Viel zu erzählen hatte er diesmal nicht, umso mehr aber Erika und Paul. Die etwa fünfundfünfzig Kilometer nach Moers waren daher schnell geschafft, obwohl das Wetter herbstlich trüb und nebelig war und zu vorsichtigem Fahren zwang. Am Siedweg in Moers, der Wohnung seiner Freunde, verweilte Horst nur kurz. Mit einem „Auf bald, hab im Büro noch viel zu tun", verabschiedete er sich, eilte zum Auto und gab Gas.

Bald waren die Koffer ausgepackt und alles wieder an richtiger Stelle eingeräumt. Damit hatte Erika ja Routine, aber schon beim Auspacken dachte sie: „In acht Tagen ist Weihnachten, ein Baum muss noch besorgt werden." Eine Weihnacht ohne Baum? Nicht bei Erika. Natürlich war es Pauls Aufgabe, einen Baum zu besorgen. Schon am frühen Morgen des folgenden Tages begann Erika, die Wohnung weihnachtlich zu dekorieren, und dabei wollte Paul nicht hinderlich sein. „Ich kann dir ja nicht helfen, werde jetzt aber den Baum kaufen", sagte er und fuhr in die Innenstadt von Moers. Paul liebte den Weihnachtsmarkt auf dem Kastellplatz und Altmarkt. Er liebte die Marktstände mit Handwerkskunst, mit Duftölen und Weihnachtskugeln und auch solche mit Spezialitäten wie Flamm-Lachs, Lángos oder Eierpunsch und er liebte die große Weihnachtspyramide und vor allem die Parade der Glühweinanbieter, für die er sich immer Zeit nahm. Nach bald zwei Stunden war dann auch ein Baum gekauft, und Paul fuhr ohne Umwege nach Hause. Der Aufbau der Krippe und die Lichtdekoration am Gartenhäuschen mussten schließlich fertig werden.

Die Weihnacht feierten Erika und Paul nur selten allein, das wollten sie auch nicht. Diesmal folgten sie der Einladung, den Heiligen Abend bei ihrem Sohn Peter, mit seiner Mara und den Enkelkindern Finn und Paul in Neuss zu feiern. Und weil Mara auch ihre Eltern eingeladen hatte, freuten sich vor allem die Enkelkinder über die Vielzahl der Geschenke. Der Tisch war für ein erlesenes Raclette gedeckt und so war gesichert, dass alle Bedürfnisse befriedigt würden. Nur die der Kinder nicht, die mussten auf Peters Anordnung mit dem Öffnen der Geschenkpakete bis nach dem Essen warten.

Für den ersten Feiertag hatte Erika einen Rheinischen Sauerbraten mit Klößen bereitet, der für Paul immer schon deshalb etwas Besonderes war, weil er mit einem solchen auch von seiner Mutter oft verwöhnt worden war. Danach saßen sie in ihrer lauschigen Ecke beisammen, durchblätterten die eingegangene weihnachtliche Post und gönnten sich einen nicht zu herben Rotwein. Sie erinnerten sich dabei an nette Episoden und Erlebnisse mit Pauls Mutter Lotte, die sie nach aufregenden 97 Lebensjahren für immer verlassen hatte.

Zum zweiten Feiertag waren Erika und Paul von Bernd, ihrem ältesten Sohn, der gesundheitsbedingt seinen geliebten Beruf als

Gärtner aufgeben musste und nun als Strukturtherapeut bei dem Landschaftsverband Westfalen-Lippe tätig war, eingeladen, und der mit der sympathischen Annette, seiner neuen Lebenspartnerin, in einem alten, idyllisch gelegenen Forsthaus in Borken wohnte. Nach vierzehn Ehejahren hatte er sich von Ute, die mit den Kindern Jill und Joel zu ihrem neuen Lebenspartner gezogen war, scheiden lassen. Aber, und vor allem der Kinder wegen, blieb Ute ihrem bisherigen Familienumfeld freundschaftlich verbunden, so dass Erika und Paul ihre Enkel jederzeit besuchen, mit ihnen Ausflüge machen und gemeinsam ihre Geburtstage feiern konnten.

Ihr Besuch an diesem Weihnachtstag wurde ein besonderer, denn Bernd und Annette hatten auch Jill und Joel eingeladen. Nach dem feinen Gänsebraten wurden kleine Geschenke gereicht und es war dann Jill, die um einen Moment Gehör bat. „Auch ich habe ein Geschenk, und es ist für euch alle. Für dich, lieber Papa, für dich, Oma, und auch für dich, mein lieber Opa." Alle schauten irritiert zu Jill, sie hielt ja nichts in Händen. Jill lächelte, schaute von einem zum anderen und sagte dann sehr leise: „Ihr Lieben, ihr werdet in sieben Monaten Opa, Uroma und Uropa sein, und das ist mein Geschenk an euch." Einen Moment blieb alles ruhig, es war eine nicht erwartete Überraschung. Es war dann Paul, der lächelnd sagte: „Wenn das Kind meines Kindes ein Kind bekommt, dann ist dies Liebe plus Liebe und noch mal Liebe, ich freue mich für dich." Dem stimmten alle anderen bei und so wurde dieses Beisammensein zu einem besonderen Fest.

Die Tage vergingen, Weihnachten auch, und der Silvesterabend nahte. Dafür hatte sich Erika eine Besonderheit einfallen lassen, sie wollte wieder einmal ein Ballett im Theater in Duisburg erleben, und freute sich auf Tschaikowskis Dornröschen.

Die Geschichte erzählt, wie Aurora von der bösen Fee Carabosse verflucht, von einer gütigen Fee aber beschützt wird. Nach einem Stich durch die Spindel der bösen Fee fällt Aurora in einen hundertjährigen Schlaf. Nach Prinz Desirés Kuss erwacht die schlafende Schöne wieder und die Geschichte findet ihr Happy

End. Diese märchenhafte Handlung untermalte Tschaikowski mit seiner unvergesslich schönen Musik, und diese liebe Erika besonders. „Etwas Schöneres gibt es einfach nicht", flüsterte sie leise, auch wenn ihr Paul dabei nur halb zuhörte. Für ihn war klassische Musik so mitreißend nicht, eher schon die tänzerischen Darbietungen.

Aber endlich war es wieder so weit. Paul und Erika durften sich wieder auf ihren nächsten Flug nach Teneriffa vorbereiten.

Mit weit weniger Gepäck als bei ihrem letzten Flug landeten Erika und Paul in der ersten Januarwoche des neuen Jahres auf dem Airport Teneriffa Süd. „Was soll das denn", fauchte Paul, denn es regnete. „Nach einem kurzen Schauer sieht das nicht aus", klagte Erika auf dem Weg zum Parkplatz, wo ihr angemieteter Wagen stand. Ja, es regnete weiter, aber seinen Humor verlor Paul deswegen nicht: „Schau mal, Erika, jetzt verwöhnt uns Teneriffas flüssige Sonne, fühlst du sie?" „Lass deine Schnapsideen, flüssige Sonne", grummelte sie leicht verschnupft. „Das sage nicht ich, das sagen die Kanarios, wenn Touristen sie bei Regenwetter auf den fehlenden Sonnenschein ansprechen", erklärte Paul, der es von der charmanten Reiseleiterin Carmen so gehört hatte. Erst weiter im Norden, bei Tacoronte, öffnete sich die Wolkendecke. Paul schaltete die Scheibenwischer aus und Erika freute sich, denn sie konnte den Teide mit seiner schneebedeckten Bergspitze wieder deutlich sehen. „Gleich haben wir unser Ziel erreicht", war Paul erleichtert, dem Autofahren bei Regenwetter im Mietauto nur wenig Freude machte.

Freude machte ihm jedoch, dass der Schalke-Fan Eddy die Rollläden schon hochgezogen und für frische Luft in der Wohnung gesorgt hatte.

Während Erika die Koffer leerte und alles richtig verstaute, eilte Paul zum Bäcker um die Ecke, um drei frische Brötchen zu besorgen. Zum Abendbrot wollte Erika Wiener Würstchen heiß machen und bat Paul, diese und eine Flasche Rotwein auf dem Rückweg aus dem Vorratsregal in der Garage mitzubringen. Gleich links in der Garageneinfahrt bemerkte er eher zufällig eine Reihe von Briefschlitzen, fünfzig oder mehr, und jetzt erinnerte er sich auch, dass ihm Gonzales für eine dieser Schlitzklappen einen kleinen Schlüssel an den Garagentüröffner gehängt hatte, er diesen jedoch noch nie benutzt hatte. „Wer wird uns hierher einen Brief schicken wollen?", fragte er sich. Dennoch öffnete er seinen Briefkasten. „Werbung vielleicht?" Ja, es gab eine Werbekarte eines Immobilienhändlers, aber auch Post von der Stadt, vom örtlichen Energieversorger und eine Einladung zu einer bevorstehenden Eigentümerversammlung fand Paul.

Wieder in der Wohnung, Erika wartete schon am gedeckten Tisch, präsentierte Paul den Wein und el panecillos und reichte Erika die Post. „Die lesen wir später", lachte er. Beiden schmeckten die Würstchen mit den knusprigen Brötchen. „Fast so gut wie ein zartes Rindersteak und mit dem feinen Rotwein noch besser", bestätigte Paul. „Und was hat der Briefträger gebracht?", erkundigte sich Erika nach dem Essen. „Etwas, das wir noch nie erlebt haben, eine Einladung zu einer Eigentümerversammlung, die für Mitte Februar terminiert ist", erklärte Paul und reichte das Schreiben an Erika weiter. „Alles andere sind Rechnungen für Müllabfuhr, für Wasser- und Stromkosten, die hefte ich gleich ab, das wird eh abgebucht."

Wichtig war nun, am nächsten Morgen für Vorräte zu sorgen. Außer ein paar Konserven und einigen Flaschen Wein gab es nichts im Hause. „Wir haben ja noch den Leihwagen", sagte Erika, „so können wir das ‚La Villa-Einkaufszentrum' in La Orotava besuchen." Das taten die beiden auch, und verließen mit randvollem Einkaufswagen den Supermarkt, der von einer Vielzahl kleinerer und größerer Einzelhandelsgeschäfte und Restaurationsbetriebe umgeben war.

Auf dem Rückweg, noch auf der Süd-Autobahn, erinnerte sich Erika kurz vor der Ausfahrt nach Puerto an einen Hinweis von Veronika. Sie hatte ihr einen Cash-and-Carry-Laden in Tacoronto empfohlen, weil es dort eine große Auswahl an deutschen Lebensmittel- und Haushaltsprodukten gäbe. „Okay, die Adresse hast du ja. Da es in Tacoronto mehrere Abfahrten von der Carretera gibt, müssen wir achtsam sein." „Ja, natürlich, Veronika nannte mir die Ausfahrt 17, und hat mir geraten, nach dem Kreisverkehr und hinter der Autobahnunterführung nach rechts abzubiegen, dort befände sich das Geschäft auf der linken Straßenseite", erklärte Erika sicher. Und es war alles richtig. Paul freute sich natürlich, dass sich seine Frau alles so genau gemerkt hatte, denn im Allgemeinen hatte Erika eher einen bescheidenen Orientierungssinn.

Das Geschäft war kein wie in der Heimat üblicher Cash-and-Carry-Laden, sondern ein ganz normales Lebensmittelgeschäft, das sich allerdings mehrheitlich auf deutsche Produkte spezialisiert hatte. Das war für Erika eine richtige Fundgrube.

Nach dem recht umfangreichen Doppel-Einkauf und nachfolgendem Entladen gab Paul den gemieteten Opel Astra wieder zurück und besuchte Eddy, um sich für dessen Wohnungsservice zu bedanken. Veronika und Eddy hießen ihn willkommen und tauschten bei einer Tasse Kaffee dann kleine familiäre Begebenheiten während des Weihnachtsfestes aus. Dann kam Paul auf die Eigentümerversammlung zu sprechen und wollte von Eddy erfahren, wie der Ablauf einer solchen ist. „Das ist schnell erzählt", erklärte Eddy. „Im Lauf der letzten Jahre gab es unter der Leitung unseres Präsidenten Knuttermann sowie der Mitwirkung des Vizepräsidenten und des Verwalters auch mal Turbulenzen während dieser Versammlungen. Anstrengend und zeitraubend sind die Treffen aber nur, weil jeder Redebeitrag in die spanische englische oder deutsche Sprache übersetzt werden muss." Eddy berichtete, dass in der Regel nur rund zwanzig bis dreißig Eigentümer persönlich an diesem Treffen teilnahmen, während sich andere mittels einer Vollmacht vertreten ließen. Eddy war überzeugt, dass in diesem Jahr keine kritischen Themen zu erwarten seien, die zu hitzigen Debatten führen könnten. „Wie kannst du so sicher sein?", erkundigte sich Paul. Eddy schmunzelte und sagte dann fröhlich: „Bei der Gartenpflege, Pooltemperatur, der Hundehaltung oder der Lärmbelästigungen gab es mitunter Gründe zur Klage", versicherte aber weiter, dass er bisher von keinen Beanstandungen dieser

Art gehört habe. Und dann lächelte er und sagte schmunzelnd: „Man weiß aber nie." Paul war mit Eddys Erklärung zufrieden. Mit dem Hinweis, dass sich Erika für Veronikas Tipp über den Cash-and-Carry-Laden sehr gefreut habe, verabschiedete er sich.

Das Zentrum von Puerto ist seit Menschengedenken die Plaza del Charco, direkt am Hafen gelegen und Knotenpunkt der wichtigsten Nord-, Süd-, Ost- und Weststraßen der Stadt. Er kann ein ruhiger Ort der Besinnung oder eine illustre Bühne des Lebens sein. Je nach Jahreszeit können hier immer andere Gerüche erschnuppert werden. Bei Tiefdruckwetter kann es das salzig-muffige Gebräu des Hafenschlicks sein, oder, und dann meist vormittags, die Penetranz frisch geschlachteter Moränen auf den Fischerbooten. Zu Mittag regt der Duft von leicht angebrannten Fleischspießen vom Grill des beliebten Restaurants „Hannen Alt" den Appetit an. Wenn es am Nachmittag nach heißen Maronen und Holzkohle duftet, weiß man blind, dass es später November ist. Der verführerische Duft gebrannter Mandeln verrät dagegen, dass eine Fiesta, ein Umzug oder anderes Wichtiges bevorsteht. Und riecht es dann nach Tabakrauch und Menschenansammlung, nach Schweiß und abgebranntem Feuerwerk, dann weiß man, dass die Fiesta vorbei ist.

Und genau diese Bühne des Lebens, in der schmalen Öffnung der Plaza zum Meer, wollte Erika heute betreten und den Geruchstest machen. „Warum auch nicht", war Paul seltsam berührt, denn er erinnerte sich, dass genau an dieser Bühne die Anwaltskanzlei liegt, in der er mit Peter und Señor Gonzales den Kaufvertrag unterschrieben hatte.

Auf ihrem Weg zur Stadt hinab bevorzugten Erika und Paul den Balustradenweg, der sie am Hotel Semiramis vorbei über die Klippe von Martianez führte. Dabei kamen sie am Café Alba und dem Mirador neben der Kapelle San Amaro vorbei, gingen zum Café Yucca weiter, und mussten dann über zweihundert Treppenstufen hinab zur Palmenallee, um die Playa Martianez zu erreichen. Hier erlebten die beiden nur mäßigen Touristentrubel, der dann aber lebendiger wurde, als sie auf der Avenida de Colon in Richtung San Telmo weitergehend in der Avenida Quintana den Kirchplatz und das Hotel Marquesa erreichten. In ebendiesem historischen Hotel war im Jahre 1799 der Wissenschaftler Alexander von Humboldt abgestiegen. „Ich fände es interessant, den Arbeiten dieses Forschers ein stückweit näher zu kommen", sagte Paul. „Dazu werden wir heute leider keine Zeit haben, denn ich möchte endlich den Höhepunkt des touristischen Trubels auf der sogenannten Bühne des Lebens erreichen, aber erst mal eine Kleinigkeit essen, bevor wir den seltsamen Schnuppertest machen", bat Erika. „Hast du an ein bestimmtes Lokal gedacht?", erkundigte sich Paul. „Ja, ich würde gerne in der Calle Lomo, der sogenannten Fressgasse, ein Lokal besuchen, über dessen Küche im Wochenblatt ein positiver Bericht zu lesen war. Den Namen habe ich vergessen, aber es soll am Anfang der kleinen Gasse liegen", war Erika überzeugt. „Das hier ist es wohl", meinte Erika Augenblicke später, und schon zeigte sie auf einen freien Tisch im Außenbereich. „Dann lassen wir uns mal überraschen", sagte Paul und war von Erikas Pioniergeist in Sachen Lokalsuche begeistert. Und sie wurden nicht enttäuscht. Weder von den spanischen Spezialitäten und noch weniger von der netten älteren Dame, die sich als Frau Baum vorstellte und sie bediente. Und vor allem gefiel ihnen, dass die Dame aus Deutschland stammte und dass ihr das Lokal sogar gehörte. Die Dame bediente nicht nur vorzüglich, sondern gab auch manch guten Rat. Zum Beispiel den, wie man sich hier im Land am besten vor Taschendieben schützen könne.

Zum Ende ihres Aufenthaltes bedankte sich Paul und sagte: „Ihre Küche war ausgezeichnet, wir danken vor allem für Ihre praktischen Hinweise, wir werden Sie weiterempfehlen und bald wiederkommen."

„Wie weit ist es jetzt von hier bis zu unserem Ziel, der Schnupperbühne?", erkundigte sich Erika. „Nicht mehr weit", tröstete Paul. Er wusste, dass Erika nach dem Essen schon mal lauffaul werden konnte. Nach nur kurzer Zeit blieb Paul stehen und fasste nach Erikas Hand. „Erika, ich habe einen Vorschlag, aber bitte lache nicht darüber", bat Paul. „So, was hast du auf dem Herzen?", erkundigte sich Erika. „Mir hat es bei der alten Dame so gut gefallen, dass ich das Lokal künftig „bei Mama Baum" nennen werde, den eigentlichen Namen habe ich sowieso schon wieder vergessen", grinste Paul. Einen Moment war Erika irritiert, sagte dann jedoch lächelnd: „Das ist heute deine zweitbeste Idee, ich bin dabei". „Warum zweitbeste, welche war denn besser?", erkundigte sich Paul erstaunt. „Dein Einfall, den Spuren von Alexander von Humboldt zu folgen!" Paul zögerte. „Was denkt sie wohl?", fragte er sich.

Wenige Schritte weiter erreichten sie endlich Erikas Ziel, den Höhepunkt touristischen Trubels auf der Bühne des Lebens zwischen der Plaza del Charco und dem Hafen. Als die beiden nun mittendrin im Menschengedränge standen, flüsterte Paul Erika ins Ohr: „Jetzt aber Butter bei die Fische!" „Was heißt denn das schon wieder?", erkundigte sich Erika, der diese Redewendung fremd war. „Ganz einfach: Augen zu und den Geruchssinn schärfen", feixte Paul und ergänzte: „Der Spruch ist eine alte norddeutsche Redewendung." „Ich rieche nichts Besonderes, und was riechst du?", fragte Erika spöttisch. „Die Luft ist sehr salzig, es ist später Nachmittag am letzten Januartag des Jahres 2011, und dem Stimmengewirr entnehme ich, dass wir uns in einer touristischen Hochsaison Puertos befinden!" „Kompliment Paul", lachte Erika, „aber jetzt brauche ich ein Taxi." „Die stehen unweit von hier und sind entschieden preiswerter als bei uns zuhause", wusste Paul.

Mit ihrem bisher bevorzugten Lebensmittelhändler im Zentrum von La Paz, nur achthundert Meter von der Wohnung entfernt, war Erika immer unzufriedener. Mal war es die geringe Auswahl, oft auch die überhöhten Preise. „Lass uns doch den Mercadonna-Lebensmittelmarkt im Vorort Durazno testen", bat sie und wollte dafür wieder den Hackenporsche benutzen. Eddys Nachbarin, Frau Haubenschlitz, hatte ihr dies Geschäft empfohlen. „Wirklich?", wunderte sich Paul, denn dies Geschäft lag immerhin drei Kilometer entfernt. Da sich beide in guter körperlicher Kondition fühlten, wollten sie die Strecke nicht als Problem sehen. Erst auf dem Rückweg legten sie mit ihrem voll beladenen Trolley und Rucksack immer mal ein Päuschen ein. Frau Haubenschlitz hatte Erika einen guten Rat gegeben, der Laden war in Auswahl und Preisgestaltung beispielhaft. Aber mit dem Hackenporsche wollte und konnte Paul sich nicht anfreunden.

Die erste Eigentümerversammlung stand bevor und Eddy ließ es sich nicht nehmen, Erika und Paul dazu abzuholen. Nach Feststellung ihrer Personalien beim Eintritt in den Konferenzraum des Masaru-Hotels wurden sie von Verwalter und Rechtsanwalt Geiger, einem Spanier mit deutschen Wurzeln, herzlich willkommen geheißen, der sie dann mit dem Vizepräsidenten Rodarius, ebenfalls ein Spanier, bekannt machte. Präsident Knuttermann, der kurze Zeit später die Versammlung eröffnete, war Paul ja schon bekannt.

Der Ablauf war dann so, wie ihn Eddy beschrieben hatte. Punkt für Punkt des Protokolls wurde sachlich abgearbeitet. Die anstehenden Wahlen brachten für das Dreiergremium keine Veränderungen, auch der Rechnungsprüfer Martin wurde bestätigt. Die meiste Zeit wurde tatsächlich vom Dolmetscher in Anspruch genommen. „Hier war ich einmal und nie wieder", resümierte Erika.

Auf dem Heimweg, wohl vom Dolmetscher inspiriert, meinte Erika: „Paul, du könntest doch eigentlich auch mal, genau wie Eddy, eine Sprachschule besuchen und Spanisch lernen." Dem stimmte Eddy ebenfalls zu. Darauf hatte Paul schon lange gewartet, aber dieses Thema aus Bequemlichkeit vor sich hergeschoben, aber nicht aus den Augen gelassen, denn im Centro La Cupula, neben dem Botanischen Garten, hatte er beim letzten Besuch des Lebensmittelmarktes „Tu Trebol" eine Sprachschule entdeckt und sich nach den Modalitäten für einen Anfängerkursus im kommenden Herbst erkundigt. Entschieden hatte er sich noch nicht.

Ende März endete für Erika und Paul der Aufenthalt auf Teneriffa. Und bei einer ersten Rückschau erkannten sie, dass sie hier weit unternehmungslustiger waren als während der kalten Jahreszeit in der Heimat. „Das liegt an den von der Sonne freigesetzten Glückshormonen", war Paul überzeugt. Er bedauerte, in dieser Zeit den Bollullo-Guanchen nicht besucht zu haben. Aber aufgeschoben ist nicht aufgehoben, der nächste Winter kommt bestimmt.

Kapitel 8

Ostern in Puerto de la Cruz

Als Matsch und Schnee des Winters vergessen und dringende Arbeiten im Garten erledigt waren, glaubte Paul, sich wieder an seinen Schreibtisch zurückziehen zu können, um an seinem Buch weiterzuarbeiten. Leider dachte Erika an anderes. Obwohl sie erst vor einigen Wochen Teneriffa verlassen hatten, überraschte es Paul, dass Erika an einen Blitzbesuch auf Teneriffa dachte. „Wir sollten einmal in Puerto de la Cruz die Osterwoche, die sogenannte Semana Santa, besuchen." „Warum denn das?" Erika lächelte: „Weil mir Veronika von einer Schweige-Prozession um die Kirche ‚Nuestra Señora de la Pena de Francia', also um die Kirche ‚Unserer lieben Frau der Schmerzen von Frankreich' erzählt hat. Diese Prozession findet am Karfreitag statt, ist aber ganz anders, als wir Prozessionen kennen. Und wie mir Veronika sagte, hat dieses Fest für die Stadt eine besondere Bedeutung."

Und damit hatte Veronika die Wahrheit gesagt, denn schon seit dem frühen Mittelalter wird auf den Kanarischen Inseln die Semana Santa, die Karwoche, festlich zelebriert. Dabei ziehen am Gründonnerstag, am Karfreitag und auch Ostersonntag von Blaskapellen begleitete Prozessionen durch die festlich geschmückten Straßen. Fiestas auf der Insel haben meistens einen religiösen Hintergrund, der durchaus als eine gelungene Mischung zwischen tiefer Gläubigkeit und ausgelassenem Feiern gewertet werden darf. Und Erika interessierte sich für den Schweigemarsch am Karfreitag. Gute Gründe gegen einen solchen Besuch fand Paul nicht, er gab sich geschlagen.

Schon einige Tage später buchte er die nötigen Tickets für den Hin- und Rückflug bei Ryan-Air, die preiswerter waren als eine Eisenbahnfahrt nach Berlin und wieder zurück.

Einleben mussten sich Erika und Paul in ihrem neuen Zuhause nicht mehr, hier hatten sie ja inzwischen reichlich Erfahrung gesammelt. Wichtig war ihnen diesmal nur der Besuch dieser legendären Schweigeprozession am Karfreitag, von der Erika hoffte, dass sie vor allem bunt und blumig geschmückt sein würde. Schon am frühen Nachmittag des Karfreitags begaben sie sich auf den Weg zur Altstadt und kehrten zunächst bei „Mama Baum" ein, um eine Kleinigkeit zu essen. Danach schlenderten sie über die Plaza del Charco und erreichten die Calle Quintana, in der sich am Plaza de la Iglesia die gesuchte Kirche „Iglesia Nuestra Señora de la Pena de Francia" befindet. Wichtig war es, in der Menschenmenge einen geeigneten Platz zu finden, um alles beobachten zu können. Es gelang, aber die Prozession war schon im Gange, denn die sie umgebende Stille wurde durch dumpfes, eintöniges Trommelgedröhne durchbrochen. Selbst Paul lief ein eiskalter Schauer den Rücken herunter, als er die mit Ku-Klux-Klan ähnlichen Hauben und unterschiedlichen Gewändern diverser religiöser Bruderschaften verkleideten Gestalten um die Ecke kommen sah und sie sich dem Eingang der Kirche mit sehr langsamen Schritten näherten. Acht Gestalten, in schwarze Gewänder gehüllt, mit Sehschlitzen versehene Spitzhauben auf dem Kopf, trugen auf ihren Schultern eine blumengeschmückte Trage, auf der ein großes, silberbeschlagenes Kreuz zu sehen war. „Schau nur", flüsterte Erika und schmiegte sich eng an Paul. Auch Paul war ergriffen. „Das ist für mich als gläubiger Christ ein emotionales Erlebnis zum Gedenken an den Tag der Kreuzigung von Jesus Christus. Ich bin ähnlich berührt wie vor einigen Jahren, als wir die Geburtskirche Jesu in Bethlehem besuchten." Erika nickte nur, sie empfand dies ähnlich.

Am Vormittag des folgenden Ostersonntags klingelten die beiden bei Veronika und Eddy. Erika wollte sich für Veronikas Tipp zum Besuch des Schweigemarsches bedanken, wozu Paul einen Strauß Tulpen reichte und ein frohes Osterfest wünschte. „Darf ich euch, trotz des frühen Morgens, zu einem Eierlikör einladen?", erkundigte sich Eddy, der genau wie Veronika festtagsschick gekleidet war, während er seinen Gästen, die im saloppen Urlaubsdress erschienen, einen Platz auf dem Ledersofa anbot.

„Aber gerne", stimmten ihm beide zu. Erika schwärmte von der Blumenpracht auf den Straßen und an den Häusern von Puerto, während Paul noch von der überwältigenden Stille und den vermummten Gestalten beeindruckt war. „Erika, wenn du von der farbenprächtigen Deko rund um die Prozession so begeistert gewesen bist, dann empfehle ich dir unbedingt, an Fronleichnam einen Besuch in La Laguna zu machen. Dort liegen auf den Straßen wahre Blüten-Kunstwerke als Teppiche aus", schwärmte Veronika. „Erika, ist schon notiert, aber nicht mehr in diesem Jahr", versuchte Paul Erikas Euphorie zu bremsen. „Na, dann Prost! Schöne Ostern auch für euch", sprach Eddy. Und nach kurzem Info-Austausch unter dem Motto: „Was habt ihr heute vor? Wo pflegt ihr zu speisen? Wann fliegt ihr wieder heim?" verabschiedeten sich Erika und Paul.

Für den folgenden Morgen hatte sich Erika einen Besuch des Taoro-Parks vorgenommen. Paul war damit sofort einverstanden, denn er hatte unlängst einen interessanten Bericht über die Historie des Parks und des darin befindlichen ehemaligen Grand Hotels gelesen. Auch Eddy hatte den Park schon erwähnt, und er schwärmte von dem Tapas-Lokal „Alberto", in dem Vorzügliches mit Ibero-Schinken und Manchego-Käse angeboten würde.

Der Weg zu diesem Park führte über die Carreta Botanico, wo sie nach einer Tankstelle über eine steil nach links aufwärts führende schmale Straße zu ihrem Ziel kamen.

Taoro – das ist ein mystischer Name auf Teneriffa, er benennt eines der wichtigsten Königreiche auf der Insel, das Tal von Orotava. Es war der waldreichste Teil voller Quellen und Weiden. Bencomo, ein Guanche, war der vorletzte Mencey, was man als König dieses Tales verstehen darf, der im Jahre 1494 mutig gegen die spanischen Eindringlinge gekämpft hatte. Doch die Guanchen konnten gegen die Übermacht der Spanier nicht gewinnen.

Im vorletzten Jahrhundert wurde dann auf dem Vulkanhügel „El Balcón" das Grand Hotel Taoro geplant und im Jahre 1890 eröffnet. Der Hügel bot dafür ein wunderschönes Panorama über Puerto und die Umgebung hinweg bis auf den Atlantik. 12 000 Bäume wurden gepflanzt, darunter über 300 Eukalyptusbäume, 200 Dattelpalmen, 30 Indische Lorbeerbäume, über 60 Zedern und viele Obstbäume. Das Hotel wurde schließlich zu einem sozialen und kulturellen Zentrum der englischen und spanischen Oberschicht. Etliche britische Staatsbürger hatten sich mittlerweile in ihren Landhäusern auf und um den Hügel eine neue Heimat geschaffen. Eine wechselhafte Geschichte des Hotels begann 1905, als es von der deutschen Grand-Hotel-Humboldt-Kurhaus-Gesellschaft aus Berlin-Charlottenburg übernommen und mit einer Schifffahrtslinie ein dichtes Verbindungsnetz mit Deutschland eingerichtet wurde. 1913 kriselte es in Europa. Die deutsche Marine wollte gewappnet sein und lief deshalb immer öfter Santa Cruz und Puerto de la Cruz an. Mit deutscher Unterstützung wurden dort Kohlebunker und Öltanklager gebaut, Radiostationen und Funkantennen errichtet. Als 1914 der Erste Weltkrieg begann, zerstörten deutsche U-Boote annähernd vierzig alliierte Handelsschiffe vor den Kanarischen Inseln, was natürlich zu allerlei Spionagegerüchten führte. Und tatsächlich gab es Hinweise darauf, dass sich ein Netzwerk im Grand Hotel und in einer Finca in La Paz etabliert hatte. Der Anteil britischer Urlauber nahm im Laufe der Jahre gegenüber dem deutscher Touristen gewaltig ab. Einen wahren Boom erfuhr die Insel ab 1936 durch die deutsche Naziorganisation „Kraft durch Freude", einem staatlichen deutschen Reiseunternehmen. Das „Kraft durch Freude"-Schiff Robert Ley brachte nicht nur „verdiente Urlauber", sondern auch hohe, nicht nur an der Wirtschaft der Insel sehr interessierte Funktionäre nach Teneriffa. Darunter befand sich auch eine Sonderabteilung des deutschen militärischen Geheimdienstchefs Canaris, die 1939 eine halbe Etage des Hotels bezog und die Aufgabe hatte, die Tanklager in Puerto zu sichern.

Aus jener Zeit blieb nur das Gebäude des einstmals größten Hotels Spaniens erhalten. Es wurde 1975 aber gänzlich geschlossen und nur der bezaubernde Park blieb der Öffentlichkeit erhalten. Die Parkanlage selbst teilt sich in zwei unterschiedliche Bereiche. Der eine Teil, den Erika und Paul soeben betraten, ist der Camino de la Sortija, der über ein ausgeprägtes und weitläufiges Wegesystem verfügt und bei Joggern sehr beliebt ist. Nun kamen die beiden an einem Kinderspielplatz und dann an einer anglikanischen Kirche vorbei, und Paul sah das Hinweisschild „Alberto". Auch Erika sah es, und sie wunderte sich: „Woher weißt du denn, dass ein Spezialist hier Köstlichkeiten anbietet?" „Von wem schon, natürlich von Eddy, von wem sonst?", lachte Paul. Nach nur kurzer Wegstrecke fanden sie am Terrassenrand dieser rustikalen Tapas-Bar ein freies Tischchen. Beim Boss des Hauses bestellten sie sich die von Eddy empfohlene Leckerei, ergänzt mit einem halben Liter trockenen, roten Hauswein und einem knusprigen Baguette. „Ja, hier ist es schön, aber schau mal dort", sagte Erika und zeigte in nordwestliche Richtung: „Ist dort am Horizont nicht schemenhaft eine Insel zu sehen?" Paul lächelte, denn er wusste, was es war: „Du hast einen wirklichen Weitblick, mein Schatz, du siehst ja bis nach La Palma." Ja, an diesem Tag konnten sie bis La Palma schauen. Sie hatten Glück mit dem Wetter, sonst wäre von hier aus die Insel nicht zu sehen. „Nun schau mal direkt unter uns, dann kannst du sogar die alte Stierkampf-Arena in der Altstadt sehen", empfahl Paul. Das interessierte Erika allerdings weniger. „La Palma, La Palma! Ja, diese Insel würde ich zu gerne auch kennenlernen", schwärmte Erika. „Das werden wir bestimmt irgendwann organisieren, es gibt doch tägliche Flugverbindungen vom Airport Teneriffa-Nord dorthin", wusste Paul. Dann kam Alberto und servierte mit einem freundlichen „Buen provecho" die bestellten Köstlichkeiten. Die angenehme Luft und das urige Ambiente im Freien ermunterten die beiden, dort etwas länger zu verweilen, und sie redeten gerne über die Geschichte des Grand Hotels. Paul ging vor allem der Admiral und einstige Geheimdienstchef Canaris nicht aus dem Sinn, denn er hatte als junger Mann im Jahre 1955 mit dem Schauspieler O. E. Hasse als Canaris das packende Filmdrama gesehen, und jetzt konnte er Erika darüber berichten, dass dieser Canaris eine zwielichtige Gestalt für ihn war. „Canaris war von 1935 bis 1944 Geheimdienstchef im Dritten Reich, aber er beteiligte sich auch an der Konspiration zur Machtenthebung Hitlers", erzählte Paul. „Das mag ja so gewesen sein, aber ich finde es viel interessanter, dass hier schon gekrönte Häupter und andere prominente Persönlichkeiten wie Winston Churchill, Konrad Adenauer und Agatha Christie Ruhe und Erholung gesucht haben. Lass uns wieder aufbrechen, wir wollen doch noch mehr von diesem Taoro-Park sehen", bat Erika ungeduldig. Paul war einverstanden, obwohl er gerne weiter über Canaris gesprochen hätte.

Sie verabschiedeten sich von Alberto und versprachen, bald wieder bei ihm einzukehren, weil das Essen hervorragend war. Sie kamen dann am Tigaiga-Hotel vorbei, einem wirklich schönen, familiengeführten Hotel mit einem kunstvoll angelegten Garten und freiem Blick über das Meer. Von hier kamen sie am derzeit verlassenen Grand Hotel vorbei, der riesige Vorgarten ließ sie erahnen, welche Pracht hier einst geherrscht haben musste. „Paul, ist es nicht eine Schande, dass eine so kostbare Immobilie dem Verfall ausgesetzt ist", schüttelte Erika den Kopf. „Ja, das ist es, aber ich bin sicher, dass sich dafür irgendwann wieder ein Investor finden wird", antwortete Paul zuversichtlich.

Als sie an der Rückseite des ehemaligen Grand Hotels ankamen, standen sie auf dem „Balkon", dem zweiten und ansprechendsten Teil des Taoro-Parks. Und als erstes sahen sie hier am Rande ihres Weges ein Rondell mit einem Springbrunnen, dessen Wasserspiele im Schein der Nachmittagssonne ein flatterndes Schattenspiel produzierten. Und von hier hatten sie wieder einen tollen Blick über den Kern der Altstadt bis auf das Meer hinaus. Ein kurzer, aber steiler Treppenabstieg führte dann in einen wunderschönen Wassergarten, den sie auf Wegen, die von leuchtenden Blumen und Büschen gesäumt waren, erkundeten. An Wasserläufen und kleinen Seen vorbei erreichten die beiden einen riesigen Wasserfall, vor dem Erika staunend stehen blieb: „Paul, empfindest du auch, dass es hier angenehmer ist als im oberen Teil des Gartens?" „Ja, das kann ich bestätigen, es liegt wohl an den zahlreichen Wasserstellen und diesem tollen Wasserfall hier, mein Schatz", lächelte Paul. Serpentinenartig schlängelte sich der Weg an großen, auf Felswänden befestigten Fliesenbildern und bunten Mosaiken vorbei. Nun war es Paul, der an einem dieser Bilder aus der Guanchen-Zeit stehen blieb: „Schau dir doch diesen Jäger auf dem Bildnis genauer an, genauso begegnete Peter und mir Waldemar am Bollullo-Strand." „Dieses Outfit ist schon sehr gewöhnungsbedürftig, aber die Jagdszene begeistert mich", lachte Erika. Als die beiden am Ende des Weges durch den Park an der Carretera Botanico ankamen, nutzten Erika und Paul eine Bank unter einem Drachenbaum, von der aus sie zurück auf diesen bewaldeten Vulkanhügel „El Balcon" schauen konnten. Das bisher Erlebte wirkte in ihnen nach. „Erika, der heutige Spaziergang war eine gute Idee, ich danke dir!" „Gern geschehen, Paul, den wiederhole ich mit dir gerne, aber noch eines sollten wir nicht vergessen." Paul stutzte kurz: „Was noch, habe ich etwas vergessen?" „Du hast mir La Palma versprochen!"

Als die beiden wieder im Strelitzia-Park ankamen, war eine Erholung nötig. Bei einem Gläschen Rotwein auf der Terrasse waren Erikas Gedanken aber schnell wieder in ihrer Wohnung: „Paul, auf unserer Terrasse fehlt noch etwas!" „So, darf ich einmal raten", zog Paul die Stirn in Falten: „Das kann doch nur wieder ein Blumenkasten sein!" „Wie recht du hast, so viel Scharfsinn habe ich nicht erwartet", frotzelte Erika.

Und nach acht erlebnisreichen Tagen verließen die beiden Teneriffa wieder.

Kapitel 9

Zweiter Winter

Spanischunterricht

Es wurde Mai und Paul plante, im Rahmen des einmal jährlich stattfindenden Skatausflugs, mit seinen Freunden Rüdiger, Horst und Fränki, Berlin zu besuchen. Sie wollten sich bei der Gelegenheit auch das Pokalendspiel zwischen dem MSV Duisburg und Schalke 04 ansehen. Als Unterkunft hatte er in einem Hotel schräg gegenüber dem Kranzler Eck am Ku-Damm Zimmer gebucht. Auch Pauls Sohn Peter, seit frühester Jugend ein Fan des MSV, wollte sich dieses Ereignis nicht entgehen lassen und hatte sich für seinen Vater und dessen Skatbrüder sowie seine Bekannten und Geschäftsfreunde einen besonderen Gag einfallen lassen. Auf seinen Vorschlag hin trafen sich alle bei Ivo, dem Bruder seiner Frau Mara, um sich auf das Fest im Olympia-Stadion feuchtfröhlich einzustimmen. Dessen Garten in Berlin-Wannsee war dazu hervorragend geeignet. In bester Fan-Stimmung marschierten dann alle Peters Einladung folgend zu einer nahe gelegenen Schiffsanlegestelle am Pohlesee. Jetzt war allen klar, Peter hatte für den Spieltag ein kleines Passagierschiff gemietet. „Sehr ungewöhnlich für den Besuch eines Fußballstadions", wunderte sich nicht nur Skatbruder Rüdiger. Jedenfalls wurde die heitere Truppe vom Kapitän herzlich empfangen. Die außergewöhnliche Schifffahrt führte aus dem Pohlesee hinaus auf den kleinen Wannsee, dann auf den Griebnitzsee, die Havel und schließlich zum großen Wannsee bis hin zum Stößensee an der Heerstraße. Für alles war gesorgt, es war eine Fahrt mit heiteren Gesprächen, Fan-Gesängen beider Vereine, mit Frohsinn und allgemeinem Wohlsein. Von hier aus konnte die heitere Gesellschaft, die mehrheitlich aus Schalke-Fans bestand, vom Kapitän seemännisch mit Hupkonzert verabschiedet zu Fuß das Stadion erreichen. Mit einem überzeugenden 5:0-Sieg für Schalke endete die Partie, sehr zum Leidwesen von Peter und den übrigen MSV-Anhängern. Den Tag zuvor hatten die Skatbrüder die Zeit zur Reichstagsbesichtigung, einer Schlösserrundfahrt in Potsdam und zum Besuch einer faszinierenden Varieté-Show im Wintergarten genutzt.

Es wurde Ende Mai, und nun wollten Erika und Paul ihre schon länger geplante Reise nach Portugal beginnen. Von Lissabon fuhren sie mit einem Bus nach Nazaré, einer am Atlantik gelegenen Stadt in der historischen Provinz Estremadura. Von dort erreichten sie mit Fatima einen katholischen Wallfahrtsort. Paul erklärte Erika, vor der Erscheinungskapelle stehend, dass genau hier im Jahre 1917 die heilige Maria drei Hirtenkindern erschienen sei. „Wie kommst du denn darauf?", fragte Erika erstaunt. „Ich war vor über dreißig Jahren mit meinem Freund und Kollegen Peter schon einmal hier." „Ach, ja", grinste Erika, „das war bei einer eurer sogenannten Kulturreisen." Danach fuhren sie weiter nach Porto, wo sie ein Flusskreuzfahrtschiff bestiegen. Durch das wunderschöne Tal des Douro fuhren sie bis zur spanischen Grenze, machten mit dem Bus einen Abstecher nach Salamanca im Nordwesten Spaniens. Wieder auf dem Schiff fuhren sie zurück nach Porto und hatten in acht Tagen 420 Flusskilometer und 10 Schleusen passiert und etliche Sorten Portwein und eine herrliche Landschaft kennengelernt.

Kaum waren sie von dieser Reise zurück, mussten sie sich wieder beeilen, denn das alljährliche Treffen der Woolworth-Pensionäre in Würzburg stand bevor. Hier durften Erika und Paul nicht fehlen, auch wenn in dieser Zeit ihre Enkelin Jill ihre erste Geburt erleben würde. Jill war aber gnädig, sie half ihrer Oma und ihrem Opa über alle Nöte hinweg, sie machte die beiden schon vor ihrer Reise nach Würzburg zu Uroma und Uropa. Sie brachte die Zwillinge Emely und Luis zur Welt.

Im Juli erfüllte sich Paul einen eigenen, Jahrzehnte zurückliegenden Kindheitstraum. Mit Erika, Mara und Peter und mit den Enkelkindern Paul und Finn fuhr er nach Elspe im Sauerland. Sie wollten im Rahmen der dortigen Karl-May-Festspiele auf einer Freilichtbühne die Aufführung von „Halbblut" mit Winnetou und Old Shatterhand erleben. Dabei verfolgten sie eine spannende Handlung mit vielen Showeffekten, über die sich nicht nur die Kinder freuten. Während solcher Ausflüge mit seinen Enkelkindern hatte Paul oft das Gefühl, bei diesen vieles nachzuholen, was ihm seiner beruflichen Einbindungen wegen mit seinen eigenen Kindern nicht möglich gewesen war.

Auch im August waren Erika und Paul eher selten in Moers. Sie wollten mit dem Auto unterwegs Landschaften der neuen Bundesländer besser kennenlernen. Zwei Tage in Schwerin waren ihnen eigentlich zu kurz, um diese herrliche Stadt mit ihren Sehenswürdigkeiten in kultureller und landschaftlicher Hinsicht wirklich genießen zu können. Ihre Fahrt ging weiter nach Bansin auf der Insel Usedom. Hier wanderten sie die weiteste Uferpromenade der Ostsee entlang, die von Bansin über Heringsdorf und Ahlbeck bis Swinemünde in Polen führt. Im Hotel „Zur Post" fanden sie eine sehr angenehme Unterkunft, in der sie die Beschwernis ihrer Märsche rasch wieder vergaßen.

Die letzte Woche im August reservierte Paul seinem üblichen Kulturtrip. Leider waren Reinhard und Siggi diesmal verhindert, und so besuchte Paul mit seinem Freund Peter vier Tage Kroatiens Hauptstadt Zagreb. Eine sehr saubere Altstadt mit einer Kathedrale aus dem 13. Jahrhundert und weiteren, gut erhaltenen Gebäuden aus dem 18. Und 19. Jahrhundert beeindruckte die Freunde.

In den letzten Monaten, sowohl schon auf Teneriffa als auch in Moers, hatte Paul immer wieder darüber nachgedacht, möglichst schnell die spanische Sprache zu erlernen. Da er dies mit dem Buch „Spanisch für Anfänger" sowie Gesprächen in Geschäften oder mit spanisch sprechenden Bekannten nicht zu schaffen glaubte, meldete er sich telefonisch für einen Gruppen-Anfängerkursus in der Sprachschule „La Cúpula" auf Teneriffa an. Leider war in just dieser Zeit Erika in Moers unabkömmlich. Sie hatte viel am Haus, im Haus und vor allem im Garten zu tun. So musste Paul allein nach Teneriffa fliegen. Paul hatte während seines Zwangsurlaubs im letzten Jahr schon einige Erfahrung mit der Organisation eines Solo-Haushalts gesammelt und sah darin keine Probleme. Mit nur zwei Stunden täglichem Unterricht von Montag bis Freitag hatte er für seine Arbeit im Haushalt ja genügend Zeit.

Am Sonntag des ersten Wochenendes war er bei Veronika und Eddy zum Mittagessen eingeladen. Und was interessierte Eddy, den Schalke-Fan, nach der Begrüßung vor allem? Natürlich das letzte Pokalendspiel im Berliner Olympia-Stadion, von dem er wusste, dass Paul persönlich dort war und seine Schalker einen bravourösen 5:0-Sieg feiern konnten. Dann aber bat Veronika zu Tisch, und Paul ließ sich mit einer köstlich zubereiteten Dorade und einem trockenen Weißwein verwöhnen. Beim anschließenden Plausch erinnerte sich Veronika an ihr letztes Telefonat mit Erika, im Laufe dessen ihr Erika vom Ableben von Pauls Mutter erzählt hatte. Deshalb wunderte sich Paul auch nicht über ihre Frage, was er mit dem Haus im Odenwald vorhabe. Paul lächelte und sagte: „Wir werden, wie auch unsere Kinder, die obere Etage für gelegentliche Kurzurlaube nutzen und die untere Etage mit dem Garten vermieten, Interessenten gibt es genug." Paul verstand durchaus, weshalb sich Veronika dafür interessierte. Sie trauerte noch immer ihrem Haus in El Sauzal nach. Und er wunderte sich auch nicht, als die gute Frau in ihrer Kommode zu kramen begann, um schließlich ein Fotoalbum herauszuholen. Paul bekam eine Reihe Bilder zu sehen. Er sah Bilder vom Zustand beim Erwerb des Anwesens, und er sah Bilder von umfangreichen Arbeiten in ihrem Garten. Ihren eigenen unermüdlichen Einsatz für dieses Objekt vergaß Veronika bei fast keinem Bild zu erwähnen. „Kompliment, Veronika und Eddy, was ihr da geschaffen habt, kann sich sehen lassen", lobte Paul. Und bei Veronika sah er dann rötlich feuchte Augen. Als wolle er sich bei Paul dafür entschuldigen, blinzelte

Eddy Paul zu, aber Veronika redete und redete und redete sich in Rage. Sie schaute zu Eddy und fauchte: „Du hast unser Haus viel zu billig an den Engländer verkauft!" Eddy schaute schier verzweifelt zur Decke, was sollte er darauf nur sagen? Paul fühlte die Not seines Freundes, was aber konnte er tun? Versöhnend hob er seine Hand und sagte zu Veronika: „Ihr wart euch doch einig, wegen der günstigeren Infrastruktur in den Strelitzia-Park zu ziehen. Also, vergiss doch das Gestern und lebe im Heute und für die Zukunft!" Paul war sicher: „Eddy wehrt sich nicht, weil er seine Frau liebt, er will ihr nicht wehtun."

„Wie gewöhne ich mich an eine Sprachschule?", fragte sich Paul, denn eine Schule hatte er schon lange nicht mehr besucht. Das konnte er sich nicht recht vorstellen. Ungewohnt in der spanischen Sprache war ja einiges. So fiel es ihm schwer, „y" und „e" auseinanderzuhalten. Sich Vokabeln zu merken und zu übersetzen war dagegen leicht. „Auf die Aussprache kommt es an", tröstete er sich. Und er machte kleine Fortschritte, weil er seine freie Zeit zum Büffeln nutzte. Erst spät nachmittags schob er die Schulbücher von sich, um zum Pool zu gehen. Das war immer eine willkommene Erfrischung. Aber nicht nur ans Schwimmen und die Erholung im Whirlpool dachte Paul, er hoffte, hier immer mal neue Kontakte knüpfen zu können. Hier hatte er auch Martin, einen humorvollen, lebenslustigen Rheinländer kennengelernt, der mit seiner Frau Liesel zwei Etagen über Pauls Wohnung wohnte. Mit ihm vereinbarte er gleich eine gemeinsame Wanderung. Am Pool begegnete er auch Max, einem urigen Elsässer, der neben Martin wohnte. Er kannte alle Bewohner der Anlage und konnte über jeden mehr erzählen, als diese jemals erlebt hatten. Und er war sehr hilfsbereit. Das erlebte Paul, als er auf seiner Terrasse einen Wäschetrockner montieren wollte, ihm jedoch eine Bohrmaschine fehlte. Er traf Max vor dem Fahrstuhl und erzählte ihm von seinem Engpass. Und was geschah? Eine Stunde später stand Max mit einer Bohrmaschine vor der Tür und ließ es sich nicht nehmen, den Wandwäschetrockner selbst anzubringen.

Ein Zertifikat bekam Paul zum Abschluss seines Sprachkurses nicht. Wozu auch? Er übte fleißig weiter. Wann immer es möglich war, versuchte er Spanisch statt Deutsch zu sprechen, was im deutschen Viertel La Paz gar nicht so leicht war.

Das Wochenende vor seinem Abflug nutzte Paul noch für einen Besuch am Bollullo-Strand, um seine Neugier hinsichtlich Waldemars Problemen zu stillen oder vielleicht nützliche Tipps zu geben. Leider vergebens, der Mann war nicht zu sehen. Also genoss er auf der Terrasse der kleinen Pinte bei Bier und lecker zubereiteten Tapas das lustige Treiben der sich tummelnden Kinder am Strand.

Zwei Tage später flog er nach Deutschland zurück.

Anfang Oktober nahm Paul Erikas Einladung zu einer Reise nach Barcelona an, Erika hatte sie ihm zu seinem 75. Geburtstag geschenkt. Über diese Reise freute sich Paul sehr, weil er hiermit auch Gelegenheit bekam, zu testen, wie weit sein Spanisch schon gesellschaftsfähig war.

Diese Stadt war ein Erlebnis. Die schmalen Gassen der Stadt im Gotischen Viertel waren ebenso interessant wie die vielen imposanten Bauwerke. Den Spuren des Architekten Antoni Gaudi folgten sie und besuchten den Park Güell mit den herrlichen Mosaiken. Sie besuchten die Casa Batlló und standen schließlich vor der Basilika „Sagrada Família", der gewiss bedeutendsten Sehenswürdigkeit der Stadt. Auch den fünf Kilometer langen Stadtstrand besuchten sie und bewunderten die Aussicht vom Montjuic auf das Olympia-Stadion und das spanische Dorf. Auch das Parfüm-Museum, das Barca-Stadion „Camp Nou" sowie viele urige Cafés und Tapas-Bars blieben unvergesslich. In nur acht Tagen konnten sie natürlich nur Ausgewähltes besichtigen. „Die Stadt müssen wir nochmals besuchen", war Erikas Wunsch nach ihrer Rückkehr nach Moers.

Kapitel 10

Eine unangenehme Überraschung

Nur eine Woche waren Erika und Paul wieder in Moers, und schon wieder mussten sie die Koffer packen. Jetzt war aber wieder Teneriffa ihr Ziel. Kaum waren sie dort gelandet, fühlten sie sich wieder wie zuhause.

In der Zeit seines Aufenthaltes für den Sprachkurs hatte Paul die Wohnung in Ordnung gehalten, und natürlich sah dies Erika sofort: „So habe ich es von dir erwartet", lobte sie Paul. Auch Paul lächelte zufrieden, auch wenn er sich in diesem Lob nicht sonnen wollte. Stattdessen lud er Erika zu einem Gläschen Wein ein. „Nach so einem langen Flug ist mir danach", sagte er. So fühlte auch Erika. Beide lehnten sich zufrieden in ihren Sesseln zurück und tranken auf eine gute Zeit in ihrem zweiten Winter auf dieser paradiesischen Insel.

Danach inspizierte Erika die Terrasse und kam mit der Botschaft zurück: „Paul, ich habe dich zu früh gelobt, du hast leider Dreck auf der Terrasse liegenlassen!" „Welchen Dreck?", fragte Paul erstaunt. „Natürlich den, den du beim Anbringen des Wäschetrockners zurückgelassen hast!" „Ach ja, den habe ich nicht gesehen, aber das sind doch nur ein paar Staubkörnchen", entschuldigte sich Paul. Und wie recht sie hatte, denn im Gegensatz zu seiner Frau hatte Paul für solcherlei Dinge kein Auge, auch nicht nach fünfzig Ehejahren. Erika hatte nun mal einen ausgeprägten Sinn für Ordnung und Sauberkeit, was Paul natürlich sehr schätzte, auch wenn es ihm manchmal auf den Senkel ging.

Als wären sie gar nicht lange fort gewesen, fand sich Erika schnell wieder in ihren Alltagsrhythmus, wozu eben Einkaufen, Kochen, Waschen, Putzen, Lesen und sich davon wieder ausruhen gehörte.

„Lass uns endlich wieder einen Stadtbummel machen", bat Erika einige Tage später. Dazu ließ sich Paul nicht zweimal bitten.

„Los gehts", lachte er. Auf dem Weg zur Plaza Benito Péres Galdos freuten sie sich wieder über das bunte Bild der Stadt. „Einfach berauschend", schwärmte Erika. Während ihres weiteren Bummels durch enge Gassen sahen sie immer mal Bewohner, die auf Stühlen vor ihrer Haustür saßen und Karten spielten. Andere plauderten nur, während Kinder um sie herumtobten. Als sie schließlich das idyllische Örtchen Plaza Benito erreichten, machten die beiden auf einer Bank unter einer Palme eine kleine Pause, um das Leben und Treiben besser aufnehmen zu können. Anschließend spazierten sie weiter am Hafen vorbei über die „Bühne der Düfte" und kehrten im Café Columbus ein. Als sie auf dem Heimweg die über zweihundert Stufen nach La Paz hinauf hinter sich hatten, bemerkte Paul plötzlich den Verlust seiner Geldbörse, die wie immer in der Seitentasche seiner dreiviertellangen Hose hätte stecken müssen. Nervös tastete Paul alle möglichen Taschen seiner Kleidung ab, bis er Erika gestehen musste: „Meine Börse ist weg." „Da hast du den Salat, hat dich die Wirtin von Mamas Restaurant nicht eindringlich vor Taschendieben gewarnt? Aber nein, du weißt ja immer alles besser." „Nun, lass mich erst einmal überlegen, wo ich die Börse zuletzt benutzt habe?" „Da brauchen wir nicht lange zu überlegen, das war im Café Columbus an der Plaza del Charco", fiel Erika Paul ins Wort. „Dann nichts wie hin, da werde ich sie bestimmt liegen lassen haben", war Paul hoffnungsfroh. Während Erika nun allein zur Wohnung weiter ging, eilte Paul zu diesem von ihnen besuchten Café. Auf seine Frage nach der vermissten Börse schüttelte die Bedienung nur mitleidig den Kopf. „Nur die Ruhe bewahren", dachte Paul und überlegte. Die Euros waren zu verschmerzen, aber der Verlust der Bankkarten, des Personalausweises und des Führerscheins bedeuteten erheblichen Ärger. Zum Glück hatte sich Paul schon immer von allen Dokumenten Fotokopien gemacht, die jetzt in der Ferienwohnung lagen. „Du musst die Bankkarten sperren lassen", sagte er sich und eilte zur Wohnung. Natürlich hatte Erika kein gutes Gefühl, als Paul, kaum eingetreten, sofort zum Safe eilte und dann mit zwei Banken telefonierte. „Und was passiert jetzt?", erkundigte sich Erika. „Die Bankkarten habe ich eben sperren lassen und gehe jetzt zur Polizei, um den Verlust anzuzeigen. Dort wird man mir sicher sagen, was ich zu tun habe, um schnellstens Ersatzdokumente zu bekommen, falls die Börse nicht mehr auftaucht. Ich habe schon öfter gelesen, dass nur das Bargeld für die Diebe wichtig ist und die Börse mit allen Papieren im nächsten Papierkorb verschwindet." Paul sagte es und verabschiedete sich wieder. Erika musste auf Pauls Rückkehr lange warten.

In der nahe dem Stadion gelegenen Polizeistation überraschte es Paul dann doch, dass er hier auf vier Leidensgenossen traf, denen gleiches widerfahren war. Ein deutsch sprechender Polizist half Paul, seine Informationen zum Diebstahl zu Protokoll zu geben, und er erklärte ihm, dass er beim deutschen Konsulat in Santa Cruz einen Ersatzausweis beantragen müsse. Noch immer war Paul unsicher, wo er genau die Börse verloren hatte oder sie ihm entwendet worden war, aber eine Lösung fand er nicht. Dann begab er sich auf den Heimweg.

Auch Erika hatte sich darüber ihre Gedanken gemacht und empfing Paul in recht mieser Stimmung: „Ich kann mir vorstellen, wo dir die Börse geklaut wurde, es kann nur am Ausgang des Cafés Columbus gewesen sein, als du gegen den Rollstuhl einer Frau gelaufen bist." „Da wirst du recht haben, denn der Rollstuhl stand, wie aus dem Nichts kommend, plötzlich vor mir. Und in diesem Durcheinander war es einfach, mir etwas aus der Hosentasche zu ziehen." Allmählich beruhigten sich Erika und Paul wieder und Paul meinte: „Ab jetzt werde ich nur noch Fotokopien meiner Ausweispapiere in der Börse haben."

Der Trubel in der Stadt war das eine, ihn zu erleben etwas anderes, aber für Erika gab es noch mehr. Sie liebte die Natur und diese bezauberte sie auf Teneriffa besonders. Daher wunderte sich Paul auch nicht, als Erika den Vorschlag machte, mit einem Bus über das Land zu fahren. Und natürlich hatte sie auch ein Ziel. Sie wollte die Caldera bei Aguamansa besuchen. Diese weite Talsenke hatte ihr Eddy empfohlen und ihr auch den Besuch eines in der Nähe liegenden Zuchtteiches für Forellen vorgeschlagen. „Was gibt es hier zu sehen?", erkundigte sich Paul, der davon nur wenig begeistert war. „Lass dich einfach überraschen", lockte Erika. „Bei unserem Besuch in Garachico haben wir einiges über die Folgen eines Vulkanausbruchs gesehen, und bei dieser Senke werden wir sogar in einen erkalteten Krater schauen können", erklärte Erika, um Paul zu ermutigen. „Hm, und wann soll es losgehen?", erkundigte sich Paul. „Wenn das Wetter klar bleibt, bin ich für morgen. Und wenn der Himmel bedeckt ist, dann verschieben wir die Fahrt auf ein andermal. Ein bewölkter Himmel wird dort in den Bergen wie ein nebliger Novembertag in Moers sein, dann ist nur wenig oder nichts zu sehen", erklärte Erika.

Das Wetter spielte mit, und der Himmel war am nächsten Morgen wolkenlos. Nach ihrem Frühstück packte Erika etwas Proviant ein und bat lächelnd zum Aufbruch: „In dreißig Minuten wird der Gua Gua an der Haltestelle Carretera Botanico/ Ecke Acevino Halt machen, also los."

Ihre erste Station während dieser Fahrt war La Orotava, eine kleine Stadt, die gewiss zu den ältesten Siedlungen der Insel gehört, denn sie wurde schon nach der Eroberung der Insel durch die Spanier Anfang des 16. Jahrhunderts gegründet. Davor war es auch die Heimat des vorletzten Königs der Guanchen, der als Bencomo überliefert ist. Nach der Fahrt durch La Orotava fuhr der Bus über eine kurvenreiche Straße weiter bergauf und die Sicht über das Orotava-Tal wurde mit jedem Höhenmeter sehenswerter. Hinter dem Dorf Aguamansa erreichten sie ihr erstes Ziel, die Haltestelle an den Forellenteichen. „Wollen wir uns die Forellenzucht sofort oder erst zum Ende hin ansehen?", erkundigte sich Erika. Paul überlegte nicht lange: „Lass uns erst zur Caldera wandern!" Ein Wegweiser musste nicht lange gesucht werden und dieser half ihnen dann weiter. Zunächst war ein steiler Anstieg durch den herrlich duftenden Kiefernwald zu bewältigen, und dann erreichten sie an einer Lichtung diese Caldera, eine grasbewachsene, seichte Mulde. Und was sahen sie? Sie sahen einige Grillplätze, einen weiten Spielplatz und in deren Mitte einen kleinen Teich. Also ein ideales Wochenendziel für Familien mit Kindern. Jetzt standen die beiden am Rande einer Caldera, die sich beide gewiss gewaltiger vorgestellt hatten. „Wie mag es hier damals ausgesehen haben, als vor Millionen von Jahren glühendes Magma aus dem Krater herausquoll und langsam erkaltete?", wandte sich Paul an Erika. Eine Antwort erwartete Paul nicht. Wie sollte man sich solches vorstellen? „Na, Paul, wie gefällt dir diese Caldera?", erkundigte sich Erika etwas herausfordernd. „Ich bin nicht enttäuscht, wir hätten aber um den Teide herum lohnendere Ziele haben können", war er überzeugt. Die beiden benötigten nur wenig Zeit, um dieses „Kleinod" zu umwandern, und fanden am Rande der Caldera eine bewirtschaftete Blockhütte. Hier bestellte Paul zwei kühle Drinks, während Erika ihrem Rucksack die mitgenommenen Butterbrote entnahm. Lange hielten sie sich hier nicht auf, sie wollten weiter zum Besuch der Forellenzuchtfarm. Was sie hier zu sehen bekamen, war auch nicht wirklich sensationell. Quirlend schwimmende Forellen sahen sie in großer Zahl in mehreren Teichen, sonst nichts. Für Paul war es aber eine Sensation, dass ihm Erika, die Fisch weder gebraten noch gekocht mochte, für das spätere Abendessen eine geräucherte Forelle kaufte.

Im Strelitzia-Park gab es Neuigkeiten, zwei Wohnungen hatten ihre Besitzer gewechselt, und darüber musste geredet werden. So wusste Eddy von dem einen, einem gewissen Herrn Bruse, dass sich dieser bereits über den schlechten Zustand der Umzäunung der Anlage und eklatante Mängel am Hausanstrich beschwert hatte. Für solche Dinge hatte Paul kein Auge, wohl aber hatte Erika ein solches, denn auch ihr waren derartige Mängel schon aufgefallen. Und wie der Zufall oft hilft, lernte Paul diesen Herrn Bruse beim morgendlichen Schwimmen kennen und kam mit ihm ins Gespräch. Bruse war ein Urberliner, der nie und gegenüber niemandem ein Blatt vor den Mund nahm, und zu den von ihm reklamierten Mängeln sagte er recht deutlich: „Wie soll man verstehen, dass unser Präsident Knuttermann solche Mängel nicht beseitigen lässt?" Und fügte hinzu: „Während der anstehenden Eigentümerversammlung werde ich den

Herrn darauf ansprechen." Er blickte zu Paul und erkundigte sich: „Und wie sehen Sie dies?" Paul fasste sich kurz, denn dies war ja kein neues Thema: „Was die Schäden angeht, bin ich ganz bei Ihnen, solche hat meine Frau auch schon beanstandet. Und die Eigentümerversammlung ist das natürliche Forum, um darüber zu sprechen."

Die Eigentümerversammlung kam, und sie verlief nicht annähernd so ruhig, wie Paul seine erste erlebt hatte. Bruse drängte den Präsidenten mit knallharten Argumenten immer stärker in die Verteidigung, so dass dieser sich schließlich zu einer konzilianteren Haltung entschließen musste. Und so wurde verbindlich vereinbart, dass je nach Budget ein Mangel nach dem anderen aufgearbeitet würde. Das Präsidium, der Verwalter und Rechnungsprüfer Martin wurden einstimmig im Amt bestätigt.

Auf dem Rückweg von dieser Veranstaltung, die wieder im Masaru-Hotel stattgefunden hatte, erzählte Martin seinen Begleitern, Paul und Eddy, dass er sein Auto, einen Seat Ibiza, verkaufen werde, weil er sich einen neuen Wagen bestellt habe. Das interessierte Paul nicht, er hätte mit Martin lieber über eine Wanderung durch die Natur gesprochen. Darüber hatten sie sich schon am Pool unterhalten, aber Martin hatte es wohl vergessen. Er hatte es aber nicht vergessen, denn auch er musste sich wohl an sein Versprechen erinnert haben. „Entschuldige, Paul, dass ich unsere gemeinsame Wanderung vor mir herschieben musste, aber was hältst du davon, wenn wir morgen mit meinem alten Wagen ins Anaga-Gebirge fahren, dort kenne ich eine interessante Wanderroute?" Darüber brauchte Paul nicht nachzudenken. „Schon gebongt, ich gehe davon aus, dass du um neun Uhr bei mir klingeln wirst", antwortete Paul, als die drei sich in der Anlage voneinander verabschiedeten.

Noch während ihres Mittagessens sprachen Paul und Erika über den Verlauf der Versammlung, und beiläufig meinte Paul, dass er am nächsten Morgen mit Martin im Anaga-Gebirge wandern wolle und erwähnte, dass Martin seinen Ibiza verkaufen würde.

„Ihr wollt morgen wandern?", eiferte sich Erika. „Schön, dass ich das auch mal erfahre." „Entschuldige, Erika, das hat sich eben erst auf dem Heimweg ergeben", lächelte Paul. Für die Versammlung interessierte sich Erika nicht, dass sie sich aber für Martins Auto interessieren würde, überraschte Paul. „Es wäre doch nützlich, wenn wir auch hier ein Auto hätten!", sagte sie nachdenklich. Paul überlegte kurz und sagte dann: „Darüber könnten wir tatsächlich nachdenken, denn die Ausgaben für einen sporadisch genutzten Leihwagen sind gewiss höher als die Kosten für Steuer und Versicherung eines Wagens." „Was würdest du denn dafür ausgeben wollen?", erkundigte sich Erika. „Das hängt vom Zustand und Alter des Fahrzeugs ab, aber mehr als fünftausend Euro gebe ich für einen Gebrauchten nicht aus", antwortete Paul bestimmt. Dann lachte er: „Morgen, auf der Fahrt zu unserer Wanderung im Anaga-Gebirge, werde ich mir ja ein Bild vom Zustand des Wagens machen können."

Die Anaga-Gebirgskette im Nordosten der Insel zu besuchen, war ein guter Vorschlag, denn diese Gegend ist sehr naturbelassen. Wie vieles auf der Insel entstand sie vor sieben bis neun Millionen Jahren durch vulkanische Aktivitäten. In West-Ost-Richtung ist die Bergkette zwanzig Kilometer lang und von Nord nach Süd erstreckt sie sich in einer Breite von fünf bis zehn Kilometern. Der Kamm des Massivs, durch Regen und Nebel die feuchteste Region Teneriffas, ist mit einem dichten Lorbeerwald bewachsen. Sein höchster Punkt ist mit 1.024 Metern der Cruz de Taborno.

Paul musste am nächsten Morgen nicht warten. Mit Wanderschuhen und einem Anorak bekleidet und mit Verpflegung im Rucksack begleitete er Martin zur Garage. Ihre Fahrt führte die beiden über die Süd-Autobahn in Richtung La Laguna. Nur ein Beifahrer zu sein, war Paul nicht gewohnt, aber schon nach den ersten Kilometern freute er sich dann doch, als Beifahrer eine bessere Sicht auf die Landschaft zu haben. „Welche Wanderstrecke hat sich Martin wohl ausgedacht?", rätselte Paul. Und nur wenige Minuten später erklärte es ihm Martin: „Wir nehmen den Weg von Las Carboneras über Chinamada, den bin ich mit Cornelia, der Lebensgefährtin von Conny, schon einmal abgewandert, er hat uns sehr gut gefallen." „Das hört sich gut an", erwiderte Paul, der in Gedanken allerdings mehr bei Martins Auto war. Wie alt mochte es sein, wie viele Kilometer hatte es auf dem Tacho, wie hoch waren die Steuern und die Versicherung im Jahr? Nach einer Weile wollte er es genauer wissen, und so erkundigte er sich: „Warum willst du dein Auto verkaufen? Es fährt doch prima!" „Das ist schnell erklärt", sagte Martin, unterbrach sich aber, weil sie an El Sauzal vorbeifuhren. „Schau mal nach links zu dem Gebäude auf dem Hügel, von dort hat man einen guten Blick über das Orotava-Tal und den Atlantik. Auch die Speisenkarte des Hauses kann ich empfehlen, aber nun zu deiner Frage. Das Auto ist bald zehn Jahre alt, hat mich und meine Frau über 45.000 Kilometer gefahren und die Fixkosten belaufen sich im Jahr auf dreihundert bis vierhundert Euro." Dann lachte er: „Ach ja, ich will einfach mal wieder ein neues Auto haben." Paul ließ sich davon nicht ablenken: „Für sein Alter ist der Wagen noch ganz schön in Schuss, was soll er kosten?" „Ich denke an 4.900 Euro, zumal der Wagen bis zum nächsten Jahr noch TÜV hat." Paul zögerte kurz, sagte dann aber kurzentschlossen: „Falls du einverstanden bist, überweise ich dir für das Auto 4.500 Euro." „Entschuldige, Paul", unterbrach ihn Martin. „Ich muss mich, wegen der vielen Einbahnstraßen hier in La Laguna, konzentrieren, aber ich werde mich noch heute entscheiden."

Dann erreichten sie inmitten einer von Terrassenanbau geprägten Landschaft Las Carboneras, ein Dörfchen mit kleinen, bunten Häuschen, und sie hatten dazu passendes schönes Wetter. Rasch fanden sie einen Parkplatz. Während Martin nun seine Wanderkarte studierte, ließ Paul seinen Anorak im Rucksack verschwinden. Ihm schien, dass es zu warm würde. „Für unsere Wanderung werden wir etwa sechs Stunden brauchen, eine Pause machen wir am besten bei den Höhlenwohnungen in Chinamada", erklärte Martin. „Okay, Martin, let's go, ich bin sehr auf die mir noch unbekannten Lorbeerbäume und den letzten Zufluchtsort der Guanchen, den Ureinwohnern Teneriffas, gespannt", freute sich Paul.

Da der Weg nicht so beschwerlich war, wie Paul befürchtet hatte, konnte er die überwältigenden Ausblicke über Schluchten zum Meer und die Terrassenfelder bis in das Tal nach La Laguna hinab genießen.

Nach einer sehr abwechslungsreichen Strecke erreichten die beiden schließlich Chinamada, den Ort der Höhlenbauten der einstigen Ureinwohner. Tatsächlich leben in einigen dieser Höhlen noch heute Kanarios, aber wohl eher der touristischen Attraktion wegen. Ursprünglich waren solche Höhlen die üblichen Unterkünfte der Guanchen, der ersten bekannten Einwohner Teneriffas. Die ältesten Funde reichen bis ins 10. Jahrhundert vor Christus zurück. Es wird angenommen, dass es sich um ausgewanderte Berberstämme aus dem afrikanischen Kontinent handelte. Als Teneriffa im Jahr 1494 als letzte Insel der Kanaren von der kastilischen Krone eingenommen wurde, trafen die ankommenden Soldaten hier auf Menschen, die der Steinzeit entsprungen schienen. Es waren Höhlenbewohner, die noch mit Tierfellen bekleidet waren und sich Werkzeuge aus Stöcken und Steinen fertigten und benutzen konnten.

„Wie war ein Leben in dieser Abgeschiedenheit überhaupt möglich? Ein Leben mit unfruchtbaren, vulkanischen Böden ? Für mich ist dies ein historischer Ort, der mich innerlich bewegt", flüsterte Paul, der sich sogleich an Waldemar, den Guanchen vom Bollullo-Strand erinnerte.

„So führten die Menschen früher ihr normales Leben und hatten nur eine Lebenserwartung von dreißig Jahren. Im Vergleich dazu haben wir schon über zwei Leben gelebt, geliebt und gearbeitet und sind im dritten Leben dabei, unseren Ruhestand zu genießen", lachte Martin herzhaft, und erzählte weiter: „Ich kenne einen taubstummen Greis, der ab und zu im Outfit eines Guanchen am Bollullo-Strand zu sehen ist und bestimmt schon beinahe neunzig Jahre alt sein muss. Mein achtjähriger Enkel Matteo mag den Typen, wohl wegen seiner lustigen Erscheinung und der Späße, die er mit den Kindern am Strand treibt. Es vergeht kein Besuch, bei dem ich mit ihm nicht nach dem alten Knaben schauen muss." „Auch ich habe den Mann schon gesehen", unterbrach ihn Paul. „Ich habe zu dem sonderbaren Typen sogar einen losen Kontakt geschaffen." Worauf Martin erstaunlicherweise gar nicht einging.

Nach der Besichtigung der Eigenarten dieser Ortschaft empfahl Martin, einen Abstecher zum Aussichtspunkt „Mirador de Aguaide" zu machen. „Wir haben von dort einen freien Blick auf den Atlantischen Ozean und die grünen Hügel des Anaga-Gebirges, und dort können wir dann auch unsere Brotzeit nehmen."

Lange suchen mussten die beiden nicht. Schon in der Nähe des Miradors fanden sie ein passendes Plätzchen. Hier wollten sie mit ihrem Proviant rasten und sich wohlfühlen. „Es war ein guter Gedanke, hier zu wandern, lieber Martin, ein wirklich guter Gedanke", lobte Paul. Martin nickte nur, gedanklich war er bei einem anderen Thema: „Paul, ich nehme dein Angebot von 4 500 Euro für mein Auto an. Über die Übergabemodalitäten reden wir aber erst zu Hause." Er sagte es und griff nach einem Schnittchen.

Als die beiden gestärkt wieder an feuchtwarm duftenden Lorbeerbäumen vorbei zu ihrem Auto zurückwanderten, sprachen sie auch über diverseMitbewohner in der Anlage. Und dabei hatte Paul einen für ihn eher typischen Einfall: „Sag mal, lieber Freund, kannst du Skat spielen?" „Ja, so leidlich", lachte Martin. „Ich müsste heute aber über die Spielregeln nachdenken. Es ist lange her, dass ich gespielt habe." „Was hältst du davon, wieder zu spielen, wenn wir einen dritten Mann finden?" „Nicht schlecht", der Gedanke schien Martin zu gefallen. „Dann lass uns in diese Richtung aktiv werden", begeisterte sich Paul, der schon an den einen oder anderen seiner Schwimmkumpane dachte. Eddy musste er ausschließen, dieser hatte nach Pauls Anfrage schon abgelehnt, aber es gab ja noch andere, die angesprochen werden konnten.

Während der Rückfahrt war Paul noch immer bei seinem Thema Skatspielen. Dabei erinnerte er sich, dass er von Martin einen Hinweis auf ein Lokal in El Sauzal erhalten hatte, und er sprach Martin darauf an: „Martin, du kennst doch in und um Puerto alle guten Speiselokale?" „Das stimmt, wir, meine Frau Liesel und ich, leben hier schon über zehn Jahre und sind beide keine Kostverächter", lachte Martin und schaute dabei zu Paul: „Was hältst du davon, wenn wir mit unseren Frauen mal eines unserer Lieblingslokale besuchen?", erkundigte er sich. „Aber ja, gerne, darüber würde sich auch Erika sehr freuen", erwiderte Paul.

Einen Tag nach ihrer Wanderung durch die Natur klingelte Paul bei Martin. Er wollte mit ihm die Formalitäten des Autokaufs erledigen. Sogleich stellte ihm Martin seine Frau Liesel vor, eine nette, schwarzhaarige Dame, die offenbar gerne lächelte. Dann zogen sich die beiden jedoch in eine Ecke des modern eingerichteten Wohnzimmers zurück. Als der Kaufvertrag dann von beiden rechtsgültig unterschrieben war, verkündete Martin lachend: „Deinen Seat Ibiza kannst du dir gleich in deine Garage fahren. Ich brauche den Platz, weil ich noch heute meinen neuen Wagen abholen werde." Dann lachte er wieder: „Passt euch der morgige Abend für einen Besuch mit mir und meiner Frau bei Manuela? Sie betreibt mit ihrem Mann, einem hervorragenden Koch, ein Lokal im Canaris-Center." „Herzlichen Dank für die Einladung, darüber wird sich Erika sehr freuen", war Paul von dieser Einladung überrascht. Er wollte sich danach verabschieden, aber Martin hielt Paul zurück. „Einen Moment noch, ich komme bis zur Garage mit, dein neues Auto will ja in sein neues Zuhause", lachte Martin, der zu Pauls Freude erkennen ließ, dass ihm häufiger der Schalk im Nacken saß.

Für den ersten Einkauf mit dem eigenen Auto schrieb Erika schon einen umfangreichen Einkaufszettel, sie wollte ja nichts vergessen. Oberflächlich darüber zu schauen genügte Paul, um zu sehen, dass darauf auch zwei Blumenkästen und eine Schlafcouch notiert waren. „Blumenkästen? Okay, das verstehe ich ja, wofür aber eine Schlafcouch?", erkundigte er sich. „Weil wir davon ausgehen dürfen, dass uns über kurz oder lang Peter mit seiner Familie besuchen wird", sagte Erika sehr bestimmt. „Na schön, sollten wir bei IKEA dann nicht auch nach einem kleinen Schreibtisch und einem Regal für das Gästezimmer schauen?", erkundigte sich Paul. Dem stimmte Erika sofort zu, aber Paul hatte noch einen Gedanken: „Können wir nach dem Besuch bei IKEA in La Laguna noch einen Abstecher zum Cash-und-Carry-Laden in Tacoronte machen?" Erika verstand diesen Vorschlag sofort, denn Tacoronte gehörte zu den besonderen Ausflugszielen Teneriffas. Hier im agrarwirtschaftlich geprägten Norden der Insel würde ein qualitativ hochgeschätzter Wein angebaut. Die Qualität dieses edlen, von der Sonne verwöhnten Rebensaftes ließ verstehen, dass im Gebiet um Tacoronte die Idee vom Markenwein Teneriffas geboren wurde. Erika war sicher, dass Paul diesen Wein verkosten und einige Flaschen kaufen wollte. „Das verschieben wir aber, denn dafür bräuchten wir mehr Zeit, um eine Probe auch genießen zu können", schlug Erika vor, und sie meinte es ernst. „Na gut", willigte Paul ein. „Dann lasse uns zumindest über Santa Cruz zurückfahren", schlug er vor. „Was willst du in Santa Cruz?" „Ich will im deutschen Konsulat endlich meinen Ersatzausweis beantragen, ohne den komme ich sonst nicht von der Insel!" Aber auch jetzt schüttelte Erika den Kopf: „Nach Santa Cruz kannst du auch alleine fahren, ich will dort doch nicht ewig auf dich warten müssen", war Erika energisch. Das sah Paul ein, natürlich ungern.

Erikas Einkäufe wurden am folgenden Tag erfolgreich erledigt. Dass die Couch schon nächste Woche geliefert werden sollte, gefiel Paul. Die Blumenkästen bepflanzte Erika noch am selben Nachmittag und Paul bekam für die Platzierung auf der Terrasse ein kleines Mitspracherecht, das er aber nicht nutzte, lieber beschäftigte er sich mit dem Aufbau des Schreibtisches und des kleinen Regals, denn dieses Zimmer war auch für die Couch vorgesehen.

Gegen Abend trafen sich Erika und Paul dann mit Liesel und Martin zum vereinbarten Abendessen bei Manuela. Und dieser Abend wurde von allen mit viel Freude, fröhlichem Lachen und nettem Geplauder bei köstlichen Speisen und gutem Wein genossen. „Das nächste Mal suchen wir ein anderes Lokal aus, davon gibt es ja viele und die meisten sind empfehlenswert", versprach

Martin. Genau wie Erika war auch Paul der Meinung, ein aufgeschlossenes, unkompliziertes Ehepaar kennengelernt zu haben.

Am übernächsten Tag fuhr Paul dann allein nach Santa Cruz, er wollte endlich wieder einen Ausweis haben. Eddy hatte ihm genau beschrieben, wie das Konsulat zu finden sei. In der Nähe der alten Stierkampfarena fand Paul in einer Nebenstraße einen Parkplatz und nicht weit davon dann auch das Konsulat. Die zuständige Mitarbeiterin legte Paul die Fotokopie seines Personalausweises vor. Das half enorm, denn dadurch konnte ihm die junge Dame sofort einen Ersatzausweis ausstellen. Mit einem fröhlichen „Muchas gracias" verabschiedete er sich wieder.

„Dass wir morgen Eddys Geburtstag feiern werden, weißt du noch?", erkundigte sich Erika nach Pauls Rückkehr. „Aber ja", lachte dieser, als er Erika seinen eben erhaltenen Ersatzausweis zeigte. „Das passiert mir nie wieder", sagte er sehr selbstsicher. „Na, das warten wir erst einmal ab", lächelte Erika, die gedanklich mehr bei Eddys Geburtstag war: „Wie mir Veronika erzählte, ist auch ein Doktor mit seiner Lebenspartnerin eingeladen und auch ihr Nachbar Armin wird nicht fehlen." Erika erinnerte Paul daran, dass er für Eddy noch ein Geburtstagsgeschenk besorgen müsse: „Und das machst du", bestimmte sie energisch. „Habe ich doch schon", lächelte Paul. „Zwei Flaschen ‚El Mocanero' aus meinem Vorrat in der Garage, aber verpacken musst du sie." Das tat Erika auch, denn Eddy sollte sich freuen und dazu gehörte eine ordentliche Verpackung, die zu fertigen sie Paul nicht zutraute.

Ja, über diese Einladung zu Eddys Geburtstag freuten sich Erika und Paul. Sie gratulierten Eddy ganz herzlich und stellten fest, dass sie nicht die Ersten waren. Auch Armin, ein direkter Nachbar von Eddy und Veronika, ein gutaussehender, pensionierter und verwitweter Polizeiinspektor aus Bad Godesberg, war schon da. Nach Eddys Umtrunk zur Begrüßung lud Veronika zu Tisch. Sie hatte den Tisch auf dem Balkon festlich gedeckt, schien jedoch sehr fahrig und unruhig zu sein. „Bedrückt dich etwas?", erkundigte sich Erika mitfühlend. "Ja, schon, der Doktor und Cornelia fehlen noch." "Ein Doktor ohne Namen, wer mag das nur sein?", fragte sich Paul. Und genau in diesem Moment klingelt es an der Tür. Veronika eilte hin, öffnete die Tür und ein schwarzhaariges, sehr nobel gestyltes, sympathisches Pärchen trat lächelnd ein. Sie gratulierten erst Eddy recht herzlich, der davon auch sehr berührt schien. Dann nahmen sie auch Veronika in die Arme. Erika und Paul kannten weder die charmante Dame noch den eleganten Herrn, machten sich mit diesen nun aber bekannt.

Wenig später eröffnete Veronika die Kaffeetafel, wobei sie natürlich nicht vergaß, darauf hinzuweisen, dass sie den Kuchen und die Obsttorten selbst gebacken habe. Auch Erika, die am Herd und in der Küche selbst eine Meisterin war, sah, dass Veronika perfekt gearbeitet hatte. Der Nachmittag verlief recht unterhaltsam, es wurde viel und sehr offen geplaudert, und so konnten Erika und Paul auch ohne lästiges Fragen erfahren, dass Cornelia und Conny hier in der Nähe einmal gewohnt hatten und nun in einer Ferien-Mietwohnung in der Nachbarschaft wohnten und auch, dass sie aus Wittlaer bei Düsseldorf kamen. Allmählich begann bei Paul etwas zu dämmern: "War da nicht …?", fragte er sich. Dann wollte er es genau wissen: "Ist es möglich, Cornelia, dass du mit Martin schon einmal durchs Anaga-Gebirge gewandert bist?" "Aber ja, natürlich, woher weißt du das?" Nun lächelte Paul: "Erst vor ein paar Tagen bin ich mit Martin die gleiche Strecke abgewandert, und dabei hat er mir eben auch von einer Cornelia erzählt." Nun unterhielten sich Cornelia und Paul nicht nur über dieses Abenteuer, nein, es gab einiges mehr, woran sich auch Erika und Conny, der sich ab und zu lässig über sein schulterlanges, gepflegtes Haar strich, beteiligten. Letztendlich führte es sogar dazu, dass Paul und Erika versprachen, die beiden in Willich bei Düsseldorf zu besuchen. Eddys Geburtstagsfeier war ein voller Erfolg. In einer so lockeren Gesellschaft sprach jeder mit jedem.

Ende März packte Erika wieder die Koffer und ihr Abschied von hier fiel ihnen nicht leicht. Sie hatten viel erlebt und fast wie in einem neuen Leben gelebt. Ihr Bekanntenkreis war größer geworden und mit dem Autokauf hatte sich ihr Aktionsradius erweitert. „Ich freue mich schon auf den kommenden Winter", strahlte Paul, und Erika stimmte ihm zu.

Kapitel 11

Dritter Winter

Höhlenbesuch

Nach ihrer Rückkehr ins heimatliche Moers wartete zunächst viel Arbeit auf die beiden. Vor allem musste der Garten wieder in Schuss gebracht werden. Dafür fühlte sich Erika verantwortlich, zumal sich Paul um die Beschaffung eines neuen Personalausweises und die Entsperrung der Bankkarten kümmern wollte. „Verschiebe die Arbeit doch auf später", schlug Paul vor, aber damit konnte Erika sich nicht abfinden. Für sie war der Frühling die schönste Jahreszeit. Mit ihm erwacht die Natur wieder und sie konnte zusehen, wie alles grüner und bunter wurde. Nur den Rasen musste Paul gleich mähen.

Kaum waren die beiden wieder zur Ruhe gekommen, hieß es für Paul „ab nach Berlin!" Rüdiger und Paul wollten sich das Pokalendspiel in Berlin nicht entgehen lassen, Borussia Dortmund spielte gegen Bayern München und es endete mit einem 5:2-Sieg der Borussia.

Es wurde Juli, und für diesen Monat hatten sich Erika und Paul eine Kreuzfahrt über die Ostsee ausgedacht. Ihre Reise mit der MSC Poesia, einem modernen, eleganten Kreuzfahrtschiff, begann in Kiel und führte bei ruhiger See und schönem Wetter zuerst nach Kopenhagen, dann mit einem Seetag nach Stockholm, um einen Tag darauf in Tallin und dann in St. Petersburg zu landen. Natürlich waren alle besuchten Städte sehenswert, aber, so meinte Erika, dass sie sich gerne mehr Zeit bei deren Besuch gewünscht hätte. Danach schipperten die beiden wieder in einem Seetag zurück nach Kiel.

Nach dieser Reise länger in Moers zu verweilen, war nicht möglich. Für einige Tage mussten Erika und Paul in ihr Feriendomizil in Brombachtal im Odenwald fahren. Beim Gemeindeamt war eine Formalie zu erledigen. Diese Gegend hatte für sie immer einen besonderen Reiz, zumal mal wieder mit alten Freunden geschnackt werden konnte und sich dort auch die letzte Ruhestätte von Pauls Eltern befand. Beim Frühstück hatte Paul eine Idee: „Erika, ich weiß nicht, wie es dir geht, aber in den Wochen auf Teneriffa vermisse ich unsere Tageszeitung, die WAZ." „Was willst du damit sagen?", rätselte Erika. „Ich werde von hier meinen alten Laptop, den ich vor meiner Pensionierung benutzt habe, mitnehmen, und mir die WAZ online bestellen", freute sich Paul. „Das kannst du gerne machen, aber ich brauche nach dem Frühstück eine Zeitung in den Händen, ohnehin ist mir dein ganzer Computerkram nicht geheuer", brummelte Erika.

Am 6. August spielten bei Birgit im Viktoria-Stübchen Rüdiger, Horst und Fränki wieder Skat, aber Pauls Mitspieler bemerkten, dass Paul nur unkonzentriert spielte. „Was ist mit dir?", erkundigte sich Fränki. Paul legte seine Karten zur Seite und sagte: „Entschuldigung, Freunde, ich bin abgelenkt, und das liegt daran, dass die Marssonde ‚Curiosity' nach achtmonatigem Flug heute auf dem Mars gelandet ist. Und um das zu würdigen, möchte ich euch auch zu einem Flug einladen." „Du willst mit uns zum Mars fliegen?", lachte Rüdiger. „Nein, nicht zum Mars, nur für ein Skat-Wochenende nach Teneriffa." „Wow, das meinst du im Ernst?", blickte Horst überrascht zu Paul. „Und wo werden wir pennen?", fragte Fränki. „Wenn wir miteinander rücksichtsvoll umgehen, können wir alle in unserer Wohnung übernachten", entgegnete Paul. Die Männer schauten sich an und schließlich nickte Fränki: „Danke, Paul, eine tolle Überraschung, ich freue mich darauf!" „Ich kann mich dem nur anschließen", sagte Rüdiger, und auch Horst bedankte sich. An diesem Abend brauchte Paul seine Zeche nicht zu bezahlen, worüber sich Wirtin Birgit wunderte und nach dem Grund fragte. Rüdiger klärte sie auf. „Das könnte mir auch gefallen", sagte Birgit, in deren Gaststätte die Skatbrüder sich stets wie daheim fühlten.

Erika und Paul erinnerten sich in ihrer abendlichen Plauderei auch wieder an Cornelia und Conny, die sie auf Eddys Geburtstag kennengelernt hatten. „Die beiden waren uns doch vom ersten Moment des Kennenlernens sehr sympathisch, was sollte uns also davon abhalten, sie in Wittlaer bei Düsseldorf zu besuchen", meinte Paul. Ein Anruf genügte, um sich anzukündigen. Der Altersunterschied der beiden Paare von knapp zwanzig Jahren hinderte niemanden. In ihren lebendig geführten Unterhaltungen erfuhren Erika und Paul, dass Dr. Conny sein Geld mit Online-Immobilienbewertungen verdiente. Und sie hörten auch, dass er wegen des Krieges in Syrien eine Flüchtlingskrise befürchtend seinen Wohnsitz nach Teneriffa verlegen wolle. Es waren immer ausgefüllte, belebende Stunden, die sie miteinander verbrachten. Mal besuchten Cornelia und Conny Moers und dann schauten Erika und Paul auch in Wittlaer vorbei.

Erikas und Pauls Reiselust kannten in ihrer Familie natürlich alle. Und ihr letztjähriges Weihnachtsgeschenk von Mara, Peter, Paul und Finn war eine Reise nach Afrika, die am 25. August angetreten werden musste und bis zum 15. September dauern würde. Es war eine Afrika-Safari-Zugreise mit anschließendem achttägigem Aufenthalt in Kapstadt. Mit dem Flieger ging's von Frankfurt nach Dar es Saalam in Tansania. Nach eintägigem Aufenthalt wurden sie im wahrsten Sinne des Wortes mit Pauken und Trompeten einer tansanischen Militärkapelle am Bahnhof von Dar es Saalam im Rovos Rail „Pride of Africa", einem wahren Luxus-Nostalgiezug, auf die rund sechstausend Kilometer lange Reise verabschiedet. Ihr Abteil verfügte neben einem Doppelbett, zwei Sesseln und kleinem Kosmetiktisch auch über eine Dusche und Toilette. So konnten sie die komfortable Reise durch Sambia, Simbabwe und Botswana entspannt angehen. Die Verpflegung war super, wie auch die täglichen Infos der Reiseleitung bei Zwischenstopps stets interessant waren. Die Strecke führte an vulkanischen Bergketten vorüber durch eine der spannendsten geologischen Gegenden der Welt, das Rift Valley, der Große Afrikanische Grabenbruch ist nämlich eine gewaltige

Erdspalte, die sich von Jordanien durch das Rote Meer bis nach Ostafrika hinzieht. Weitere Höhepunkte waren die weltgrößten Viktoria-Wasserfälle am Sambesi-Fluss, die Paul sogar mit einem Helikopter überflog, und ein eintägiger Aufenthalt in der Chobe Safari-Lodge in Botswana, wo sie bei einer abendlichen Flussfahrt Elefanten, Nashörner, Krokodile und Flusspferde in Ufernähe beobachten konnten. Nach Ankunft des Zuges in Botswanas Hauptstadt Gaborone verabschiedeten sie sich für zwei Tage von der Crew des Zuges und passierten per Bus die Grenze zu Südafrika. Bereits am Nachmittag erwartete sie eine erste Safari im Jeep im Madikwe-Wildreservat. Sie erlebten erstmals in freier Wildbahn Giraffen, Zebras, Löwen, Leoparden und Antilopen, es war fantastisch. Zu Erikas Freude konnte sie beim Frühstück in der komfortablen Lodge listige kleine Äffchen beobachten, wie die vom Büffet Bananen stibitzten. In Zeerust wurden sie danach schon von der freundlichen Crew des „Pride of Africa" erwartet und weiter ging die interessante Tour über Pretoria und Kimberley nach Kapstadt. Ihr Fazit ihrer bisher längsten Zugfahrt ihres Lebens: Diese komprimierten Eindrücke von fremder Kultur, Landschaften, Lebensgewohnheiten und Tierwelt waren faszinierend. Die letzten Tage in Kapstadt, wo sie ganz in der Nähe der Waterfront, dem ehemaligen Hafengelände und dem WM-Stadion wohnten, nutzten die beiden um sowohl Townships wie auch besondere Sehenswürdigkeiten rund um Kapstadt zu besichtigen, und eine Seilbahn brachte sie auch auf den berühmten Tafelberg, von dem sie einen herrlichen Blick über Kapstadt bis zum Atlantik hatten.

Dann war es wieder so weit. „Teneriffa ruft", lächelte Paul vergnügt. Es war dann aber wie immer Erika, die alles für den dritten Winter auf Teneriffa zu organisieren hatte, auch wenn sie selbst erst eine Woche nach Paul zur Insel fliegen wollte, sie musste Pauls Koffer packen, weil Paul vorab mit seinen Skatbrüdern anreisen wollte.

Selbstverständlich war es Horst, der mit seinen Freunden zum Flughafen Weeze fuhr. Hier wollte er seinen Wagen bis zur Rückkehr parken. Vom Flughafen Teneriffa-Süd nach Puerto de la Cruz im Norden zu kommen war auch kein Problem, denn nach einem kurzen Anruf war Martin bereit, Paul und seine Freunde am Airport abzuholen. Martin tat dies gerne, denn er wusste, dass Paul, sollte er dessen Hilfe einmal benötigen, ebenso kulant sein würde. Und Martin tat noch mehr. Er bot den Männern an, mit ihnen zum Teide zu fahren. Es war dann Rüdiger, der sich dafür bedankte und sich dann an Paul wandte: „Paul, mich überrascht, wie schnell du solche Freunde gefunden hast, die nicht nur dir, sondern auch deinen Freunden behilflich sind, Respekt, Respekt." Horst und Fränki nickten beifällig, aber Paul gab sich sehr bescheiden: „Freunde, das liegt nur daran, dass ich ähnlich denke wie Martin, und dass wir in gegenseitigem Respekt miteinander umgehen." Das sagte er und wandte sich dann an Martin: „Siehst du es nicht auch so, Martin?" „Genauso ist es, und ich sehe, dass es in eurer Truppe ebenso ist", lachte Martin.

In der Tiefgarage des Strelitzia-Parks angekommen, bedankten sich die vier Skatbrüder bei ihrem Chauffeur und versicherten, ihn während ihrer Rundfahrt als ihren Gast zu betrachten. „Ist schon gut, euch zu fahren macht mir Freude. Also bis morgen, pünktlich um 10:00 Uhr vor meiner Garage."

Paul fühlte sehr wohl, dass seine Freunde über ihre Unterbringung nachdachten. So ermunterte er sie auf dem Weg zur Wohnung: „Es wird zwar eng sein, aber wir werden zurechtkommen." Und wie immer hatte Eddy auch diesmal vorgesorgt. Die Rollläden waren oben, und die Fenster standen auf kipp. „Hast du hier sogar einen Hausmeister, der sich um alles kümmert?", wunderte sich Fränki. Paul lachte: „Er ist mehr als ein Hausmeister, es ist unser Nachbar, der sich um alles kümmert. Bei ihm haben wir unseren Wohnungsschlüssel für eventuelle Notfälle hinterlegt."

Als jeder im Wohnzimmer seinen Platz gefunden hatte, wies Paul auf den Kühlschrank in der zum Wohnzimmer hin offenen Küche: „Wer Durst auf etwas Kühles hat, der bediene sich hier, und wer lieber ein Glas Wein möchte, der nehme sich einen aus dem Wohnzimmerschrank unter dem Fach mit den Gläsern." Das klappte schon mal, denn sogleich hatte jeder eine Flasche San-Miguel-Pilsener in der Hand, ohne Pauls Dazutun. „Der Öffner hängt neben dem Kühlschrank", sagte er noch, aber diesen Hinweis hätte sich Paul sparen können, denn Fränki hatte diesen längst entdeckt, und so machte Paul nur noch den Weg frei für den ersten Schluck auf der Terrasse.

Während eines Rundgangs durch die Wohnung zeigte Paul jedem seinen Schlafplatz. Rüdiger bekam im Schlafzimmer Erikas Bett und sollte mit Paul das große Badezimmer benutzen, während Fränki die Liege im Fremdenzimmer und Horst die Couch im Wohnzimmer nutzen sollte. Sie konnten das kleinere Gästebad benutzen.

Dann wurde beim zweiten Bier auf der Terrasse der Schlachtplan der nächsten Stunden und Tage von Paul festgelegt: „Zuerst besuchen wir ein sehenswertes Einkaufscenter in La Orotava, wo wir Lebensmittel und Getränke einkaufen, und dort", Paul wandte sich an Fränki, „schaue bitte nach einem internetgeeigneten Stick für meinen Laptop." Fränki nickte nur, er war ja erfahrener Fachmann als Radio-, Fernseh- und Fahrradhändler. Paul wollte für klare Verhältnisse sorgen: „Frühstücken werden wir in Sandras Bar an der Calle Acevino, dann ersparen wir uns die lästige Spülerei." Weiter kam er nicht, denn Fränki störte mit dem Zwischenruf: „Gib mir bitte erst mal deinen Laptop, damit ich prüfen kann, was nötig ist, um das Ding funktionieren zu lassen." „Ja, gleich, mein Freund", unterbrach ihn Paul und fuhr fort: „Nach unserem Einkaufsbummel spazieren wir in die Altstadt Puertos. Dort sind wir im Restaurant ‚Bei Mama Baum' sehr gut aufgehoben. Aber dann tragen wir auf unserer Terrasse das erste Match aus. Es darf aber nicht zu spät werden, denn wir müssen spätestens um 8:15 Uhr aus den Federn, wenn wir um 10 Uhr startklar sein wollen! Seid ihr mit allem einverstanden?" Sie waren es.

„Paul, dein Laptop steht einsatzbereit auf dem Schreibtisch", freute sich Fränki, als sich die vier für den Abmarsch zum Frühstück bei Sandra auf den Weg machen wollten. Nach dem Frühstück, auf dem Weg zu Martins Garage, begegnete ihnen Pauls Nachbar Eddy. Paul bedankte sich für dessen Fürsorge und versprach: „Wenn auch Erika wieder hier ist, lade ich dich und Veronika zu einem Abendessen ein." Eddy winkte dankend ab, er sah ja, dass die Männer in Eile waren.

„Na, ausgeschlafen?", lachte Martin, als Paul mit seinen Freunden bei dessen Garage ankam. „Dann können wir ja starten", sagte er und verteilte die Plätze: „Paul, du sitzt am besten vorne bei mir und für deine Skatbrüder ist im Fond genügend Platz." Dann freute er sich, dass alle etwas zum Überziehen dabeihatten: „In über zweitausendfünfhundert Metern Höhe ist es immer recht frostig", erklärte er.

Die Strecke bis zu der Forellenzuchtanlage kannte Paul ja, aber seinen Freunden musste er auch nichts erklären, das übernahm Martin. In gekonnter Manier eines Fremdenführers erklärte er während der Fahrt alles Sehenswerte und empfehlenswerte Lokalitäten für gutes Essen, und er kannte auch alle Ortschaften, die sie passierten. Als sie das Dorf Aguamansa durchfahren hatten, hielt Martin an einem günstig gelegenen Mirador, also an einem Aussichtspunkt, denn von hier konnten seine Gäste über Wälder und lange tiefe Schluchten bis zum Atlantik schauen.

Während der weiteren Fahrt sahen sie, dass mit zunehmender Höhe das satte Grün im El-Teide-Nationalpark zwar abnahm, die Sicht dagegen immer weiter reichte. Dieser Nationalpark hat in seiner Bergregion eine Größe von rund 20 000 Hektar und wurde im Jahr 2009 zu einem Weltnaturerbe der UNESCO erklärt. Die Serpentinenauffahrt hatten alle fünf gut überstanden, als Martin, gar nicht weit von der Seilbahnstation entfernt, seinen Wagen parkte. „Freunde, so stelle ich mir auch die Ankunft auf dem Mond vor", war Rüdiger bei den ersten Schritten in dieser kargen Landschaft überzeugt. „Aber dort wirst du vergeblich nach einer Seilbahn suchen", reagierte Martin, der Schelm. Und nach beschwerlichem Gehen über Geröll erreichten die Männer die Caldera „Las Canadas", einen gigantischen vulkanischen Einsturzkessel mit etwa siebzehn Kilometern Durchmesser. Die Caldera ist keine Schönheit aber geologisch hochinteressant. Der Boden dieses Kessels liegt auf ca. 2.000 Metern Höhe über dem Meer und wird südlich von bis zu 500 Meter hohen Steilwänden begrenzt. Im Norden der Caldera erhebt sich der mit 3.718 Metern höchste Berg ganz Spaniens, der majestätische Pico del Teide. „Diese Caldera ist mit der Caldera, die ich im Vorjahr mit Erika in der Nähe von Aguamansa gesehen habe, nicht zu vergleichen", sagte Paul zu Martin gewandt. Martin stimmte zu, er kannte beide.

Der Teide ist ein Schichtvulkan, der sich durch die Anhäufung von Material aufeinanderfolgender Eruptionen im Laufe von Millionen Jahren bilden konnte. Er misst vom Meeresgrund bis zur Spitze 7.500 Meter und ist damit der dritthöchste Inselvulkan der Welt. Der letzte Ausbruch innerhalb der Caldera ereignete sich im Jahre 1798. „El Teide" ist die spanische Form des Guanchenbegriffs „Echeyde". In der Legende ist dieser Ort die Wohnung des bösen Dämons „Guayota", der den Sonnengott Magec entführt und ihn dort gefangen hält.

Ja, alles war höchst interessant, aber Martin drängte zur Weiterfahrt, er wollte seinen interessierten Begleitern einen weiteren Höhepunkt in dieser faszinierenden Landschaft zeigen. Nach nur wenigen Kilometern erreichten sie eine bizarr geformte Felsengruppe, aus der eine siebenundzwanzig Meter hohe Felssäule, der „Roques Chinchado" herausragte, der als der Finger Gottes bezeichnet wird. „Faszinierend, faszinierend, Mann, ist das ein Bild", rief Horst begeistert. „Danke, Martin, dass wir das zu sehen bekommen", freute sich auch Rüdiger. „Wir sind noch nicht am Ende unseres Ausflugs. Wir fahren jetzt den Teide auf seiner Nordwestseite wieder hinab und besuchen dann in Santiago del Teide ein hervorragendes Fischrestaurant, eine Stärkung haben wir uns verdient", sagte Martin und schnalzte mit der Zunge.

Martin hatte nicht zu viel versprochen. In diesem eher einfachen Restaurant stand der Chef noch selbst am Herd. Er war aber nicht nur Chef und Koch, er war ein Zauberer, denn er verwöhnte seine Gäste mit exquisit zubereiteten Doraden, die er mit einem erlesenen Wein servierte. Natürlich musste Martin danach seine Börse in der Hosentasche lassen, dafür kam die Skatkasse auf.

Sie fuhren eine enge kurvige Bergstraße hinunter und erreichten das einmalig schöne Bergdorf Masca, das sich in etwa 650 Metern Höhe in einem erloschenen Vulkankrater in den Teno-Anhöhen befindet. Das Ortsbild ist geprägt durch terrassenförmig angelegte Felder am Hang des Kraters und kleine, zweistöckige Häuser, die an diesem Hang wie angeklebt erscheinen.

Martin parkte so geschickt, dass seine Mitfahrer dieses von Natur und Menschenhand geschaffene Bild gut sehen konnten. „Durch diese vor uns liegende wunderschöne, subtropisch bewachsene Schlucht, gesäumt von bizarren Bergen, könnten wir, stramm marschierend, den Atlantik in drei Stunden erreichen. Es ist ein Highlight, das kann ich euch aus eigener Erfahrung sagen", erklärte Martin. „Leider reicht uns die Zeit dafür nicht, wir müssen allmählich an die Rückfahrt denken. Aber schaut noch mal zum Horizont, dort könnt ihr heute sogar die Insel La Gomera sehen, wir haben halt Glück mit dem Wetter."

Diese Rückfahrt über Buenavista del Norte, Garachico, La Guancha und Los Realechos war dann im Auto lebendiger als die Anfahrt. Jeder hatte seine Eindrücke, und jeder mochte sie beschreiben. Im Strelitzia-Park wieder angekommen verabschiedete Martin seine Fahrgäste mit den Worten: „Es war mir eine Freude, diesen Tag mit euch zu verbringen. Viel Spaß noch bei Paul und grüßt mir unser Alemannia."

Pauls Skatfreunde waren von diesem interessanten Tag sehr angetan, und es war Fränki, der dies lobend heraushob: „Lieber Paul, wir verstehen jetzt, weshalb du von Teneriffa schwärmst, ich beneide dich darum." Paul winkte lächelnd ab und sagte: „Leider kann ich eine so lange, serpentinenreiche Strecke mit Erika nicht fahren, sie hat davor richtig Bammel, und so freue ich mich, dass ich die Fahrt mit euch erleben durfte."

Am folgenden Morgen entschloss sich Paul während des späten Frühstücks bei Sandra, mit seinen Freunden den Bollullo-Strand zu besuchen. „Vielleicht kann ich dabei auch Waldemar treffen", dachte er insgeheim. Alle seine Freunde waren damit einverstanden. „Gibt es auch dort Besonderes zu sehen?", erkundigte sich Rüdiger. Paul zögerte. „Soll ich ihnen von Waldemar erzählen?", fragte er sich. Und er tat es. Er erzählte, wie er den Mann als Guanchen kennengelernt hatte, und erzählte auch, was ihn an diesem Mann faszinierte. „Mensch, Paul, das ist ja keine Allerweltsgeschichte", ereiferte sich Fränki. „Darüber hättest du uns doch schon längst informieren können." „Wirst du diesen Typen nochmals besuchen?", unterbrach Rüdiger die beiden. Darauf wollte Paul nicht eingehen. „Vielleicht, mal sehen", sagte er nur kurz. Erst als sie sich schon auf direktem Weg zum Bollullo-Strand befanden und durch eine Bananenplantage wanderten, war er dazu bereit: „Es könnte heute durchaus möglich sein, dass ich Waldemar am Strand treffe, aber in Anbetracht dessen, dass ich bis jetzt nicht weiß, über welche Probleme er mit mir sprechen möchte, sollten wir es bei einem Blick in die wunderschöne Bucht belassen." „Aber warum denn?", unterbrach ihn Horst. „Ich habe zwar Verständnis dafür, dass du diesen Typen nicht in unserer Begleitung überfallen möchtest, wir könnten ja wie zufällig nur in der Nähe stehen." „Na gut, dann könnt ihr euch ja in dem oberhalb des Strandes befindlichen Lokal aufhalten und auf mich warten", erklärte Paul, während die vier sich beim Abstieg in einer zum Meer abfallenden Schlucht befanden. Der dann zielführende Wiederaufstieg war kräftezehrend und völlig außer Puste genossen sie auf einer Bank sitzend den fantastischen Blick in die Schlucht und auf den Atlantik.

Natürlich beschäftigten sich Pauls Gäste, der eine mehr, der andere weniger, mit der Begegnung mit diesem geheimnisvollen Typen. Nach einer weiteren Bananenplantage erreichten sie eine Stelle, von der der Bollullo-Strand etwa vierzig Meter unter ihnen liegend sichtbar wurde. Fränki war begeistert: „Dieser Anblick ist für mich eine Art Gänsehautmoment. Schaut nur, dieser keine einhundert Meter lange, fünfzig Meter breite Strand in dieser Schlucht, und wie er sich zum Meer hin öffnet. Und wie sich vor den links und rechts der Felswände aus dem Meer herausragenden kleinen Felsen die Wogen brechen. Es ist wirklich atemberaubend." Die von Paul erwähnte Strandbar konnten die Männer nicht sehen, sie verbarg sich hinter den gewaltigen Felsvorsprüngen und unter dichtem Gesträuch an der Felswand. Pauls Freunde bedauerten dies auch, weil sie den Bollullo-Guanchen von hier zumindest hätten sehen wollen. Paul zeigte seinen Freunden den Weg zum nur fünfzig Meter entfernten Lokal: „Dort könnt ihr auf mich warten. Wenn ich in einer halben Stunde nicht zurück sein sollte, dann habe ich Waldemar getroffen. Ich werde aber versuchen, nach spätestens zwei Stunden wieder bei euch zu sein." „Viel Glück", wünschte Rüdiger, als sich Paul auf den Weg zum Abstieg in die Schlucht begab.

Und Glück gehabt. Waldemar saß, ein Bier genießend, auf der Terrasse der kleinen Bar. Wortlos begrüßten sich die beiden mit einer herzlichen Umarmung. Wie Paul ihn kennengelernt hatte, so sah er auch heute aus, der braun gebrannte, zottelige Grauschopf im Ziegenfell-Outfit. Waldemar hatte es eilig, das von Paul in Zeichensprache angebotene Bier schlug er aus, er griff stattdessen nach Pauls Hand und ging mit ihm zu seinem Boot mit Außenbordmotor, ohne seine Zeche zu bezahlen. Waldemar steuerte sein Boot souverän aus der Bucht an mehreren aus dem Meer ragenden Felsen vorbei und bog dann nach rechts in östliche Richtung ab. Als sie sich wieder außer Sicht- und Hörweite befanden, war Pauls erste Reaktion: „Waldemar, soll ich bei meiner Rückkehr deine Zeche bezahlen, was du wohl aus lauter Wiedersehensfreude vergessen hast?" „Nein, das ist nicht nötig, vielen Dank, bei dem Wirt genieße ich einen Werbebonus, weil er davon überzeugt ist, dass meinetwegen mehr Gäste zu ihm kommen. Aber das nur am Rande, jetzt freue ich mich, dir gleich meine Behausung zeigen zu dürfen", sagte Waldemar sichtlich erregt. Dann steuerte er einen aus dem Meer ragenden Felsen an. „Hinter diesem Felsen, der die Brandung des Meeres vor der dahinter liegenden kleinen Bucht bremst, ist unser Zuhause", lächelte Waldemar. Tatsächlich landete das Boot nur fünf Meter hinter dem den zehn Meter langen Strand gänzlich abdeckenden Felsen. Paul kam aus dem Staunen nicht heraus, als er mit Waldemar über den etwa fünf Meter breiten, steinigen Strand in eine sich nach hinten auf dreißig bis vierzig Meter verbreiternde und etwa fünfzig Meter lange alpine Schlucht, gesäumt von etwa vierzig Meter hohen Felswänden, spazierte. „Nun bin ich gespannt, wo du mit deiner Familie lebst, denn eine Behausung kann ich in diesem Paradies nicht entdecken", sagte Paul, als sie an einem gepflegten Gemüse- und Gewürzfeld und einer Wiese mit gackernden Hühnern, mümmelnden Kaninchen und meckernden Ziegen unter blühenden Avocado-Bäumen vorbeigingen. „Ein Haus wirst du hier nicht finden, denn meine Lebensgefährtin und ich wohnen gleich hier vorne in einer Felsenhöhle, und mein Sohn hat dort hinter dem Ziegenstall und der Käserei seine eigene Grotte", erklärte Waldemar in die entsprechenden Richtungen zeigend. Nach wenigen Schritten zeigte sich dann auf einer Naturterrasse vor einem schmalen Höhleneingang auch schon die Mutter mit ihrem Sohn, die Waldemar als Susanna und Manfred vorstellte. „Paul, du bist der erste Besucher in unserem Heim, fühle dich wie zuhause", lächelte Waldemar und fuhr dann ernst werdend fort: „Meine Susanna liest dir fast jeden Wunsch von den Lippen ab, während es Manfred schwerfällt, auf dich einzugehen. Er ist scheu und ebenso taubstumm wie seine Mutter, er hat bis vor einem Jahr diese Schlucht nur zum Fischfang verlassen."

Mit Susanna sah Paul eine schlanke, schwarzhaarige Naturschönheit im grau-schwarzen Jogginganzug, die weit jünger zu sein schien als Waldemar. Paul nahm ihre Einladung, auf einer der drei fein geflochtenen Sitzgelegenheiten, die Sesseln ähnelten, auf der Terrasse Platz zu nehmen, dankend an. Sie servierte in Emaille-Bechern Kaffee und auf einem kleinen Blechtablett selbstgebackene Plätzchen. Der braun gebrannte Teenager Manfred, nur mit Boxershorts bekleidet, trug einen altmodischen Pagenschnitt und wirkte trotz seiner sportlichen Figur sehr kindhaft und wollte Paul beweisen, dass er ein toller Kletterer sei. „Das musst du ihm verzeihen, Paul, seine kindliche Naivität konnte ich ihm nie abgewöhnen", erklärte Waldemar. Paul sah, dass Susanna auf Waldemars Lippen achtete, sie konnte wohl tatsächlich von den Lippen lesen, aber Paul achtete mehr auf Manfred, der sofort seine Kletterkünste vorführte „Das ist ja wahnsinnig, wie Manfred sich an den Felswänden hochhangelt, wirklich professionell, dabei wird mir schon beim Zuschauen schwindelig", sagte Paul und wunderte sich über die unterschiedlichen Urlaute, die der Knabe in verschiedenen Tonlagen von sich gab.

Susanna war eine aufmerksame Gastgeberin. Unaufgefordert schenkte sie Paul Kaffee nach und lächelte, als dieser in einen Keks beißend ihr signalisierte, dass ihm dieser schmecke. Das gefiel Waldemar. Leise lächelnd bat er Paul, ihm aus seinem Leben zu berichten. „Wir sind schon sehr lange in dieser Abgeschiedenheit und wüssten gerne, wie es in der realen Welt zugeht. Was machst du, wie lebst du?" Das ließ sich Paul nicht zweimal sagen und in Redefluss geratend verfasste er in einiger Kürze fast seinen ganzen Lebenslauf, der damit endete, als er mit Erika im Strelitzia-Park in La Paz vor zwei Jahren eine Wohnung fand und momentan seine Skatbrüder aus Moers bei ihm zu Gast seien. Ohne ihn zu unterbrechen, hörte Waldemar Paul zu und erst nach Pauls „das war das Gröbste aus meinem Leben" blickte er auf und sagte: „Mir imponiert, wie du mit deiner Frau und den Kindern trotz aller Erschwernisse bisher ein funktionierendes Familienleben gelebt hast. Dieses Gefühl hatte ich auch schon, als ich mir dein Gespräch mit deinem Sohn Peter am Bollullo-Strand anhören konnte." Nun erhob sich Susanna und aus ihrer einladenden Geste schloss Paul, dass sie ihm ihre „Wohnung" zeigen wollte. Inzwischen hatte Manfred seine waghalsige Kletterei aufgegeben, und Paul würdigte seine tolle Leistung mit freundlichem Lächeln und anerkennendem Schulterklopfen. Und sich zu Waldemar wendend sagte Paul: „Ich denke, euer Sohn braucht Kontakte zur Umwelt, denn bei diesem Eremitendasein ist es kein Wunder, dass er in seiner kindlichen Naivität verbleibt, ihm fehlen einfach Lebenserfahrungen, die junge Menschen weiterbringen. Ich denke, dass ihm trotz seiner angeborenen Sprach- und Hörbehinderung eine fachmännische Beratung weiterhelfen wird und, wenn du einverstanden bist, dann versuche ich, für den Jungen in Puerto eine solche Lösung zu finden." „Das ist sehr gut von dir gemeint, aber damit muss ich mich erst mit Susanna und Manfred auseinandersetzen", antwortete Waldemar sehr zögerlich.

Als Paul die Höhlenwohnung betrat, war er sehr überrascht. Keine Kerzen oder gar eine Petroleumlampe spendeten in diesem etwa fünfzig qm großen, fensterlosen Raum Helle. Nein, es waren unterschiedliche, dem Wohncharakter angepasste Lichtquellen, die die dekorativ separierten Bereiche von der Diele über die Küche bis zum Wohn- und Schlaftrakt hell oder wohlig warm erstrahlen ließen. „Lieber Waldemar, mein großes Kompliment, euer Heim ist wirklich gemütlich und zweckmäßig eingerichtet, aber verrate mir doch mal, wie lange du schon hier lebst?", erkundigte sich Paul. „Das ist eine lange Geschichte, die ich dir gerne bei deinem hoffentlich nächsten Besuch erzähle, es würde heute zu lange dauern und du musst dich um deinen Besuch kümmern." Paul bemerkte dann, dass Manfred ihn mit einem Fingerzeig und ungestümen Gesten dazu aufforderte, nun seine Höhle zu besichtigen. Da dies aber weder Susanna noch Waldemar zulassen wollten, zog sich Manfred schmollend zurück. Das hinterließ bei Paul ein Gefühl des Mitleids, und er bat Waldemar um eine Erklärung: „Paul, das ist mein aktuelles Problem, aber damit will ich dich nicht auch noch konfrontieren." „Nur raus mit der Sprache, lieber Freund", ermunterte ihn Paul. „Manfred hat sich, seit er mit mir zum Fischen aufs Meer fährt und dabei festgestellt hat, dass in unserer Schlucht die Welt nicht zu Ende ist, verändert. Er benutzt seitdem immer mal wieder unser Boot, um nach Puerto zu fahren. Auf meine Frage, was er da treibe, deutete er mit seiner Gestik immer wieder an, dass er ein Faible fürs Fernsehen hat. Er interessiert sich wohl hauptsächlich für Sportübertragungen, die er sich im Außenbereich verschiedener Lokale in Puerto anschauen kann, ohne dass er etwas verzehrt, denn Geld kennt er überhaupt nicht." „Waldemar, ehrlich gesagt, das wundert mich nicht, aber freut mich ungemein, weil es mir zeigt, dass Manfred ein gescheites Kerlchen ist. Und noch eines hat mich bei deinem Sohn stutzig gemacht, dass er nämlich diese kontrollierten Urlaute von sich gibt. Es könnte durchaus möglich sein, dass er gar nicht stumm, sondern nur gehörlos ist, und wenn dem so ist, kann ärztliche Hilfe Wunder bewirken.

Übrigens, mit deiner Aversion gegen das Fernsehen in seiner Grotte machst du einen Riesenfehler. Denke auch darüber mit Susanna einmal nach." Dann bedankte sich Paul für den freundlichen Empfang, für den Kaffee und die Plätzchen, und mit einer herzlichen Umarmung verabschiedete er sich von Susanna und Manfred.

Während der Bootsfahrt zum Bollullo-Strand schwieg Waldemar. Paul jedoch hatte eine Idee: „Für eine mögliche Installation einer Antenne in Manfreds Grotte könnte sich mein Skatbruder Fränki, ein Experte auf dem Sektor, das einmal anschauen." „Danke, Paul, das ist zu viel des Guten, alles zu seiner Zeit." Der Bollullo-Strand kam in Sichtweite und während Waldemar souverän an den kleinen Felsen vorbeisteuerte, sagte er: „Dein Besuch hat mich sehr erfreut. Ich freue mich vor allem darüber, dass du mir Hilfe für Manfred angeboten hast, auch deshalb wünsche ich mir ein baldiges Wiedersehen und dir noch viel Spaß mit deinen Skatbrüdern." Am Strand angekommen trennten sie sich wie zwei alte Freunde, aber wortlos. Und der Guanche vom Bollullo-Strand winkte seinen jugendlichen Fans am Strand und im Wasser lächelnd zurück.

„Na, da hast du uns ja wirklich nicht allzu lange warten lassen, bist du mit dem Guanchen nur auf dem Meer herumgeschippert?", empfing ihn Rüdiger etwas spöttisch und bestellte für Paul ein Bier. „Nun bin ich gespannt, zu welchen neuen Erkenntnissen du gekommen bist?", war auch Horst voller Neugier. Fränki sagte nichts, er sah Paul an, dass er trotz der Kürze vieles habe erfahren können. Er schwieg aber, denn er war sich sicher, dass Paul nach dem ersten Bier vieles von sich aus erzählen würde. So war es auch. Paul erzählte seinen Skatbrüdern alles Gesehene und Gehörte und vergaß nichts. Noch auf dem Heimweg gab es nur ein Thema, warum haben Waldemar und Susanna dich nicht in Manfreds Grotte gehen lassen, und warum hat er dem Angebot mit der Überprüfung hinsichtlich der Antennenanlage nicht spontan zugestimmt? Jeder brachte eine andere Vermutung ins Gespräch. Aber Rüdiger fragte auch, was Paul hinter Manfreds Urlauten vermute. „Ich habe gelesen, dass ein gehörlos geborener Mensch schwerlich sprechen lernen kann, also könnte es möglich sein, dass Manfred nur gehörlos und nicht stumm geboren wurde. Und wenn dem so ist, was ich wegen seiner Urlaute annehme, könnte ihm vielleicht operativ geholfen werden."

Mit einem langen Skatabend auf Pauls Terrasse beendeten die vier den dritten Tag auf Teneriffa, bevor Paul seine Freunde am nächsten Tag wieder zum Flughafen fuhr und bis zum nächsten Skatabend in Moers verabschiedete.

Nun war Paul wieder allein in der Wohnung, und er fragte sich: „Was wird Erika zur Ordnung in der Wohnung sagen?" Er sah nichts, was sie beanstanden müsste, aber zu viert hatte er ja noch nie hier gehaust. Aber Vorsicht ist die Mutter der Erwartung. Er schaute kurz bei Veronika vorbei und wollte hören, ob ihre Raumpflegerin Carmen die Wohnung in Ordnung bringen könnte. „Selbstverständlich, Paul, gleich morgen ist sie bei dir. Haben deine Kumpel so viel Dreck hinterlassen?" „Nein, nein, aber du kennst doch Erikas Ordnungssinn, für sie mache ich selten etwas richtig", beschwichtigte Paul und verabschiedete sich.

Zum ersten Mal auf Teneriffa musste Paul seine Frau vom Flughafen abholen. Er freute sich darüber und war glücklich, Erika in die Arme nehmen zu können.

Und als sie in der Wohnung ankamen, durfte er sich nochmals freuen, denn Erika schien mit allem zufrieden zu sein. Carmens Einsatz erkannte Erika allerdings doch, woran aber, das verriet sie Paul nicht. Über den Blumenstrauß auf dem Wohnzimmertisch wiederum freute sich Erika sehr. „Das ist ein hübscher Empfang, woher hast du die Rosen?" „Dies wiederum verrate ich erst, wenn du mir sagst, wie und woran du erkannt hast, dass unsere Putzfee Carmen in der Wohnung war." „Ganz einfach, mein Schatz, als ich nach deinem Besuch in der Sprachschule zurückkam, war ja auch alles ordentlich, bis auf den Staub auf den Möbeln", lachte Erika „Das war jedenfalls eine gute Idee von dir, Carmen zu beauftragen." Das bisschen Lob tat Paul aber gut, denn er sagte lächelnd: „Die Rosen habe ich in Puerto in der Nähe des Friedhofs in einem Blumenladen erstanden." Für diesen Hinweis war Erika dankbar, denn sie hatte in La Paz noch keinen Blumenladen entdecken können.

Weil Veronikas und Eddys Service um ihre Wohnung während ihrer Abwesenheit so vorzüglich klappte, hatten Erika und Paul den beiden ein gemeinsames Abendessen versprochen, und dafür schlug Veronika das Restaurant La Boheme in Puerto vor, welches weder Paul noch Erika bekannt war. Das Lokal befand sich in der ersten Etage eines Hauses, dessen Eingang nicht sonderlich einladend war und sich ganz in der Nähe der Plaza del Charco befand. Jetzt aber waren sie doch sehr überrascht. Nicht nur das ausgewählt edle Ambiente sprach sie an, nein, die hervorragende Küche war es, und auch das überaus aufmerksame Personal überraschte sie. Veronika berichtete während des Essens über mancherlei Neuigkeiten vor Ort, sie wusste, wo was geboten würde, und sie verriet Erika, dass es einen deutschen Metzger in La Orotava gab. Ein deutscher Metzger in der Nähe? Natürlich weckte dies Erikas Interesse, zumal sie von diesem Ort schon gelesen hatte.

In La Orotava können noch viele historische Gebäude mit religiösem und sozialem Hintergrund besichtigt werden. Unter anderem die Kirche Iglesia de la Concepción aus dem 17. Jahrhundert. Aber auch einige Herrenhäuser uralter Familienlinien sowie das Herrenhaus Casa de los Balcones, das im Jahre 1632 erbaut wurde und wegen seiner Holzbalkone und seines kanarischen Innenhofs berühmt ist.

Und so war auch Paul nicht überrascht, als ihn Erika am nächsten Morgen darum bat, mit ihr die Metzgerei Sprungmann zu besuchen. Paul war sofort einverstanden, er ließ sich von Eddy nur noch eine genaue Wegbeschreibung geben.

Die Metzgerei fanden sie rasch. Und jetzt freute sich Erika: Einen Fleischwurst-Ring, Mett, Kassler und weitere Wurstspezialitäten konnte sie hier kaufen. Paul war es recht, er war ja auch ein Nutznießer.

Für den Rückweg suchte Paul eine andere Strecke aus. Und während der Fahrt stutzte er plötzlich: „Was war das denn?" Auch Erika hatte es gesehen und sie bat Paul: „Halte bitte hier rechts auf dem Parkplatz an, wir sind hier am Humboldt Mirador, von dem ich schon gelesen habe!" Tatsächlich, sogar eine lebensgroße Bronzefigur des bekannten Wissenschaftlers empfing die beiden, locker sitzend auf einer den Mirador umgebenen Mauer. „Das ist wahrlich ein imposanter Blick über das Orotava-Tal bis hin zum Teide", staunte Paul. „Sieh mal hier, was auf dem Bronzeschild steht, dass Alexander von Humboldt im Jahr 1799 genau an dieser Stelle diesen herrlichen Ausblick genossen hat", machte Erika Paul danach aufmerksam. „Das sei ihm gegönnt, denn er vollbrachte Großes", entgegnete Paul.

Nach mehreren gescheiterten Versuchen, sich gemeinsam mit dem Arzt und Botaniker Aimé Bonpland von Frankreich aus auf eine große Reise zu begeben, die ihn in möglichst weit entfernte Weltregionen führen sollte, zog es Alexander von Humboldt bis ans Ende von Europa. Dort erteilte der spanische Hof dem jungen, 1769 in Berlin geborenen Forscher aus Preußen zu dessen eigener Überraschung die großzügige Erlaubnis, mit allen wissenschaftlichen Instrumenten die spanischen Kolonien zu besuchen und sich frei, unter dem Schutz der Krone, in den überseeischen Besitzungen Spaniens bewegen zu dürfen. Mit dieser Erlaubnis, die ihm attestierte, seine physikalischen und geodätischen Instrumente mit aller Freiheit zu bedienen, verließ der noch nicht dreißigjährige Humboldt auf der Fregatte „Pizarro" den Hafen von La Coruna in Richtung Kuba, um eine der berühmtesten und bedeutungsvollsten Reisen der Moderne, die die Annalen der Wissenschaftsgeschichte verzeichnen, voller Tatendrang anzutreten. Nach dreizehn Tagen erreichte das Segelschiff die Kanaren, wo der Naturforscher auf der kleinen Insel Graciosa bei Lanzarote erstmals außereuropäischen Boden betrat und von dem ersten Eindruck fasziniert war. Aber Humboldts Ziel war Teneriffa und die Besteigung des Teides, so landete die „Pizarro" nach zwei Tagen am 19. Juni 1799 im Hafen von Santa Cruz. Von dort begab sich das Forscherteam auf dem Landweg über La Laguna, Tacoronte, Matanza, Victoria und Santa Ursula nach Puerto de la Cruz, während ihr Segelschiff im Hafen von Puerto de la Orotava, das jetzige Puerto de la Cruz, auf Reede ging. Bei einem kurzen Aufenthalt in El Sausal vermerkte Humboldt in seinem Reisebericht: „Das Meeresufer schmücken Dattelpalmen und Kokosnussbäume, weiter oben stechen Bananengebüsche von Drachenbäumen ab, deren Stamm man ganz richtig mit einem Schlangenleib vergleicht. Die Abhänge sind mit Reben bepflanzt, die sich um sehr hohe Spaliere ranken. Mit Blüten bedeckte Orangenbäume und Zypressen umgeben Kapellen, welche für die Andacht auf freistehenden Hügeln errichtet wurden. Überall sind die Grundstücke durch Hecken von Agave und Kaktus eingefriedet. Unzählige blütenlose Gewächse, zumal Farne, bekleiden die Mauern. Im Winter, während der Vulkan mit Eis und Schnee bedeckt ist, genießt man in diesem Landstrich einen ewigen Frühling. Im Sommer, wenn der Tag sich neigt, bringt der Seewind angenehme Kühlung."

In Puerto de la Cruz genoss Alexander von Humboldt die Gastfreundschaft des irischen Kaufmanns John Cologan in jenem Haus, in dem sich jetzt das Hotel Marquesa befindet. Von hier aus machte sich das Forscherteam mit ausgesuchten Reiseführern auf den Weg zum Gipfel des Teide. Durch den damals neu angelegten und für Humboldt hochinteressanten Botanischen Garten begab sich die Forschertruppe über La Orotava und Aguamansa durch einen schönen Kastanienwald in eine Gegend, die mit mehreren Lorbeerarten und baumartiger Heide bewachsen war, dann durch ein Gehölz von Wacholderbäumen und Tannen bis zu der mit Bimsstein bedeckten Mondlandschaft zu ihrem ersten Nachtquartier in einer Höhe von 2

980 Metern. Schon in aller Frühe, wohl um 3:00 Uhr, brach die Gruppe auf, weil Humboldt unbedingt den Sonnenaufgang vom Peak des Teide beobachten wollte, und dieser begeisterte ihn. Sie sahen die vulkanischen Gipfel von Lanzarote, Fuerteventura und Palma, die aus der weißen Wolkenschicht ragten und den riesigen pyramidenförmigen Schatten des Teides auf derselben. Nach ihrer Rückkehr in Puerto durften sich Humboldt und sein Begleiter Bonpland noch zwei Tage in Colons Haus verwöhnen lassen, wobei sie auch dessen Landsitz in La Paz, besuchten und noch Zeit hatten, die genaue Höhe des Peaks zu berechnen und ihre geologischen, botanischen und astronomischen Erkenntnisse zu Papier zu bringen, ehe die „Pizarro" am 26. Juni wieder in See stach.

Während dieser Reise, die von 1799 bis 1804 dauerte, besuchte Humboldt das Gebiet der heutigen Staaten Venezuela, Kuba, Kolumbien, Ecuador, Peru und Mexico und abschließend noch kurz die USA.

Schon Johann Wolfgang von Goethe wusste die Bedeutung des Genies Alexander von Humboldt zu würdigen. Er schrieb einmal nieder: „Was ist das für ein Mann! Ich kenne ihn so lange, und doch bin ich von Neuem über ihn in Erstaunen. Er hat an Kenntnissen und lebendigem Wissen nicht seinesgleichen und eine Vielseitigkeit, wie sie mir noch nicht vorgekommen ist! Wohin man rührt, er ist überall zuhause und überschüttet uns mit geistigen Schätzen. Er gleicht einem Brunnen mit vielen Röhren, wo man überall nur Gefäße unterzuhalten braucht, und wo es uns immer erquicklich und unerschöpflich entgegenströmt."

Um Alexander von Humboldt zu loben, brauchte Erika nicht so viele Worte wie Goethe: „Ein toller Mann, wie man nur selten einen findet", genügte ihr. Nachdem die beiden sich an dieser fantastischen Aussicht sattgesehen hatten, lud Paul Erika zum Zaperoco ins Café ein, das sich nur eine Treppe tiefer am Mirador befand. „Erinnerst du dich, dass wir erst kürzlich vor der einstigen Unterkunft des Alexander von Humboldt am Hotel Marquesa in Puerto standen und uns sein Wirken interessiert hatte?", fragte Paul, als eine nette Bedienung ihnen den

Zaperoco servierte. „Ja, Schatz, das passt nun wirklich zusammen", sagte Erika sehr zufrieden.

Den Sommer hatten Erikas Gewächse in den Blumenkästen nur teilweise überstanden, obwohl sie gehofft hatte, diese nahe genug an die automatische Bewässerungsanlage des kleinen Terrassengartens gestellt zu haben. „Paul, lasse dir dafür etwas Besseres einfallen, so geht das nicht", monierte die passionierte Gärtnerin.

Was sollte sich Paul einfallen lassen? Von Blumenpflege verstand er ebenso wenig wie vom Kanonenbau. Er brauchte Rat und diesen hoffte er, von Martin bekommen zu können. Martin lachte vergnügt: „Damit habe ich schon seit Jahren Erfahrung, ich empfehle dir eine Gardena-Anlage aus dem Baumarkt. Du kaufst sie, und ich schließe sie dir dann fachmännisch an. Ist das ein Angebot?", überraschte Martin, der Pauls zwei linke Technikhände längst erkannt hatte. Gesagt, getan, und einen Tag später hatte Erika ihre hauseigene Bewässerungsanlage. Jetzt musste Paul nur noch vor der Abreise die Verbindungsleitungen zu den Blumenkästen anschließen sowie Bewässerungszeit und -dauer einstellen.

„Paul, ich kann dir noch eine erfreuliche Mitteilung machen, ich habe einen dritten Mann für die Skatrunde gefunden", strahlte Martin, den er am Pool traf. „Und wer ist der Auserwählte?", wollte Paul erfahren. „Er heißt Jürgen und lebt mit seiner Frau in der Penthouse-Wohnung über uns. Aus beruflichen Gründen kann er nur sporadisch für zwei oder drei Wochen hier sein. Wenn es dir recht ist, dann vereinbare ich einen ersten Spieltermin. Dann sehen wir weiter", sagte Martin. Natürlich war Paul damit einverstanden.

Seit Fränki Pauls Laptop betriebsbereit gemacht hatte, konnte Paul nun seine WAZ, die Westdeutsche Allgemeine Zeitung, auch in La Paz online lesen und dabei interessierte ihn vor allem der Lokalteil von Moers. Was auch immer er zu lesen bekam, musste er sofort an Erika weitergeben, darauf bestand sie. Auch seine Bankgeschäfte und alle Korrespondenzen erledigte er nun online. Und es freute Paul besonders, dass er nun an seinem Buch „Woolworth und Paul" weiterarbeiten konnte. Zu dieser Liebhaberei hatte Paul rein zufällig gefunden und sie machte ihm Freude. Und noch mehr freute er sich, dass er dazu seinen einstigen Arbeitskollegen Richard gewinnen konnte, der schon in seiner Jugend gerne geschrieben hatte und einen eigenen Stil besaß. Paul und Richard hatten sich vor fast vierzig Jahren in dem Hause von Woolworth in Oberhausen kennengelernt und den Kontakt nie abbrechen lassen, auch wenn ihre beruflichen Wege sich getrennt hatten. Nach beider Pensionierung wurden die Kontakte wieder intensiver. Richard war ein eher in sich gekehrter Mensch, der sich jedoch für vieles interessierte. Ob dies frühzeitliche Geschichte, Religion, Astrologie, klassische Musik, Politik oder manches andere war, mit Richard konnte man über alles reden. Und so war es kein Wunder, dass die beiden auch über das Thema des versunkenen Atlantis sprachen. Richard dachte darüber nach, eben über dieses Thema ein Buch zu schreiben, wozu ihm Paul, aufgrund dessen fundierten Wissens nur raten konnte. Paul selbst fühlte sich eher dazu angeregt, sein Erleben in der Firma autobiografisch niederzuschreiben, und das tat er dann auch. Seinen Freund Richard bat er darum, ihm als Amateur-Lektor behilflich zu sein. Damit war Richard einverstanden und somit entstand schon mit dem ersten Kapitel zu „Woolworth und Paul" eine rege Korrespondenz. Sehr zum Leidwesen von Erika. Sie fühlte sich mitunter vernachlässigt, weil Paul mit seinem neuen Hobby viel Zeit verbrachte, und das jetzt auch auf Teneriffa. Paul tröstete seine Erika: „Es dauert ja nicht ewig, mein Schatz, irgendwann wird das Werk fertig sein."

Wieder stand eine Eigentümerversammlung an. Manch ein Beteiligter befürchtete, dass es zwischen dem energischen Bewohner Bruse und dem Präsidenten Knuttermann eskalieren würde. Nach Bruses Ansicht wurden nötige Reparaturarbeiten am Zaun nicht zügig genug vorgenommen. Wie immer konnte der Präsident in gekonnter Manier schlichten, und es blieb nach der Wahl bei der gehabten Besetzung des Präsidiums und des Verwalters, allerdings übernahm Bruse das Amt des Rechnungsprüfers.

Erika war erfreut, dass sich ihr Sohn Peter mit der ganzen Familie für einige Tage zu Besuch angemeldet hatte. Es war keine Hektik, die Erika nach diesem Telefonat versprühte, es war wohl eher die Vorfreude, die sie inspirierte, alles in der Wohnung, im kleinen Garten und in der Bevorratung an Lebensmitteln für diesen Besuch perfekt zu machen. Am folgenden Tag schon musste Paul mit ihr die Gärtnerei in La Orotava besuchen, Erika wollte für die Terrasse einen Ficus benjamina besorgen. Und dieser war neben den prächtig blühenden Kalanchoes in den Blumenkästen tatsächlich eine optische Bereicherung für die Terrasse. Erika war zufrieden, und die Gäste durften kommen. Nach der Landung übernahm Peter einen Leihwagen, er wollte in den kommenden Tagen mit seiner Familie viel von Teneriffa sehen, und dazu musste er mobil sein. Nach der herzlichen Begrüßung erklärten Paul und Erika vor allem den Kindern, was von ihrer Terrasse aus zu sehen war. Als ihnen der Swimmingpool gezeigt wurde, waren sie nicht mehr zu halten. Nichts wie hin. In ihrem kindlich lautstarken Übermut bemerkten sie nicht, dass sie mit ihrer ausgelassenen Freude im Wasser andere zu stören schienen. Schon nach kurzer Zeit der Freude handelten sie sich einen Ordnungsruf des Präsidenten Knuttermann ein, der auf seinem etwa einhundert Meter entfernt liegenden Balkon stand. Gut erzogen, wie die Kinder waren, folgten sie der Anweisung aber kamen mit der Erkenntnis zurück: „Opa, das ist ja ein toller Pool, aber kinderfreundlich ist diese Anlage wohl nicht!" Über das Geschrei vom Balkon unterhielten sich die Erwachsenen in Abwesenheit der Kinder und kamen zu der Feststellung: „Die Lärmbelästigung vom Balkon muss wohl größer gewesen sein!" Aber so war Knuttermann, ein pflichtbewusster Wächter über Recht und Ordnung in der Communidad.

Mara und Peter schliefen im Büro, die Enkel Paul und Finn im Wohnzimmer auf der ausziehbaren Doppelbettcouch.

Beim täglichen gemütlichen Beisammensein auf der Terrasse, wo Mara, Peter und die Kids von ihren interessanten Erlebnissen des Tages berichteten, sorgte Paul für Getränke und Erika für köstliche Snacks. Paul und Finn sprachen begeistert von den langen Sandstränden im Süden der Insel. Finn überraschte den Opa: „Warum habt ihr euch nicht im Süden eine solche Wohnung gekauft? Die Strände im Süden sind doch viel heller und schöner als hier in Puerto mit dem schwarzen Sand." „Ach, Finn, Oma und Opa hatten für Puerto de la Cruz viele Gründe", lachte Paul. „Als wir jünger waren, und ich im Jahr nur drei Wochen Urlaub hatte, bevorzugten auch wir schöne Strände, um dort zu baden. Das hat sich nach meiner Pensionierung aber sehr verändert. Im offenen Meer zu schwimmen, reizt uns nicht mehr so wie früher. Heute wandern wir lieber durch Wald und Wiesen, über Berg und Tal. Und so fühlen wir uns zu dieser Jahreszeit, wenn die Natur zuhause ihren Winterschlaf hält, hier im Norden der Insel mit ihrem ewigen Frühling, ausgesprochen wohl." Finn gab sich mit dieser Antwort zufrieden, ob er sie wirklich verstand, bezweifelte Paul, denn in Finns Alter hatte er ja selbst auch andere Interessen als eine blühende Natur.

Ihren letzten Abend verbrachten die Familien in der Altstadt bei Mama Baum. Hier hatten alle viel Freude, und natürlich lockten hier auch viele spanische Leckereien. Wieder plauderten die Kinder über manche besuchte Orte und über die Schönheit der hellen Strände. Und während dieses Gesprächs erinnerte sich auch Peter an einen Strand, den er mit seinem Vater besucht hatte. „Hast du den Bollullo-Strand mal wieder besucht? Und hast du den merkwürdigen alten Knaben wieder gesehen?", erkundigte er sich. Paul winkte ab: „Das Thema ist zu kompliziert, um jetzt darüber zu reden", sagte er. Im Beisein der Kinder wollte er nicht darüber reden. Aber Finn fand das Thema interessant: „Opa, erzähl doch, ihr habt einen merkwürdigen Typen getroffen? Vielleicht den Freitag von Robinson? Oder war es Tarzan?" Auch Enkel Paul hatte eine rege Phantasie: „Ja, das interessiert mich auch", beteuerte er. Paul wehrte aber ab: „Es ist ja gut, ihr seid ja nicht das letzte Mal hier, und ich verspreche euch, bei eurem nächsten Besuch wandern wir zum Bollullo-Strand." Dann lachte Paul: „Nein, es ist kein Tarzan und auch kein Freitag, es ist eher ein armer Mensch, dem man helfen muss."

Jetzt war das Thema aber aufgegriffen und keiner wollte davon ablassen. Opa Paul erzählte kurz, dass der Mann in einer Höhle wohne, einen Sohn habe, der Zeit seines Lebens außer Vater und Mutter keinen anderen Menschen um sich hatte. Peter nickte und sagte: „Wahrscheinlich denkst du darüber nach, ob und wie dem Jungen geholfen werden kann?" „Du hast recht, daran denke ich tatsächlich und glaube, auch schon einen Schritt weiter gekommen zu sein." Auch Erika nickte dazu. In ihrer Art hatte sie still für sich auch schon darüber nachgedacht, wie dem bedauernswerten Menschen zu helfen sei. Dann erinnerte sich Peter auch noch an den Zettel, den der Guanche Paul seinerzeit am Strand zugesteckt hatte. „Darauf war doch von einem Problem die Rede, das noch vor seinem Ableben zu lösen sei. Glaubst du, dass das mit seinem Sohn zusammenhängen könnte?" „Peter, das könnte eine Möglichkeit sein, doch sicher bin ich mir nicht", sagte Paul und zuckte mit den Schultern. „Opa, ich freue mich schon auf unseren nächsten Besuch bei dir und Oma. Dann kannst du uns bestimmt schon mehr über diesen merkwürdigen Mann erzählen", war Paul sicher, und Finn stimmte dem zu.

Sehr früh am nächsten Tag mussten Peter, Mara und die Kinder wieder Abschied nehmen. „Erika, das war die erste Woche mit einem Teil unserer Familie auf Teneriffa, und ich fand sie wunderschön", freute sich Paul, als sie die eingekehrte Ruhe wieder genossen.

Martin gab sich Mühe, um für ihre erste Skatrunde einen passenden Termin zu finden, und er fand einen, der allen genehm war. So traf sich Paul aus dem Erdgeschoß mit Martin aus der zweiten Etage bei Jürgen in der Penthouse-Wohnung. Martin und Paul erschienen gemeinsam bei Jürgen, wo Martin und Paul von Jürgen empfangen und mit seiner hübschen Frau Monika bekanntgemacht wurden. Paul kannte Jürgen nur vom Sehen: „Sind wir uns nicht schon mal in der Garage begegnet?", erwähnte er lächelnd. „Das ist möglich, aber leider kann ich mir Gesichter nur merken, wenn ich mit Menschen spreche", antwortete Jürgen etwas distanziert. Dann lud er seine Gäste zu einem Begrüßungsdrink auf die Terrasse ein. Und hier war Paul von dem freien Blick auf den Teide und dem unter ihm liegenden Strelitzia Park 2 beeindruckt. „Aus dieser Perspektive kann man die Schönheit unserer Anlage mit einem Blick wahrnehmen", sagte Paul sehr angetan zu Martin gewandt, während Jürgen das Kartenspiel auf den Tisch legte. „Lass uns erst einmal über die Regeln einig werden", empfahl Jürgen, als sie Platz genommen hatten. Martin wurde kurzerhand zum Schriftführer ernannt. Alle waren damit einverstanden und deshalb schlug Paul vor: „Ist es recht, wenn wir je drei Runden Bock und Ramsch nach jedem ‚Gespaltenen Arsch' und verlorenem Contra spielen?" Und Martin fügte hinzu: „Und es soll um höchstens einen zehntel Cent gehen, so spielen wir auch in meiner Skatrunde." „Weniger geht wohl nicht, aber ich bin einverstanden", antwortete Jürgen knapp, und Paul stimmte auch zu. Nach einigen Runden Skat und etlichen Gläsern Wein, Jürgen bediente sich allerdings mit Bier, wurde Jürgen allmählich etwas zugänglicher. Wie nebenbei konnten seine Gäste erfahren, dass er aus Recklinghausen komme, ein aktiver Einzelhandelskaufmann sei, und er verriet auch, dass er die Skatrunde mit einem vierten Mann bereichern könne. „Das hört sich gut an und kommt auf einen Versuch an", war Paul verhalten optimistisch. Jedenfalls endete das Skatvergnügen mit einem knappen Sieg für Martin und seiner Erkenntnis, dass das Ramschspiel ihm unsympathisch sei. „Darüber können wir im Spätherbst beim Skat bei mir noch einmal reden, denn dazu lade ich euch jetzt schon mal ein", schlug Paul vor. Zu einem gemütlichen Plausch zum Abschluss eines Skatabends, wie es bei Paul üblich war, überredete Paul auch Jürgen und Martin. So wurden Dönekes aus der Anlage und La Paz ausgetauscht, aber auch aktuelle Sport- und Politikereignisse kamen zur Sprache und natürlich Pauls Erlebnisse der Afrikasafari. Dabei ließ eine Bemerkung von Martin sowohl Jürgen als auch Paul aufhorchen. „Stellt euch vor, gestern wurde gleich bei zwei Familien im obersten Stockwerk unserer Anlage eingebrochen, und zwar vom Balkon aus!" „Dann muss derjenige ja die Fassade hochgeklettert sein", sinnierte Paul und fragte: „Was ist denn geklaut worden?" „So viel ich von Patrik, dem Iren, der einer der Betroffenen ist, erfahren habe, nur ein kleiner Flachbildschirm, seine Börse, die daneben lag, ließ der Dieb liegen." „Sonderbar, in der letzten Woche las ich im Wochenblatt, dass im Riu-Hotel ebenfalls ein Fassadenkletterer etliche Hotelzimmer von der Balkonseite besuchte, was er gestohlen hatte, stand nicht dabei", wusste Jürgen zu berichten. „Dann sollten wir sofort unsere Fenster und Türen, die immerhin schon über zehn Jahre alt sind, auf Einbruchsicherheit überprüfen", gab Paul noch als Ratschlag mit. Aber in seinem Hinterstübchen ahnte er Schlimmes, er dachte an Manfred, den Kletterexperten aus der abgelegenen Schlucht in der Nähe des Bollullo-Strandes. Bei der Verabschiedung erfuhr Paul von Monika, die wesentlich aufgeschlossener war als Jürgen, dass sie ebenfalls aus Moers stamme und die Gegend, in der Paul wohnte, sehr gut kenne.

Auf dem kurzen Heimweg zu Martins Wohnung erzählte dieser: „Paul, unsere Zeit auf Teneriffa geht übermorgen zu Ende, ich sage schon mal Tschüss bis zum Herbst." „Moment mal, ich habe dir und Liesel doch versprochen, euch zum Flughafen zu bringen, also wann geht's los?" „Herzlichen Dank, es reicht, wenn wir übermorgen um 10:00 Uhr von hier starten." „Okay, ich bin dann startklar", lachte Paul und verabschiedete sich.

„Erika, ich fahre Martin und Liesel morgen zum Flughafen, willst du mitkommen?", erkundigte sich Paul nach dem Frühstück. „Na klar, dann können wir Adeje besuchen und dort einen Bummel machen", war Erika einverstanden.

Paul war Martin noch beim Verladen des Gepäcks behilflich, als Erika und Liesel schon im Auto plauderten. Als Paul die Tür zur Fahrerseite öffnen wollte, hielt ihn Martin zurück. „Entschuldige, Paul, stört es dich, wenn ich fahre?", fragte Martin zögerlich. „Warum das denn?" „Mir wird als Beifahrer immer so schnell übel", klang Martin überzeugend. „Damit habe ich kein Problem, das Auto kennt dich ja und du seine Eigenarten, also fahre", lachte Paul und reichte Martin die Schlüssel.

Nachdem Erika und Paul sich von Liesel und Martin auf dem Parkstreifen vor dem Flughafengebäude verabschiedet hatten, war ihr Ziel Adeje. Die Costa Adeje ist ein Ort, der für Luxus und Exklusivität steht. Seine Geschäftsstraßen sind voll von Boutiquen mit Luxusmarken. Erika wollte vor allem das exquisite Einkaufscenter an der Plaza del Duque besuchen. Hier konnte sie mit Begeisterung etliche exklusive Mode- und Schmuckläden besuchen, die es in Puerto so erlesen nicht gab. Paul trottete mehr oder weniger interessiert hinterher, er freute sich schon auf den Spaziergang entlang der Playa del Duque. Diese abwechslungsreiche Strandpromenade ist ein Erlebnis. Hier fanden sie dann auch ein urgemütliches Restaurant, von dessen Terrasse aus sie einen herrlichen Blick auf den goldgelben Strand und den Atlantik mit glasklarem Wasser hatten. Sie genossen die Aussicht und eine ausgesuchte Variation an Tapas mit einem Gläschen Rotwein. Am späten Nachmittag fuhren sie wieder zurück nach Puerto.

Acht Tage später bereiteten sie ich auf den Heimflug vor. „Paul, du darfst nicht vergessen, die Bewässerungsanlage anzuschließen", war Erikas fürsorglicher Hinweis. Und Pauls technische Bewährungsprobe nahm ihren Lauf. Er stellte die Blumenkästen und den Ficus benjamina zusammen, schloss die Versorgungsleitungen und Verbindungskabel an und steckte deren Endstücke in die Gefäße. Dann stellte er die Bewässerungsdauer und Uhrzeit ein, um am nächsten Morgen zu kontrollieren, ob alles funktionierte. Und tatsächlich konnte er Erika danach berichten, dass es geklappt hatte. Erika freute sich natürlich, dass ihre Gewächse versorgt waren. Für die Fahrt zum Flughafen klappte es übrigens mit einem von Jürgen empfohlenen Privatfahrer zum Sparpreis.

Kapitel 12

Vierter Winter

Inspirationen beim Wandern

„Paul, es ist nicht gesund, stundenlang am Computer zu sitzen", mahnte Erika immer wieder. Tatsächlich verbrachte Paul viel Zeit am Computer, denn es ging ihm nach den ersten gelungenen Kapiteln von „Woolworth und Paul" nicht schnell genug weiter. Erika hatte nicht ganz unrecht und Paul disziplinierte sich und war wieder bereit, seinen häuslichen Pflichten nachzukommen. Staubsaugen gehörte ebenso zu seinen Aufgaben, wie an Erikas Bügeltag zu kochen. Auch die Spieleabende mit Erika mussten unter seinem Schreibeifer nicht leiden und noch weniger seine persönlichen Fitnessprogramme. Aus dem einstigen Fünf-Kilometer-Dauerlauf war inzwischen ein ebenso langer, strammer Fußmarsch geworden, den er sowohl in La Paz als auch um den Bergsee in Moers absolvierte. Auch seine wöchentlichen Gymnastikübungen machte er. Diese hatte er während seines Lehrgangs zum Übungsleiter in der Sportschule an der Wedau in Duisburg gelernt. Mit beginnendem Altern wurde ihm immer wichtiger, fit zu bleiben.

Für die erste Maiwoche plante Paul wieder seine Kultur-Tour. Leider konnte diesmal nur Peter, der Kollege aus Forchheim, teilnehmen. Ihr Ziel war Las Vegas. Sie wohnten im Flamingo Hotel am Las-Vegas-Boulevard. Nein, nicht die Roulette-Tische im Casino des Hotels interessierten sie, sondern das Leben und die Landschaften in und um den „Strip", der von vielen attraktiven Hotelbauten gesäumt wird und Teil des Las Vegas Boulevard ist. Auf ihren Spaziergängen über den „Strip" waren tatsächlich die Hotels die Attraktionen. Im Luxor-Hotel, als dreißigstöckige Pyramide gebaut, mit der Sphinx davor und etlichen Obelisken im Garten, oder im Bellagio mit einer Wasserlandschaft und Fontänen davor, im Excalibur mit seinen Disney-Park Erlebniswelten oder im Venetian Resort Hotel, wo sie an Gondeln vorbei auf dem Markusplatz landeten, überall fanden sie ein wunderschönes Plätzchen zum Verweilen. Eine Bustour durch die Steppenlandschaft brachte sie zum Hoover-Staudamm. Ein Helikopterflug zum Grand Canyon musste es auch sein. Es war atemberaubend, über dem Grand Canyon zu schweben und den sich durch die zerklüfteten Schluchten schlängelnden, grünlich schimmernden Colorado River zu sehen.

Von dieser Reise zurück stand der Besuch des Pokalendspiels zwischen Bayern München und dem VfB Stuttgart auf Pauls Programm. Mit Skatbruder Rüdiger fuhr Paul nach Berlin und erlebte, wie Bayern München mit einem 3:2 über den VfB Stuttgart triumphierte.

Für die Tage vom 7. bis zum 9. Juni war das Pensionärs-Treffen seines ehemaligen Arbeitgebers angesetzt. Also fuhren Erika und Paul nach Dresden. Einstige Kollegen zu treffen, ist immer schön, und dies ist wohl der eigentliche Sinn solcher Treffen. Aber Dresden hat auch viel Sehenswertes zu bieten. Das Residenzschloss in der Altstadt besuchten sie, wo sie sich für das „Grüne Gewölbe" interessierten. Die Krönung ihres Aufenthaltes war der Besuch der Semper-Oper. Hier sahen sie eine Aufführung der Zauberflöte von Mozart. Dieser Besuch war Erikas ausdrücklicher Wunsch.

Im Juli starteten Erika und Paul mit Rüdiger und seiner Ehefrau Marita eine gemeinsame zehntägige Kreuzfahrt mit der Aida Sol, die sie von Hamburg nach Norwegen und wieder mit unvergesslichen Eindrücken vom Geirangerfjord und der Hafenstadt Bergen zurückbrachte.
  Dann wurde es ruhig in Moers, und Paul konnte sich wieder seinem schriftstellerischen Tun widmen.

Der Oktober kam, und jetzt hieß es: „Kofferpacken für Teneriffa". Und wieder war Erika damit einverstanden, dass Paul dort mit seinen Skatfreunden einen dreitägigen „Voraburlaub" eingeplant hatte. Leider konnte der erkrankte Fränki nicht daran teilnehmen. Und diesmal nahmen sie sich nur wenig Zeit, um die Insel zu erforschen. Es wurde gespielt, gespielt und wieder gespielt. Aber die Frage von Rüdiger: „Was gibt's Neues vom Bollullo-Guanchen?", blieb Paul nicht erspart. „Nichts Neues, denn ich konnte Waldemar seit unserem letzten Treffen nicht wieder sprechen. Doch halt, etwas Merkwürdiges habe ich von Martin erfahren. Da soll im Frühjahr im dritten Stock unserer Anlage vom Balkon aus eingebrochen worden sein." „Und was soll das mit dem Guanchen zu tun haben?", fragte Horst. „Ihr erinnert euch bestimmt, dass wir uns gewundert hatten, dass Waldemar mir stets den Zugang zu Manfreds Grotte verweigerte, und ich von Waldemar erfahren hatte, dass Manfred seit einiger Zeit ab und zu mit dem Boot nach Puerto fährt, um sich angeblich im Außenbereich eines Lokals Sportübertragungen im Fernsehen anzuschauen. Wahrscheinlich deswegen, weil Waldemar ihm einen Fernseher in seiner Höhle verweigert." „Und was wurde denn bei dem Einbruch in eurer Anlage gestohlen?", erkundigte sich Rüdiger. „Ein Flachbildschirm, und das Kuriose ist, dass daneben eine Börse lag, die der Dieb nicht angerührt hatte", erzählte Paul. „Ja, da liegt schon der Verdacht nahe, dass es ein Kletterkünstler vom Stile Manfreds gewesen sein könnte", vermutete Horst. „Irgendwann kann ich mir Manfreds Grotte bestimmt ansehen und dann hoffe ich, dass sich unsere Vermutung nicht bewahrheitet, denn ich mag Manfred, und habe Waldemar auch schon Unterstützung für eine therapeutische Behandlung dieses bemitleidenswerten Jungen angeboten", sagte Paul. „Das ehrt dich Paul, hoffentlich wirst du nicht enttäuscht", sagte Rüdiger, und Horst stimmte ihm zu.

Nach der Abreise seiner Freunde gab es für Paul etwas mehr aufzuräumen in seiner Wohnung. Erika sollte damit nicht belästigt werden.

Dann landete auch Erika auf der Insel und Paul wartete am Flughafen. Sie war bestens gelaunt, als Paul sie herzlich begrüßte.

„Du wirst es nicht erraten, was ich im Gepäck habe, und wir im Frühjahr hier verzweifelt vergeblich gesucht haben", machte es Erika auf dem Weg zum Parkplatz spannend. Sie waren schon fast eine halbe Stunde unterwegs, als bei Paul endlich der Groschen fiel: „Das kann ja nur eine Deckenleuchte fürs Wohnzimmer sein!" „Stimmt, aber das hat bei dir verdammt lange gedauert, wobei wir doch deswegen sämtliche Lampengeschäfte von Santa Cruz über Puerto de la Cruz bis Icod de los Vinos abgeklappert haben", lächelte Erika und erklärte: „Ich habe das gute Stück vorgestern im Moerser Lichthaus entdeckt und sofort zugegriffen. Ich bin gespannt, ob sie dir auch gefällt."

Neugierig geworden packte Paul sofort nach der Ankunft im Strelitzia-Park die Lampe aus. „Sie gefällt mir", sagte Paul und brachte das gute Stück sofort an. „Sie ist wahrlich eine Bereicherung in unserem Wohnzimmer!", stellte er dann lobend fest. Ja, so etwas passt zu Erika. Sie ist immer darauf bedacht, ihr Heim auch für Paul behaglich zu machen.

Erika inspizierte natürlich sofort ihre Blumen und den Ficus auf der Terrasse. „Fein, deine Bewässerungsanlage hat ja tadellos funktioniert, alles ist in Ordnung", sagte sie und freute sich über ein von Paul bereitgestelltes Gläschen Sekt.

Später schauten Erika und Paul noch bei Veronika und Eddy vorbei. Sie wollten sich wieder mit einer Einladung zu einem Abendessen für deren freundlichen Wohnungsservice bedanken. Und die beiden hatten natürlich wieder Neuigkeiten zu berichten. Sie hatten die neuen Besitzer der Wohnung über Erika und Paul kennengelernt, waren empört, dass der Gärtner aus welchen Gründen auch immer zwei Mitarbeiterinnen entlassen hatte, und wussten sogar, dass Bruse auch für seinen Sohn eine Wohnung in der Anlage gekauft hatte.

Wieder in den eigenen vier Wänden dachte Erika über die neuen Bewohner über ihnen nach. „Paul, da oben war doch immer Totenstille, den Besitzer haben wir nie kennengelernt, er war ja nie da, wenn wir hier waren. Hoffentlich bleibt es mit den neuen Bewohnern ebenso ruhig", hoffte sie. „Abwarten, liebe Erika, abwarten. Bisher haben wir nie von Radaumachern in der Anlage gehört", sagte Paul etwas gelangweilt.

Die Tiefgarage mit ihren in L-Form angelegten siebzig Einzelgaragen war für Paul zu einer Art Begegnungsstätte geworden. Wohl auch deshalb, weil einige Mitbewohner ihre Garagen als Hobbyraum oder Miniwerkstatt nutzten. Hier hatte Paul schon Eddy, seinen neuen Skatbruder Jürgen, auch Herrn Knolli aus Wattenscheid und Frau und Herrn Meyer aus Hamburg kennengelernt. Diesmal traf er aber Martin, der sich in seiner relativ großen Garage handwerklich betätigte. „Hallo Martin, schön dich wiederzusehen, was treibst du denn da?", war Pauls blöde Frage, weil er sah, dass Martin an einer kleinen Kommode bastelte. „Na, du Freund schöner Frauen, du kommst gerade richtig und kannst mir bitte mal dieses Teil hier halten!" Martin hielt Paul ein Seitenteil hin, welches er anschrauben wollte. „Bei der Gelegenheit kann ich dir sagen, dass ich uns eine schöne Wanderstrecke entlang des Atlantiks ausgesucht habe", erzählte Martin beiläufig. „Das finde ich echt toll von dir, und darf ich jetzt endlich dein Werkstück loslassen?", fragte Paul mit zitternden Händen. „Das darfst du, denn mit dem Anschrauben bin ich längst fertig", lachte Martin lauthals. Man blamiert sich, so gut man kann, mit zwei linken Händen für handwerkliche Tätigkeiten, ärgerte sich Paul. „Du sagst mir bitte Bescheid, wann wir die Wanderung angehen und herzliche Grüße an deine charmante Liesel", verabschiedete sich Paul, nachdem er gemerkt hatte, dass er die Zeit vergessen hatte. Er eilte weiter zu seiner Garage und entnahm dem dort lagernden Weinvorrat eine Flasche Rotwein. Erika sollte nicht länger auf ihn warten müssen.

Bereits am nächsten Morgen besuchte Martin Paul wegen seiner vorgeschlagenen Wanderung. Er wies im Beisein von Erika darauf hin, dass die Strecke recht beschwerlich und unseren Frauen nicht zuzumuten sei. „Wir könnten morgen früh starten, wenn ihr nichts Besseres vorhabt." „Abgemacht", freute sich Paul, nachdem Erika wohlwollend genickt hatte.

Der Tag hätte für eine solche Wanderung nicht schöner sein können. Es war weder zu warm noch zu windig. „Welchen Landstrich wird Martin wohl ausgewählt haben", rätselte Paul. Martin behielt es jedoch für sich. Er fuhr mit Paul zu einem Parkplatz nahe dem Maritim-Hotel, hier sollte ihr Fußmarsch beginnen. Schon nach kurzer Zeit wurde der ausgewählte Weg beschwerlich. Es war ein holpriger Wanderweg, der an einem wild zerklüfteten Teil der Küste des Atlantiks im Norden der Insel entlangführte. Nach geraumer Zeit erreichten sie nach einem steilen Anstieg eine ins Meer ragende Klippe, von der sie einen wunderbaren Ausblick auf das ruhige Meer bekamen. „Fällt dir etwas auf?", erkundigte sich Martin, der seine Rente mit dem Vertrieb von Spielautomaten und Musikboxen verdient hatte, und immer recht redselig war. „Nein, eigentlich nichts, weder ein Frachtschiff noch ein Ausflugsboot oder Passagierschiff sind zu sehen", lachte Paul. „Warum aber gibt es hier überhaupt keine Ausflugsboote? Touristen gibt es doch genug?", rätselte Martin. „Du hast recht, warum, warum?", fragte sich auch Paul. „Es könnte doch eine Route von Buenavista del Norte über Garanchico, Puerto de la Cruz, El Sauzal, Bajamar nach Santa Cruz führen, die wäre doch attraktiv." Martin winkte ab: „Um all das zu verstehen, reicht unser bescheidenes Seemannswissen nicht aus!"

Nur einen knappen Kilometer weiter entdeckten die beiden am Rande der Steilküste plötzlich eine Ruine, die auf einem breiten Steinsims erbaut worden war, und sich an die schroffen Steilwände zu klammern schien und mit ihren kirchenfensterähnlichen Öffnungen zum Atlantik blickte. „Ja, Paul, manchmal ist etwas gerade deshalb reizvoll, weil es keine Zukunft hat, weil der Anblick des Verfalls attraktiver wirkt als der Rückblick auf die Vergangenheit." „Was meinst du denn damit, oder beziehst du es auf unseren Traum vom Ausflugsboot?", war Paul gespannt. „Nein, gewiss nicht, wir sehen hier das Casa Hamilton, eine nicht einmal sehr alte Industrieruine, die im Jahre 1903 als Pumpen- und Wohnhaus erbaut worden war. Die unteren Stockwerke des ‚Elevador de Aguas' hatten eine ganz einfache Aufgabe. Von hier wurde Wasser hochgepumpt, um die

Getreidemühlen, Bananen- und Weinplantagen mit Wasser zu versorgen. In den oberen Stockwerken wohnten die Erbauer, die Familie Hamilton." „Man darf also annehmen, dass in diesem Bau die erste Dampfmaschine Teneriffas installiert worden war", mutmaßte Paul, und Martin bestätigte es ihm: „So ist es, das Wasser wurde in ein 300 Meter höher gelegenes, 12.000 Kubikmeter großes Sammelbecken gepumpt und von dort in ein Verteilsystem eingespeist. Das Süßwasser stammte aus einem unterirdischen Wasserreservoir, das sich im felsigen Gestein der Steilküste gebildet hatte." „Danke, Martin, du bist hier sicher schon öfter lang gegangen, du kennst die Ruine ja bewundernswert genau", lobte Paul anerkennend. Ihr Weg führte etwas weniger beschwerlich werdend weiter, und in San Pedro erreichten sie ihr Ziel. Hier gönnten sie sich in einem kleinen Café einen Zaperoco, um danach auf gleichem Weg zurückzumarschieren. Paul war noch faszinierter, weil es auf dem Atlantik stürmischer geworden war und sich die Wellen in den Felsschluchten noch gewaltiger brachen als auf dem Hinweg. Und als sie wieder an der beeindruckenden Ruine vorbeikamen, hatte Martin eine Idee. „Wenn wir schon keine Gelegenheit haben, uns von Puerto aus mit dem Ausflugsboot entlang der Küste schippern zu lassen, könnten wir es ja mit einer einwöchigen Seereise von Santa Cruz aus tun. Was hältst du davon, Paul?" „Toller Einfall, Martin, werde ich sofort nach unserer Rückkehr mit Erika besprechen, sie wird auch begeistert sein." Was Paul auch tat. Lange reden mussten weder Paul noch Martin zuhause. Ihre Frauen waren begeistert.

Schon wenige Tage später buchten Paul und Martin im Reisebüro im Canaris-Center eine Kreuzfahrt mit der MSC-Armonia für Ende Februar.

Erika und Paul hatten schon einige der Schönheiten der Insel besucht, aber es waren eher wenige, gemessen an der Vielzahl hervorragender Ziele auf der Insel. Neugierig horchte Paul auf, als Erika ihn bat: „Paul, ich möchte mir den Teresita-Strand in Santa Cruz genauer ansehen, um zu sehen, ob es hier im Norden auch einen weißen Sandstrand gibt. Davon hat mir Frau Haubenschlitz erzählt, aber richtig vorstellen kann ich es mir dennoch nicht." „Moment, Erika, das passt zu einem Hinweis von Martin, der mir auf der letzten Wanderung just von dieser Gegend vorgeschwärmt hat. Er hat auch ein einfaches, aber sehr gutes Fischlokal in San Andrés bei Santa Cruz erwähnt, das wir dann auch besuchen könnten", antwortete Paul begeistert. Lange planen mussten sie nicht, sie fuhren einfach hin. Pauls Navi lotste die beiden am Hafen von Santa Cruz vorbei schnurstracks nordwärts zum etwa zehn Kilometer entfernt gelegenen Teresita-Strand. Direkt hinter der kleinen Ortschaft San Andrés und vor den Ausläufern des Anaga-Gebirges fand Paul einen Parkplatz. Hand in Hand kamen sie an einem kleinen Dorffriedhof vorbei und standen plötzlich an einer einen halben Meter hohen Mauer, die den zwei Kilometer langen und etwa einhundert Meter breiten Sandstrand abgrenzte. Der Blick auf die „Playa de las Teresitas" vor dem Atlantik war überwältigend. Der goldgelbe Sand mit seinen bunten Strandbuden und Liegen unter schattenspendenden Palmen begeisterte beide.

Über den ursprünglich schwarzen Sand vulkanischer Herkunft war im Jahr 1973 Sand aus der Sahara gezogen worden, wie es mit den Stränden im Süden der Insel viele Jahre früher auch schon geschehen war. Um das raue Meer vom Norden zu zügeln war ein kilometerlanger Wellenbrecher vor der Küste installiert und damit eine wunderschöne Oase für die badefreudigen Einheimischen geschaffen worden, die von den Bewohnern der Hauptstadt der Insel und ihrer Umgebung leicht zu erreichen war.

„Schade, heute ist der Strand nur schwach besucht", bedauerte Erika, als sie am Ende des Strandes ankamen. „Bedenke, dass heute Mittwoch ist. Ich bin sicher, dass hier an Wochenenden die Hölle los ist, schau doch nur den riesigen Parkplatz dort drüben an", entgegnete Paul.

Erika war jedenfalls zufrieden, nun auch den Teresita-Strand gesehen zu haben, und deswegen fiel es der „Nichtgernfischesserin" relativ leicht, Pauls Spuren zum Fischlokal zu folgen. An der Küstenstraße von San Andrés fand Paul nach kurzer Fahrt einen Parkplatz an der Ruine der ehemaligen 1706 erbauten Festung „Castillo de San Andrés". Das ehemalige Fischerdorf war noch bis zum Jahre 1940 nur über Trampelpfade zu erreichen und schmiegte sich graziös an die Berge des Anaga-Gebirges. Auch die engen Straßen zur Dorfmitte vermittelten eine gemütliche Atmosphäre, wo Paul auch bald das von Martin empfohlene Fischlokal „Los Pinchito" ausfindig machte und Erika schon allein beim Fischgeruch zurückschreckte. Aber sie kannte ja Pauls Vorliebe für Meeresfrüchte und fand in solchen Situationen immer einen Ausweg für sich, auch wenn es diesmal nur Papas con Mojo (Kartoffeln mit roter und grüner Soße) und ein grüner Salat waren. Wogegen Paul sich einen Cherne, einen Barsch, im übergroßen Aquarium des Restaurants aussuchen durfte.

In der Anlage hatte es wohl im Sommer auf Erikas und Pauls Ebene zwei Wohnungsbesitzerwechsel gegeben. Erika war aufgefallen, dass neuerdings auf dem Weg zur Wohnung der ehemaligen Besitzer, eines Ehepaares aus Indien, ein rüstiger älterer Herr fast jeden Morgen mit einem Rucksack auf dem Rücken ihr Küchenfenster passierte. Und Paul begegnete auf dem Weg zum Ausgang der Anlage eine ihm unbekannte ältere Dame mit einem verletzten kleinen Hund auf dem Arm. Paul bedauerte das Tier, was der netten Dame wohl gefiel, und so kamen die beiden ins Gespräch, bei dem sich herausstellte, dass sie die Wohnung mit direktem Zugang zum Pool erworben habe. Paul wusste, dass die Vorbesitzerin verstorben war. Bei der beidseitigen Vorstellung erfuhr Paul, dass Frau Bauer ihren ständigen Wohnsitz von Essen auf die Insel in den Strelitzia-Park verlegt hatte und sich mit dem verletzten Hund, dem kleinen Mischling Tammi, eine besondere Herausforderung geschaffen hatte. Sie hätte auf der Suche nach einer Aufgabe für ihre alten Tage dieses bedauernswerte Hündchen in einem Tierheim nicht zurücklassen können. Tammi wäre dort nach einer Verletzung am Fuß operiert worden und musste ein halbes Jahr mit geschientem Bein in einer schmalen Kiste dahinvegetieren, erzählte sie. Dieses Mitgefühl gefiel auch Paul, und nicht weit von seinem Domizil entfernt stehend, deutete er der netten Dame mit einem Fingerzeig auf seine Wohnung und bot Unterstützung an, wann immer sie Hilfe benötige.

Jürgen meldete sich ganz überraschend. Er erklärte Paul, dass er Zeit für einen Skatabend habe und dass es ihm gelungen sei, einen vierten Mann dazu einzuladen. Paul freute sich sehr und war ausnahmsweise damit einverstanden, dass wieder auf Jürgens großem Balkon gespielt werden sollte, denn eigentlich wäre er Gastgeber gewesen, wie er es beim letzten Match versprochen hatte. Jürgens vierter Mann war eine wahre Skatkoryphäe, wie Paul überrascht feststellte. Er hieß Gerd und stammte aus Bremen. Er war nicht nur Langzeiturlauber, sondern beteiligte sich in Puerto sogar als Turnierspieler in einer Skatgemeinschaft, war außerdem die Ruhe in Person und eine echte Bereicherung der Runde. Jedenfalls hatte er seine drei Mitspieler an diesem Abend schlecht aussehen lassen, Gerd hatte haushoch gewonnen.

Erika bemerkte sehr wohl, dass sich Paul immer wieder mit dem Guanchen beschäftigte. „Er denkt wohl darüber nach, wie er dem Sohn des Sonderlings helfen kann. Das scheint sehr wichtig zu sein", vermutete sie. Und so war es, denn Paul reagierte nur zögerlich, als sich Erika danach erkundigte, er war ein wenig überrascht, aber er antwortete: „Ach, ich denke vor allem über den Jungen nach, der ein Leben in Freiheit kennenlernen muss."
„Wie kann man ein Kind in einer solchen Einsamkeit aufwachsen lassen?", war Erika entrüstet. „Das sehe ich genauso und habe Waldemar diesbezüglich meine Unterstützung signalisiert. Einen kleinen Schritt bin ich tatsächlich weitergekommen. Beim hiesigen Schwimmverein habe ich mich, Manfreds Situation schildernd, schlaugemacht und man hat mir sogar versichert, nicht nur einen Trainer, sondern auch einen erfahrenen Therapeuten im Verein zu haben." „Das hört sich nicht schlecht an, aber wie bist du auf Schwimmen gekommen?", fragte Erika.

„Ich dachte mir, neben der Kletterei, wofür es hier kein Sportangebot gibt, bietet sich dem Jungen in der Schlucht nur noch das Schwimmen als einzige Sportart an, und ich werde schon morgen sehen, ob ich damit recht habe, dann werde ich Waldemar besuchen", antwortete Paul.

Es war windstill und die Sonne strahlte, als sich Paul frohgemut und erwartungsvoll auf den Weg zum Bollullo-Strand machte. Er freute sich auf die Begegnung mit Waldemar. Die Strecke durch die Bananenplantagen und der Ab- und Anstieg durch die vor dem Bollullo-Strand gelegene urige Schlucht, in der Bauern vor etlichen Jahren Terrassen für den Gemüseanbau angelegt hatten, kam ihm kürzer vor als sonst. Und was sah er mit dem ersten Blick auf den Bollullo-Strand? Seinen, von einer Schar spielender Kinder umringten Guanchen. Eiligen Schrittes begann Paul den Abstieg über den Serpentinenweg. Als Waldemar Paul erblickte, löste er sich spontan aus der fröhlich kreischenden Gruppe und ging bedächtig auf Paul zu. „Mittlerweile begreife ich, warum Waldemar bei dem Strandbudenwirt Werbeprämien kassiert, fast jedes Kind in Puerto lockt möglicherweise seinetwegen die Eltern an diesen Strand", ging es Paul durch den Kopf, als er ihn mit einem festen Händedruck begrüßte. Waldemar ließ Pauls Hand nicht los und ging mit ihm sofort zu seinem Boot.

Nach der ersten Kurve, jetzt außer Sicht- und Hörweite, stellte Waldemar den Motor ab. Das kleine Boot schaukelte im Rhythmus seichter Wellen und Waldemar schaute zu Paul: „Paul, ich freue mich, dich wiederzusehen, ich habe viel zu berichten und hoffe, dass du ein wenig Zeit dafür hast." „Nicht nur das, auch gute Nachrichten für deinen Sohn. Und darum kannst du auch sofort wieder deinen Motor starten", lachte Paul. Und kurze Zeit später kamen sie an der Bucht hinter dem großen Felsen an. Paul sah Susanna und Manfred, die sich in ihrem Gemüsegarten gerade mit ihren vertrauten Gebärden verständigten, und er sah auch, wie die beiden alles liegen und stehen ließen, um ihrem Besuch entgegenzueilen. Susanna griff mit beiden Händen nach Pauls hingehaltener Hand und drückte sie fest an sich. Als sie die Terrasse erreichten, bat Susanna mit einer Handbewegung, Platz zu nehmen. Alle setzten sich, nicht aber Manfred. Er zappelte unruhig von einem Fuß auf den anderen, bis sein Vater ihm zuwinkte. „Das ist nichts für ihn, lieber will er dir wieder seine Kletterkunst zeigen", bat Waldemar um Verständnis. Susanna deckte derweil den Tisch auf der Terrasse mit kleinen Köstlichkeiten und sie servierte auch einen Kaffee. Sie war eine Künstlerin im Improvisieren. „Was wird mir Waldemar wohl erzählen wollen?", sinnierte Paul kurz, fand aber wieder zu seinen eigenen Fragen zurück: „Kann Manfred auch schwimmen?", erkundigte er sich. „Ja, er kann sehr gut schwimmen, er liebt auch das Tauchen." „Ob ich das einmal sehen kann?", fragte Paul. „Aber ja", lachte nun Waldemar. Er winkte seinem Sohn zu, der in zehn Meter Höhe auf einem Felsvorsprung stand und die bekannten Laute von sich gab. In atemberaubender Geschwindigkeit kletterte er die Felswand herunter, und schon stand er an ihrem Tisch. Waldemar gestikulierte mit ihm und nun war Paul doch sehr überrascht. Der Junge lächelte zufrieden, zog sich aus und ging mit Paul splitternackt zum Strand und sprang ins Meer. Paul entdeckte ihn erst wieder, als er an dem der Bucht vorgelagerten großen Felsen auftauchte und bis auf eine Höhe von ungefähr fünf Metern hinaufkletterte. Dann stürzte er sich mit gekonntem Kopfsprung in das nasse Element, das ihm seit Kindheitstagen neben der Kletterei eine Beschäftigungsmöglichkeit bot. Im Stile eines meisterlichen Brustschwimmers näherte sich Manfred dem Ufer und erntete Pauls anerkennendes Schulterklopfen.

„Das wird deinem Sohn hilfreich sein", lächelte Paul Waldemar zu. „Was wird ihm hilfreich sein?", wunderte sich Waldemar. Nun erzählte Paul dem überraschten Waldemar von seinem Gespräch im Schwimmverein in Puerto. „Wie aber kann Schwimmen einem taubstummen Jungen denn helfen?", zweifelte Waldemar. Paul fasste sich kurz: „Manfreds Schwierigkeiten habe ich dort natürlich angesprochen, aber die Fachleute sehen darin kein Hindernis, weil sie entsprechende Erfahrung mit Taubstummen haben. Außerdem habe ich dem Vorsitzenden des

Schwimmvereins vorgetragen, was ich von einer positiven Operationsmöglichkeit am Gehörgang von taubstummen Menschen, die wie Manfred Urlaute von sich geben, gelesen habe. Waldemar, dem Jungen fehlen soziale Kontakte und Erfolgserlebnisse zur Stärkung seines Selbstwertgefühls, um selbstständig zu werden." „Ja, Paul, ich sehe inzwischen ein, dass wir Manfred mit der Isolierung hier in der Bucht keinen Gefallen getan haben." „Nun erkläre bitte Susanna und auch Manfred, worum es sich bei der Schwimmaktion handelt, und ob sie auch mit meinem Vorschlag einverstanden sind", sagte Paul mit ernster Miene. „Ich bin sofort wieder zurück", hatte es Waldemar nun eilig. Er winkte Susanna und Manfred zu, ihm zu folgen, und ging mit den beiden in das Innere der Höhle.

Überraschend schnell kamen sie auch wieder zurück, und Waldemar schien erreicht zu haben, was er erreichen sollte. Manfred hatte ein strahlendes Lächeln um seine Lippen, während Susanna glücklich schien. Lebhaft gestikulierend begaben sich Susanna und Manfred wieder an die Gartenarbeit. „Ihr wollt es also wagen?", erkundigte sich Paul bei Waldemar. „Paul, ich bin dir sehr dankbar, dass du das für Manfred tun willst." Paul lächelte zufrieden: „Ich werde mit den Fachleuten darüber sprechen. Es muss ja alles organisiert sein. Du wirst von mir in den nächsten Tagen hören." Waldemar nickte leicht: „Aber ja, ich vertraue dir voll und ganz."

In der Überzeugung, eine Hemmschwelle überwunden zu haben, wagte Paul eine direkte Frage: „Warum hast du dir diese Oase der Einsamkeit ausgewählt?" „Das ist eine lange Geschichte. Ich werde aber versuchen, mich möglichst an alles zu erinnern", sagte Waldemar und er erzählte: „Im Jahre 1922 wurde ich als zweiter Sohn der Eheleute Richter, die ein Sanitär- und Elektrogeschäft in Witten an der Ruhr betrieben, geboren. Bereits im Alter von zehn Jahren ging ich als Pimpf zum Jungvolk. Es waren die Uniform und die gemeinsamen Heimnachmittage, Sportveranstaltungen und die Zeltlager mit einigen meiner Schulfreunde, die mich reizten. Die Uniform musste ich übrigens von meinem Taschengeld bezahlen, denn mein Vater war gegen dieses sogenannte Jungvolk, gegen Hitler und seine Politik, aber meine Mutter konnte ihn beschwichtigen. Und damit begann meine Karriere bei den Nazis. Als 15-Jähriger wurde ich bei der Hitlerjugend bereits in verschiedenen Heimen vormilitärisch geschult und mit dem Schwerpunkt Nachrichtenwesen und politische Bildung betraut. Ich wurde zu einem überzeugten Nazi. 1942 berief man mich, wohl auf Empfehlung meiner Vorgesetzten, zum Stab des Geheimdienstchefs Canaris nach Berlin. Und 1943 wurde ich dank meiner spanischen Sprachkenntnisse als Leiter eines Energieversorgungsdepots hier nach Puerto de la Cruz versetzt. Mein Büro und Wohnsitz befanden sich im Grand Hotel Taoro und meine Aufgabe war es, gefüllte Treibstofflager zur Versorgung der deutschen U-Boot-Flotte und der Kriegs- sowie Kraft-durch-Freude-Schiffe hier vor Ort bereit zu halten. Dieser Tätigkeit verdanke ich übrigens meine Behausung seit Juni 1945. Denn auf einer Patrouillenfahrt zur Erkundung weiterer zu errichtender Tanklager stießen wir auf diese wunderschöne und versteckte Bucht. Nähere Untersuchungen ergaben dann sogar ein Süßwasserreservoir unterhalb dieser Grotte. Dann begannen vorbereitende Arbeiten zur Be- und Entwässerung eines geplanten Depots und plötzlich war der Zweite Weltkrieg vorbei und für mich brach eine Welt zusammen." Hier unterbrach ihn Paul: „Lieber Waldemar, aber das kann doch nicht der Grund dafür gewesen sein, sich ein Leben lang von der Zivilisation abzuschotten. So wie dir ist es doch fast allen Menschen in Deutschland ergangen!" „Paul, bei mir waren es gleich mehrere Schicksalsschläge. Kurz vor Kriegsende am 20. März 1945 bekam ich die Nachricht, dass mein Elternhaus in Witten bei einem Bombenangriff der Alliierten am 19.03. völlig zerstört worden war und weder Mutter noch Vater, Bruder oder Schwägerin lebend geborgen wurden. Und erst nach der Kapitulation im Mai 1945 wurde mir bekannt, dass wir an dem Tod von über mehr als sechs Millionen Juden in Konzentrationslagern schuld sind, und ich erkannte, dass ich mit Überzeugung einem Schurkenstaat gedient hatte. Ich habe mich dafür geschämt, ein Deutscher zu sein. Ich fürchtete sogar, dafür verfolgt zu werden, und habe mich deshalb als taubstummer Einsiedler in diese Höhle zurückgezogen."

„Das war hart, Waldemar, wie konntest du dir nach diesem Elend, mit gerade mal dreiundzwanzig Jahren, dieses Paradies schaffen?", fragte Paul. „Das war relativ einfach. Für Trinkwasser war ja gesorgt, Lebensmittel für die ersten Monate konnte ich mir, ebenso wie einen Generator zur Stromerzeugung und den dafür benötigten Treibstoff, aus Wehrmachtsbeständen requirieren. Und um mich auf lange Sicht versorgen zu können, begann ich, etwas Ackerbau, Viehzucht und Fischfang zu betreiben. In der Ausgestaltung der Höhle half mir der Großvater des jetzigen Besitzers der Bar am Bollullo-Strand. Der Mann lebte mit seiner Familie in einer kleinen Behausung, genau dort, wo sich jetzt das kleine Lokal befindet, und wurde mir in vielem ein zuverlässiger Berater, wenn es um die handwerkliche Innenausstattung der Höhle ging. Mein Leben als taubstummer Guanche war nicht einfach, aber ich hatte meine Welt gefunden und war damit zufrieden. Du bist im Grunde der erste, mit dem ich nach den vielen Jahrzehnten überhaupt geredet habe." „Und wie und wo hast du Susanna kennengelernt?", fragte Paul. „Da lebte ich schon vierzig Jahre in dieser Grotte als ich ihr am Bollullo-Strand in meinem Outfit als Guanche begegnete. Sie war ein Hippie von Ibiza, Vollwaise und wohl dankbar, einen Gleichgesinnten zu sehen. Sie bot sich gestikulierend an, mit mir in meine Höhle zu kommen, von der ich ihr im Sand eine Skizze gezeichnet hatte. Damit endete mein Alleinsein und als Achtundzwanzigjährige brachte sie 1992 Manfred zur Welt." „Mensch, Waldemar, da bist du ja mit siebzig noch Vater geworden", staunte Paul. „Na ja, so hatte das Leben auch für mich noch eine positive Überraschung", sagte Waldemar nicht ohne Stolz. „Aber damit begann auch unser Problem. Die ersten Jahre der Erziehung unseres Kindes verliefen ganz normal. Susanna ist eine einfühlsame, liebevolle Mutter und Partnerin, die es verstand, eine lebhafte Kommunikation mit ausgeklügelten Gebärden in der Familie zu bewerkstelligen.

Dann mehrten sich Unaufmerksamkeit und Ungehorsam bei Manfred und damit waren Susanna und ich überfordert. Wir richteten ihm die Grotte hinter dem Ziegenstall ein, worüber er sich freute und wir mit ihm, denn er wurde zunächst ausgeglichener, hilfsbereiter und wurde mir eine starke Hilfe bei der Fischerei. Das wiederum hatte zur Folge, dass er vom Meer aus seinen eingeschränkten Blick aus unserem kleinen Paradies erweitern konnte und Begehrlichkeiten geweckt wurden." Hier unterbrach ihn Paul: „Wenn du mir jetzt von den Erlebnissen seiner fernsehaffinen Ausflüge nach Puerto erzählen willst, die hast du mir bereits bei meinem letzten Besuch geschildert." „Entschuldige, Paul, mein Gedächtnis ist auch nicht mehr das Beste." „Keine Ursache, meins weist auch bereits erhebliche Lücken auf", war Paul ehrlich. „Aber trotzdem muss ich noch mal auf Manfreds Ausflüge zurückkommen. Ich hatte dir bei der Gelegenheit angeboten, mit meinem Skatbruder und Techniker Fränki, zwecks Prüfung der Anbringung einer Antennenanlage in Manfreds Grotte, bei dir vorbeizuschauen. Du zögertest damals noch mit einer Antwort. Wie habt ihr euch letztendlich entschieden?", pochte Paul nun in Manfreds Interesse auf eine Antwort. „Ich bin nach wie vor dagegen, weil man in diesem Medium nur das Böse aus der Welt erfahren kann, Susanna und natürlich auch Manfred sind dafür." „Mein Gott, Waldemar, wie naiv bist du eigentlich, du kannst doch deine schlechten Erfahrungen vom Ende des Zweiten Weltkrieges nicht für alle Ewigkeit in Stein gemeißelt sehen." „Entschuldige, Paul, mein von mir gewähltes Leben in der Einsamkeit hat mich so geprägt, und mit neunzig Jahren will und kann ich mich nicht mehr ändern", sagte Waldemar, indem er etwas nervös an seinem die Lenden bedeckenden Ziegenfell zupfte. „Dann hättet ihr so konsequent sein müssen und Manfred nicht in die Welt setzten dürfen, oder möchtest du, dass Manfred dein Nachfolge-Guanche in dieser Schlucht wird", entgegnete Paul. Waldemar schien verzweifelt, das Gespräch ging im nahe. „Paul, du hast mich auch in dieser Beziehung überzeugt und gib du persönlich diese Botschaft an meinen Sohn weiter", sagte Waldemar sichtlich in sich gekehrt.

„Aber, lieber Waldemar, nun erkläre mir doch bitte noch, wo liegt dein Problem mit Manfred?" „In der Grotte, und das zeige ich dir bei deinem nächsten Besuch", sagte Waldemar mit ernstem Gesicht. „Aber noch eine Frage zu deiner Tätigkeit in der Canaris-Truppe habe ich. Du kennst doch bestimmt auch diese Finca-Ruine in La Paz. Was für eine Bedeutung hatte sie im Ersten und Zweiten Weltkrieg?" „Ja, Paul, die kenne ich natürlich, war sie doch schon während meiner Tätigkeit im Canaris-Stab ein Gesprächsthema. So weiß ich, dass von 1913 bis 1918 der berühmte Primatenforscher Dr. Wolfgang Köhler auf dem Grundstück dieser Finca, der ‚Casa Amarilla', nicht nur Menschenaffen erforscht hat, sondern auch für die deutsche Wehrmacht ein Spionagenetz aufgebaut haben soll und dadurch der englischen Handelsmarine mit unseren U-Booten schwere Verluste zugefügt hat. Vor und im Zweiten Weltkrieg hatte die Finca für unseren Geheimdienst keine Bedeutung mehr, da durch die neue Radartechnik die U-Boote leicht geortet und zerstört werden konnten." „Danke, Waldemar, und noch eines interessiert mich aus deiner Zeit im Grand Hotel im Taoro-Park." Weiter kam Paul nicht, denn Waldemar, wieder voll konzentriert, unterbrach ihn: „Jetzt möchtest du unbedingt mein Gedächtnis ein zweites Mal testen." „Ja, weil es gerade so gut geklappt hat", lachte Paul. „Also, schieß los", forderte Waldemar Paul auf. „Was bedeutete dein oberster Chef, dieser Canaris, für dich?" „Persönlich habe ich ihn nicht kennengelernt, aber langjährige Mitarbeiter unseres Geheimdienststabes in Puerto berichteten nur Positives über ihn. So soll er ein guter Freund des damaligen Diktators von Spanien, General Franco, gewesen sein. Franco hatte übrigens Canaris und der Legion Condor zu verdanken, an die Macht gekommen zu sein. Er soll sich einige Male mit ihm im Grand Hotel Taoro getroffen haben. Mir hat seine militärische Laufbahn vom Kadetten bis zum Admiral zur See imponiert und später seine Faszination vom Nationalsozialismus." Da unterbrach Paul ihn: „Und dazu kann ich dir, der du seit dem Ende des Zweiten Weltkrieges von der Außenwelt abgeschottet warst, eine Ergänzung liefern. Canaris hatte bereits

1936 über die Judenmorde in den Konzentrationslagern Kenntnis und sie verdammt, sodass er, obwohl unter Hitlers Gnaden zum Geheimdienstchef befördert, fortan an einen Putsch gegen den Führer dachte." „Stopp", sagte Waldemar und fuhr fort: „Hängt das vielleicht mit Canaris plötzlicher Versetzung in den Ruhestand zusammen, nach dem Attentat auf Hitler 1944 in der Wolfschanze?" „Genau so war es, Waldemar, und Canaris konnte man eine Beteiligung zunächst nicht nachweisen, jedoch erhärteten sich später die Verdachtsmomente, und Canaris wurde am 9. April 1945 von einem SS-Standgericht im Konzentrationslager Flossenbürg zum Tode verurteilt und gehängt." „Danke, Paul, es tröstet mich, dass mein ehemaliger Chef den Schurkenstaat frühzeitig erkannte, und es ärgert mich, dass fast ganz Deutschland diesem Führer bis zur bitteren Niederlage gefolgt ist", sagte Waldemar nachdenklich.

Zwischenzeitlich hatte Susanna den Tisch auf der Terrasse gedeckt, und charmant lächelnd servierte sie Kaffee und Bananenkuchen. Paul war überrascht, dass sich Manfred ausgerechnet neben ihn setzen wollte. „Sieht er vielleicht einen Freund in mir?", dachte Paul. Er sollte sich nicht getäuscht haben, denn Paul ließ ihm über seinen Vater vermitteln, dass er schon morgen einen Termin zur Anmeldung im Schwimmverein perfekt machen und übermorgen Waldemar am Bollullo-Strand den Termin mitteilen werde. „Außerdem habe ich deinen Vater überzeugen können, dass Fränki, einer meiner Skatbrüder und Techniker, sich um eine Antennenanlage in deiner Grotte kümmert." Bei Pauls Abschied freute sich nun die ganze Familie, aber besonders Manfred, auf seinen nächsten Besuch.

„Waldemar, es war ein gutes Gespräch, das sich aus deinem Lebenslauf entwickelt hat", sagte Paul auf der Rückfahrt zum Bollullo-Strand. „Ja, der Meinung bin ich auch und hoffe, dass du mit deinen Bemühungen für Manfred Erfolg haben wirst. Ich danke dir sehr dafür, lieber Paul", antwortete Waldemar sichtlich bewegt.

Paul war wieder zuhause, und Erika erkundigte sich: „Ich bin gespannt zu hören, was du am Bollullo erfahren konntest, du warst ja über fünf Stunden fort." Paul berichtete recht genau davon, und Erika nickte erfreut. „Ich hoffe mit dir, dass du im Schwimmverein alles klar machen wirst. Dem Jungen muss man helfen", sagte sie.

Und Paul schaffte es. Schon am darauffolgenden Tag hinterließ Paul in der kleinen Pinte am Bollullo-Strand für Waldemar einen Zettel: „Erstes Probetraining am kommenden Montag um 11 Uhr, ich hole Susanna und Manfred um 10:30 Uhr oberhalb des Strandes ab. Paul."

So geschah es dann auch. Am Montag fuhr Paul über El Rincon und eine schmale unübersichtliche Straße zu dem vereinbarten Treffpunkt oberhalb des Bollullo-Strandes. Susanna und Manfred, in schicken hellgrünen Trainingsanzügen, winkten Paul schon von Weitem zu. Kurz vor 11 Uhr erreichte Paul mit beiden ihr Ziel am Schwimmbad in Puerto. Er konnte die Unruhe der beiden mitfühlen, und es wurde noch schlimmer, bei Susanna mehr als bei Manfred, als Paul die beiden dem aus Deutschland stammenden Trainer, Klaus Fischdick, vorstellte. Dieser, er war vom Vorsitzenden des Vereins schon über Manfreds Vita unterrichtet worden, schaffte es überaus gekonnt, mit professionellen Gesten Vertrauen aufzubauen. Es dauerte nicht lange, bis Paul mit Susanna vom Beckenrand aus die Arbeit des Trainers mit Manfred im Nichtschwimmerbecken beobachten konnte. Manfreds Schwimmvermögen überraschte Klaus offenbar sehr, denn immer wieder klatschte er begeistert Beifall. „Das ist ein entwicklungsfähiges Naturtalent, ich bin begeistert", rief er Paul zu, was er mit stümperhafter Gestik an Susanna weiterzugeben versuchte, aber trotzdem verstand sie. Nachdem Klaus Manfred noch einige Haltungskorrekturen gezeigt hatte, sprach er mit Paul die nächsten Trainingstage und Zeiten ab. Diese notierte sich Paul auf einem Zettel, den er an Susanna weitergab. Paul musste nun auch gegenüber dem Trainer seine Thesen mit Manfreds Urlauten anbringen, wurde aber vom Trainer unterbrochen: „Das hast du wohl bereits unserem Vereinsvorsitzenden erzählt und wir arbeiten daran." Paul war jetzt zuversichtlich, dass Manfred den Sprung ins echte Leben schaffen würde und fuhr eine zufriedene Mutter und ihren überglücklichen Sohn wieder zum Bollullo zurück.

Bei der Eigentümerversammlung stellte sich ein Herr Otto, ein redegewandter Wohnungsneubesitzer für den Präsidentenposten zur Wahl, die allerdings der mit den Eigenheiten der Anlage erfahrene Knuttermann mehrheitlich für sich entscheiden konnte. Auch die übrigen Posten im Präsidium blieben unverändert, lediglich der Rechnungsprüfer Bruse hatte sein Amt aufgeben, deswegen hatte Knuttermann einige Tage vor der Versammlung Paul aufgesucht und ihn gebeten, dafür zu kandidieren. Natürlich reizte es Paul, einmal hinter die finanzwirtschaftlichen Dinge der Anlage zu schauen, und er sagte zu. Er wurde einstimmig gewählt, behielt sich aber vor, das Amt gemeinsam mit Martin ausüben zu wollen, weil dieser bereits vor einigen Jahren praktische Erfahrungen in diesem Amt sammeln konnte.

„Erika, über uns in der Wohnung tut sich etwas! Ich bin gespannt, wer die neuen Besitzer sind", murmelte Paul fast beiläufig. Lange brauchten sie nicht zu rätseln, denn schon am gleichen Vormittag klingelte es bei ihnen und ein aus München stammendes Ehepaar stellte sich vor. Frau Dr. Sprenger, eine reizende, charmante Dame, und Herr Steinbrecher, ein zünftiger Bayer, baten um Verständnis, wenn es während kleinerer Umbauarbeiten in den kommenden Tagen etwas Lärm geben sollte. „Damit haben wir kein Problem, wir freuen uns aber, dass Sie bei uns reinschauen und wir Sie kennenlernen", erklärte Paul. Lange wollten die Leute jedoch nicht verweilen, ihrer vielen Arbeit wegen verabschiedeten sie sich bald wieder.

Nun konnten sich Erika und Paul auf die achttägige Seereise mit Liesel und Martin vorbereiten. Martin und Paul hatten schon im

Vorfeld der Reise einige Regularien besprochen, um sich während der Reise nicht gegenseitig auf die Nerven zu gehen. So sollten Treffen an Bord dem Zufall überlassen werden, lediglich das Abendessen und etwaige Besichtigungstouren wollten sie gemeinsam erleben. „Dieses System hat sich schon im letzten Jahr während unserer Norwegenreise mit Marita und Rüdiger bewährt", ließ Paul Martin wissen. Martin stimmte dem gerne zu.

„Leinen los", hieß es eines Morgens im Hafen von Santa Cruz und die vier begaben sich auf ihre Seereise, die sie über Gran Canaria nach Casablanca, Agadir und Lanzarote und dann wieder zurück nach Santa Cruz führte. Entspannt und mit vielen neuen Eindrücken und einem sechzig Zentimeter hohen silbernen Kerzenständer, den Erika in einer Markthalle in Agadir entdeckt hatte, ging's mit dem Taxi zurück zum Strelitzia-Park. „Die Tour mit euch hat mir gefallen", sagte Martin beim Abschied, und Liesel stimmte ihm zu. „Das beruht auf Gegenseitigkeit", entgegnete Paul und freute sich, dass auch Erika gleicher Meinung war.

„Es war wieder eine schöne, abwechslungsreiche und erholsame Zeit auf Teneriffa", sagte Paul, als er sich mit Erika bei Veronika und Eddy bis zum nächsten Herbst verabschiedete. „Und wir möchten uns auch noch mal herzlich für das gemeinsame Essen im Edelrestaurant ‚Bei Luis' bedanken", sagte Eddy, der wusste, dass seine Veronika solche Exklusivitäten liebte.

Kapitel 13

Fünfter Winter

Ein seltsamer Fund

Kaum waren Erika und Paul wieder in Moers, musste Paul sich von seinem Skatbruder Fränki verabschieden, welcher im Alter von nur 57 Jahren an Lungenkrebs verstarb. Paul hatte den erfolgreichen Techniker und Geschäftsmann noch wenige Tage davor im Krankenhaus besucht und sich über seine gehobene Stimmung gefreut. Paul hatte nicht nur einen guten Freund verloren, mit ihm wollte er ja auch das Projekt „Fernsehen in Manfreds Grotte" realisieren.

Zuhause sein bedeutete für Erika und Paul allerdings nicht, immer nur zuhause zu sitzen. Erika wünschte sich, die Lavendelblüte in der Provence zu erleben. Diesen Wunsch erfüllte Paul ihr gerne, und dafür wählte er eine Flusskreuzfahrt auf der Rhône mit Start und Ziel in Lyon. Nachdem sie ihr Gepäck auf dem Schiff deponiert hatten, unternahmen sie einen Rundgang durch die Stadt, bestaunten den prächtigen Dom Saint-Vincent und genossen von dort den weiten Blick über Stadt und Landschaft. Rhône abwärts erreichten sie, vorbei an wunderschönen Landschaften, Erikas ersehnten Ort Saint-Remèze im Département Ardèche, wo es auf einem Hochplateau nicht nur riesige Lavendelfelder gab, sondern auch ein Lavendelmuseum. Für Paul wurde es erst in Avignon, der Stadt der Päpste mit dem gewaltigen Papstpalast sowie der bekannten Brückenruine, und in Arles wegen der vielen antiken Bauwerke spannend. Am Ende der Tour, nachdem es noch Saône aufwärts nach Chalon-Sur-Saône und wieder zurück zum Ausgangspunkt der Reise ging, hatten sie 850 Flusskilometer und über dreißig Schleusen hinter sich.

Im folgenden Herbst konnte Erika nicht nach Teneriffa fliegen. Eine ernsthafte Erkrankung, die eine langwierige therapeutische Behandlung nötig machte, verhinderte dies. „Fliege doch mit deinen Skatbrüdern zur Insel", schlug Erika Paul deshalb vor. Nach langem Zögern folgte Paul diesem Rat, und er flog mit seinen Freunden für die Zeit vom 23. bis 28. Oktober nach Teneriffa.

Während des ruhigen Hinfluges redeten die drei über Gott und die Welt und vermissten schmerzlich ihren Freund Fränki. Etwa eine Stunde vor der Landung erinnerte sich Rüdiger an den Bollullo-Guanchen und fragte: „Paul, gibt's Neuigkeiten von diesem Unikum?" „Ja, eine ganze Menge!" Und Paul erzählte von seiner letzten Begegnung mit Waldemar. Horst zeigte sich besonders überrascht von der Canaris-Geschichte, weil er den Film mit O. E. Hasse auch gesehen hatte. Rüdiger beschäftigte sich allerdings mit Pauls Versprechen bezüglich der Fernseh-Antenne und fragte: „Paul, ist dir dazu etwas eingefallen, nachdem Fränki nicht mehr zur Verfügung steht?" „Ja, nach unserer Ankunft werde ich mich mit Mario, bei dem ich seinerzeit meinen Fernseher gekauft hatte, in Verbindung setzen und ihn fragen, ob er sich diese außergewöhnliche Installation in der Schlucht überhaupt zutraut. Aber vorher werde ich Waldemar bei unserem gemeinsamen Besuch fragen, ob er mit Marios Einsatz einverstanden ist. Außerdem interessiert es mich brennend und euch bestimmt auch, was aus Manfreds Schwimmtraining geworden ist", antwortete Paul zur Überraschung von Horst und Rüdiger. „Paul, habe ich mich eben verhört, als du sagtest, du willst deinen offenbar zum Freund gewordenen Bollullo-Guanchen in unserer Begleitung besuchen?", war Rüdiger begeistert. „Nein, du hast dich nicht verhört, ich habe ihm schon von euch erzählt und bin sicher, dass er und auch seine Lebensgefährtin Susanna sich freuen würden, euch kennenzulernen", war Paul zuversichtlich. „Wenn ihr einverstanden seid, können wir bereits morgen einen Spaziergang zum Bollullo-Strand machen und hoffen, dass wir Waldemar treffen." Das hatte Paul noch nicht ganz ausgesprochen, als ihm seine Skatbrüder spontan Freude darüber bekundeten und Rüdiger meinte: „Danke, Paul, ich bin gespannt auf den morgigen Tag." Und ehe Horst seinen freudigen Kommentar loswerden konnte, wurde er von der Durchsage des Piloten unterbrochen: „Bitte anschnallen, in wenigen Minuten erreichen wir den Airport Teneriffa-Süd!"

Martin erwartete sie, wie gewohnt, am Flughafen. Während der Fahrt konnte er Paul berichten, dass sie in den nächsten Tagen, zwecks Ausübung ihres Rechnungsprüferamtes im Büro des Verwalters und Rechtsanwaltes Geiger, vorstellig werden müssten. „Was heißt in den nächsten Tagen, Martin? Ich bin nur vier Tage hier." „Kein Problem, Paul, ich rufe sofort in seinem Büro an. Ist es dir recht, uns morgen früh um 11 Uhr dort zu treffen?" „Na klar!" Martin stoppte am nächsten Parkplatz und nach einem kurzen Telefongespräch mit dem Rechtsanwalt war der Termin fixiert. Paul erkundigte sich noch bei dem erfahrenen Rechnungsprüfer, Martin, wie lange so etwas dauern würde. „Keine zwei Stunden", war sich Martin sicher. Eine Stunde später erreichten sie den Strelitzia-Park. Die Skatbrüder bedankten sich für Martins Abholservice, während Paul ihm versicherte, am nächsten Morgen um 10:30 Uhr vor seiner Garage zu stehen.

Mittlerweile kannten sich Pauls Kumpel mit den Gegebenheiten in der Wohnung und vor Ort bestens aus. Die Bevorratung mit Getränken und Fingerfood wurde sofort nach der Ankunft erledigt, um danach Mario im La-Cupula-Einkaufscenter zu besuchen. Nach Pauls Schilderung der örtlichen Begebenheiten meinte dieser: „Das muss ich mir ansehen, aber grundsätzlich steht dem nichts im Wege." Paul bedankte sich und versprach Mario, sich am nächsten oder übernächsten Tag wieder bei ihm zu melden.

Am nächsten Morgen war nach einem langen Skatabend das Frühstück auf der Terrasse bei Sandra angesagt, dazu gehörte stets „Leute gucken" und diesen und jene dabei durch den Kakao zu ziehen. Dann begleiteten Horst und Rüdiger Paul zurück zur Wohnung, um während seiner Abwesenheit am und im Pool zu verweilen.

Pünktlich fuhr Martin mit Paul zum Büro des Verwalters nach La Orotava, der sie freundlich begrüßte und sie sofort zur Tat schreiten ließ, zur Überprüfung der korrekten Buchungen der angefallenen Rechnungen für die Community des letzten Geschäftsjahres. Auf Pauls Fragen hatte Herr Geiger immer plausible Antworten, und dank übersichtlich geordneter Belege benötigten Paul und Martin nur eine knappe Stunde für ihre Arbeit und konnten dem Verwalter eine gewissenhafte Arbeit bestätigen. In einer neben dem Bürohaus gelegenen Bodega bei einem Drink und lockeren Plausch danach konnten die beiden erfahren, dass der Rechtsanwalt in Spanien geboren und Sohn deutscher Eltern war, die vor langer Zeit aus Schwaben kamen und sich auf Teneriffa eine Existenz aufgebaut hatten. Paul wie auch Martin hätten sich gerne länger mit dem interessanten und gesprächigen Anwalt unterhalten, aber Paul drängte Martin zur Heimfahrt. Martin war einsichtig, weil er wusste, dass Pauls Skatbrüder auf ihn warteten.

Als Paul in die Nähe des Pools kam, saßen seine Freunde im Whirlpool und plauschten mit Eddy, der wusste, dass die beiden Pauls Besucher waren. „Freunde, es tut mir ja leid, dass ich euch aus dem sprudelnden Wohlfühlbecken scheuchen muss, aber unser Spaziergang zum Bollullo-Strand steht an. Eddy, du darfst dich natürlich weiter verwöhnen lassen", rief Paul, der hinter der Umzäunung der Poolanlage stand, weil er seinen Freunden den Schlüssel überlassen hatte. „Hoffentlich trefft ihr den Guanchen", rief Eddy zurück, dem der urige Typ auch schon des Öfteren am Strand begegnet war. Rüdiger und Horst gingen mit Paul in die Wohnung und waren im Handumdrehen startklar.

Erwartungsvoll spazierten sie in der Mittagszeit bei strahlendem Sonnenschein und leichter Brise von Nordost in Richtung Bollullo-Strand. Die Strecke durch Bananenplantagen und eine

Schlucht war immer wieder ein Erlebnis für die drei. Diesmal begegnete ihnen kurz vor der Schlucht eine Herde meckernder Ziegen mit ihrem Hirten, die Paul zu der Bemerkung inspirierte: „Freunde, diese Tiere nannte mein Vater immer Kühe des Bergmanns." „An diese Bezeichnung kann ich mich auch noch erinnern, denn mein Opa war seinerzeit stolzer Besitzer von zwei Bergmannskühen", sagte Rüdiger. Dem aus Gleiwitz stammenden und nach der Flucht aus Schlesien in Niedersachsen aufgewachsenen Horst war der Begriff völlig unbekannt, er schüttelte ungläubig den Kopf.

Auf dem Weg hinunter zum Bollullo-Strand fiel Paul bereits Waldemars am Ufer ankerndes Motorboot auf. „Jungens, wir haben Glück, Waldemar wird auf der Terrasse oder von einer Schar einheimischer Kinder umringt am Strand sitzen", frohlockte Paul. „Warum sollte er als Taubstummer von Kindern umringt am Strand sitzen?", zweifelte Rüdiger. Und Paul erklärte seinen Freunden Waldemars Job als Werbeträger im Guanchen-Outfit im Dienste des Besitzers des kleinen Restaurants hier, und dass Waldemar nur am Strand den Taubstummen mime. „Na ja, irgendwie muss er doch auch zu Bargeld kommen", sagte Horst. „Weit verfehlt", bemerkte Paul, „dafür hat er bei dem Wirt Essen und Trinken frei."

Waldemar hatte, obwohl sich tatsächlich einige Kinder um ihn tummelten, Paul längst gesehen. Winkend stand er da, und auch Rüdiger bemerkte dies: „Paul, der Mann dort hinten meint sicher dich." Und als Paul in besagte Richtung schaute, sagte er: „Du hast recht, Rüdiger, das ist Waldemar, der Guanche vom Bollullo, wie er leibt und lebt." Paul winkte zurück und ging dabei beschleunigten Schrittes weiter. Die beiden begrüßten sich sehr herzlich. Paul stellte dem Guanchen mit gekonnter Gestik, wobei er mit den Händen die Bewegungen des Kartenmischens machte, Rüdiger und Horst vor. Waldemar verstand sofort und begrüßte die beiden ebenso herzlich, jedoch vermisste er wohl den vierten Mann, denn das deutete er mit vier Fingern der rechten Hand an. Dann griff er zu Kugelschreiber und Papier und notierte einiges, während alle an

Waldemars Tisch Platz genommen und beim Wirt Bier bestellt hatten. Waldemar übergab Paul den Zettel. Nachdem sie sich zugeprostet hatten, las Paul seinen Freunden den Text vor: „Ihr seid natürlich alle herzlich eingeladen. Ich muss nur noch auf Manfred warten, der jeden Moment vom Training kommen wird, dann können wir gemeinsam übersetzen, und hoffentlich habt ihr euren Techniker dabei." Paul, Horst und Rüdiger klatschten vor Freude über die Einladung so laut Beifall, dass sich einige Gäste irritiert umschauten, denn so etwas erlebten sie mit dem Guanchen nur mit seinen jugendlichen Fans. Lange warten brauchten sie nicht. Nach nur wenigen Minuten näherte sich ein junger Mann im Trainingsanzug mit dem Emblem des Schwimmvereins und den Initialen MR auf der Frontseite seiner Trainingsjacke, ihrem Tisch. Paul musste zweimal hinschauen, um zu erkennen, dass es Manfred war. Es war der ungewohnte Haarschnitt, der Paul zunächst irritierte. Aus einem altmodischen Pagenschnitt war ein Kurzhaarschnitt und aus einem eher zurückhaltenden ein lockerer, offener, sympathischer Typ geworden. Paul war begeistert. Aber auch Manfred schien überrascht, als er Paul am Tisch entdeckte und sich sofort an Pauls Versprechen mit dem Fernsehtechniker erinnerte und ihn herzlich umarmte. Paul stellte auch ihm seine Skatbrüder vor, und Waldemar hielt nichts mehr an diesem Ort. Er ließ den Skatbrüdern nicht mal Zeit, ihr Bierglas zu leeren, und schrittlangsam allen vieren voran zum Boot. Manfred übernahm das Steuer und das alte Ritual wurde eingehalten, außer Sicht- und Hörweite brach ein Redeschwall auf Paul und seine Freunde hernieder. „Paul, ich bin froh und glücklich über deinen Besuch, aber noch mehr freut sich Manfred, der den von dir angekündigten Besuch deines Skatbruders Fränki für die Antenneneinrichtung in seiner Höhle förmlich herbeisehnt." „Jetzt muss ich dir, lieber Waldemar, leider mitteilen, dass unser Techniker Fränki im April gestorben ist." „Das tut mir leid, Paul, aber wie ich dich kenne, hast du schon einen Plan B." „So ist es, und wenn du uns in Manfreds Grotte geführt hast, werde ich dir eine Lösung vorschlagen."

Geschickt steuerte Manfred das Boot um den vor Waldemars Bucht stehenden großen Felsen vorbei in die Meerenge zwischen Ufer und Felsen und war allen Bootsinsassen beim Aussteigen behilflich. Susanna war nicht überrascht, als sich am Ufer etwas bewegte, denn sie erwartete um diese Zeit ihre beiden Männer. Als dann aber statt zwei fünf Männer auf sie zukamen, war auch bei ihr die Freude groß, denn auch sie hatte sich Pauls Besuch herbeigesehnt. Rüdiger und Horst waren von dem einzigartigen Paradies in dieser abgelegenen Schlucht ebenso erstaunt und begeistert wie Paul bei seinem ersten Besuch und überhäuften Waldemar mit Komplimenten, noch bevor Susanna dazu kam, Paul mit herzlicher Umarmung zu begrüßen und er ihr dann seine Freunde vorstellen konnte. Waldemar erklärte Rüdiger und Horst kurz und knapp, wie und warum es ihn vor rund siebzig Jahren in diese Schlucht verschlagen hatte. Inzwischen hatte Manfred den Empfangsdrink, den Café con leche, zubereitet und aus seiner Grotte zusätzliche Sitzmöglichkeiten zur Terrasse geholt. So konnte Susanna mit lässiger Handbewegung die ganze Truppe zu Tisch bitten und den Kaffee kredenzen.

Paul erklärte Susanna und Manfred zunächst mit gekonnter Gestikübersetzung Waldemars, warum der Techniker Fränki nicht mitgekommen war. Beide waren untröstlich, nicht nur wegen der traurigen Botschaft, sondern wohl eher wegen Manfreds Herzenswunsch, der Antenne. Als Paul in diese enttäuschten Gesichter schaute, musste er sofort seinen Vorschlag mit Mario, dem Fernsehtechniker aus La Paz, vortragen. Aber in diesem Zusammenhang wollte er auch noch seine Bewunderung über Manfreds erstaunliche Entwicklung loswerden: „Euer Sohn hat sich seit meinem letzten Besuch unwahrscheinlich positiv verändert. Er erscheint mir wesentlich ausgeglichener und vor allem freut es mich, seine hilflosen Urlaute nicht mehr zu hören", lobte Paul, wobei er Manfred anerkennend auf die Schulter klopfte und der lachend auf seine Ohrhörer zeigte. „Paul, das haben wir einzig und allein dir und seinem Trainer zu verdanken, der sich mit dem Therapeuten schon nach sechs Trainingsmonaten in Abstimmung mit uns für die von dir vorgeschlagene und erfolgreich verlaufene Gehöroperation in der Uni-Klinik in La Laguna eingesetzt hatte. Trainer und Therapeut schafften es außerdem, Manfred im Verein voll zu integrieren. So erzielte er nicht nur kleine sportliche Erfolge, er wurde selbstbewusster und immer sicherer im Umgang mit seinen Sportkollegen. Am meisten freut es mich, dass ich ihm schon einen kleinen Sprachschatz auf Deutsch beibringen konnte, denn die ihn behandelnde Logopädin lehrt ihn Spanisch." „Das alles ist sehr erfreulich und grenzt schon an ein kleines Wunder, aber jetzt wird es auch Zeit, an seine berufliche Zukunft zu denken. Er wird ja irgendwann sein eigenes selbstbestimmtes Leben meistern müssen." „Wie stellst du dir das denn vor, Paul?" „Lieber Waldemar, ich denke darüber nach, wie ich helfen kann, und darüber werden wir möglicherweise bei meinem Besuch sprechen."

Manfred hatte sich kurz entfernt, währenddessen fragte Paul: „Waldemar, nun verrate mir bitte endlich, wo dein Problem liegt?" „Das wird euch Manfred gleich zeigen!" Manfred kam mit zwei Siegerurkunden zurück, die er Paul stolz präsentierte. Paul sah, dass er einmal den dritten und einmal den zweiten Platz bei einem lokalen Wettbewerb über 100 Meter Brustschwimmen belegt hatte und zeigte daraufhin Manfred die Faust mit erhobenem Daumen. Rüdiger und Horst folgten Pauls Geste, nachdem sie die Urkunden ebenfalls betrachtet hatten. Nun war es Manfred, der unbedingt mit Paul und seinen Freunden in seine Grotte gehen wollte. „Ich bleibe mit Susanna hier", sagte Waldemar. Manfreds Höhle war kleiner, dunkler und bescheidener eingerichtet als die von Susanna und Waldemar. Etwas irritiert schaute Paul Manfred an, als er ihn an die Hand fasste, mit ihm in seine Kuschelecke ging und bruchstückhaft sprach: „Hier, hier, Fernseher!" Paul verstand und antwortete: „Okay, okay." Auch das hatte Manfred kapiert, und Paul verschlug es vor Freude und Bewunderung fast die Sprache. Dann deutete Manfred seinen Besuchern an, ihm zu folgen. Paul wunderte sich, dass Manfred mit einer Taschenlampe in der Hand zum vermuteten Ende der kleinen Grotte ging und ein schmales Türchen öffnete. Sie betraten einen dunklen Felsengang, der offensichtlich der Familie als Lagerstätte für Lebensmittel diente. „Kühl genug ist es hier", flüsterte Rüdiger Paul zu, dem es genau wie Paul immer unheimlicher wurde, je länger sie Manfred folgten, denn ein Ende dieses Ganges war im Schein der Taschenlampe nicht zu entdecken.

Plötzlich ein Schrei in der furchterregenden Stille, was war passiert? Von den Skatbrüdern, die Manfred instinktiv in gebückter Haltung und im Gänsemarsch folgten, war Horst gestolpert und mit lautem Schrei gefallen. Manfred kümmerte sich sofort um ihn, und als Horst signalisierte, dass alles okay sei, ging's weiter. Endlich, nach zwei Kurven, stoppte Manfred, deutete mit dem Lichtstrahl auf eine schmale, niedrige Felsnische und kroch hinein. „Auf was haben wir uns da bloß eingelassen?", flüsterte Horst hörbar verängstigt. „Lang ist dieser Durchschlupf nicht, denn Manfred leuchtet schon von der anderen Seite", sagte Paul und kroch ebenfalls auf allen vieren hindurch. Nach und nach folgten Horst und Rüdiger. Dann standen sie in einer weiteren Höhle, größer als Waldemars Wohnraum, und Manfred richtete den Lichtstrahl seiner Taschenlampe auf etwas Gruseliges. Es war eine Mumie, fachgerecht einbalsamiert, und Paul meinte zu Horst und Rüdiger gewandt, die leicht schaudernd neben ihm standen: „Es würde mich nicht wundern, wenn es sich hierbei um eine Guanchen-Mumie handelt!" „Wie kommst du denn darauf?", fragte Horst verwundert. „Im 18. Jahrhundert wurden in der Barranco-de-Herques-Schlucht zwischen Fasnia und Güimar im Südosten der Insel in einer angeblichen Höhle einige Hundert Mumien entdeckt. Bei den als Xaxos bekannten Mumien handelte es sich um die Toten der Guanchen, der ersten Bewohner Teneriffas, die schon vor etwa zweitausend Jahren ihre Toten auf ungewöhnliche Art ehrten. Zum Bestattungsritual gehörte, dass die Leichen mit trockenen Kräutern und Schmalz behandelt, in der Sonne getrocknet, im Feuer geräuchert und dann in eine Höhle zur letzten Ruhestätte getragen wurden. Der Vorgang dieser Einbalsamierung dauerte etwa 15 Tage und glich ihrem Verfahren zum Haltbarmachen von Lebensmitteln." „Paul, das hört sich dermaßen spektakulär an, dass ich es kaum glauben kann. Aber ich werde mich auch in dieser Richtung schlaumachen", war Rüdiger äußerst skeptisch. Dann ließ Manfred den Strahl seiner Taschenlampe ganz langsam durch die Höhle wandern. Und die erkennbaren, kostbaren Grabbeigaben deuteten darauf hin, dass sie keinen gewöhnlichen Guanchen dort liegen sahen. „Bencomo, Bencomo", flüsterte Manfred.

„Was meint er damit?", erkundigte sich Rüdiger. „Keine Ahnung, aber Waldemar wird es uns gewiss erklären können", war Paul sich sicher und gab Manfred ein Zeichen zur Umkehr.

Zurück in Manfreds Wohnbereich, noch tief bewegt von dem gerade Erlebten, ging Paul mit Manfred noch mal in seine Kuschelecke und erklärte ihm, dass er ihm den Fernseher mit Antennenanlage spendieren würde. Manfred umarmte Paul, der vernahm ein leises: „Danke, Paul."

Der Schock über den Anblick der Xaxos, der Mumie, legte sich bei den drei Skatbrüdern, als sie von Susanna gebeten wurden, wieder auf der Terrasse Platz zu nehmen. Paul wollte Klarheit haben: „Waldemar, warum hast du mir den Zugang zu Manfreds Grotte nicht schon früher erlaubt." „Entschuldige, Paul, wie konnte ich wissen, dass ich dir in allem vertrauen kann? Ich brauchte Zeit dafür!" „Und seit wann und warum quält dich das Problem mit der Mumie?", blieb Paul neugierig. „Es ist etwa drei Jahre her, dass Manfred nach einem leichten Erdbeben am Ende des Ganges, der unsere Vorratskammer für Lebensmittel und Tierfutter ist, hinter einem Felsvorsprung den Durchschlupf zur Totenkammer entdeckte. Mir, der ich mich naturgemäß mit der Geschichte der Guanchen beschäftige, war sofort klar, dass dies ein spektakulärer Fund für die Archäologen in La Laguna, vielleicht sogar in der halben Welt sein würde. Es könnte sich gar um Bencomo, den damaligen König dieser Gegend handeln. Also blieb es bis heute ein wohlbehütetes Familiengeheimnis, um uns die Ruhe in unserem Paradies zu bewahren. Das war auch ungefähr der Zeitpunkt, als ich den Kontakt zu dir und deinem Sohn suchte. Zu diesem meinem Problem kam dann noch Manfreds Wunsch, einen Fernseher besitzen zu wollen, was ich lange Zeit blockiert habe und dadurch den Familienfrieden bis zu deiner glücklichen Intervention im Frühjahr dieses Jahres zu gefährden drohte."

„Lieber Waldemar, du wirst doch nicht glauben, dass meine Freunde und ich bezüglich dieser Mumien-Sensation ein Schweigegelübde ablegen werden?", fragte Paul mit ernster Miene. „Nein, das braucht ihr nicht, aber ich vertraue darauf, dass ihr bis zu meinem Tode mit dieser Geschichte nicht an die Öffentlichkeit geht. Danach ja, weil ich glaube, dass ein Bekanntwerden der Mumie für Susanna und Manfred dank der möglichen Touristenströme zu einer Goldgrube werden könnte." „Waldemar, das können wir dir versprechen", sagte Paul und legte, wie seine Freunde, seine Hand über die von Waldemar.

Zwischenzeitlich hatte Susanna wieder Waffeln aufgetischt und Manfred für frischen Kaffee gesorgt. Paul erzählte dann: „Morgen werde ich den Termin mit Mario, dem Fernsehexperten, für übermorgen fixieren. Waldemar, du kannst ihn dann um 14 Uhr am Bollullo-Strand abholen." „Und du glaubst, dass das klappt?", war Waldemar skeptisch. „Garantiert, wenn du übermorgen pünktlich bist. Auf Mario ist Verlass!", war Paul sicher.

Als Paul zum Aufbruch mahnte, stand sowohl in den Gesichtern seiner Freunde als auch in denen von Susanna, Waldemar und Manfred Dankbarkeit und Freude über den herrlichen Nachmittag geschrieben. Darüber freute sich auch Paul.

Manfred übernahm den Rücktransport und Paul signalisierte ihm, sie nicht am Bollullo-Strand, sondern am Hafen in Puerto abzusetzen. Und das tat Manfred mit Stolz und verabschiedete die drei mit freundlichem Lächeln und den Worten: „Danke für Besuch."

Nach einem Bummel durch die Altstadt und einer Einkehr bei Mama Baum hatten die Freunde nur noch einen Wunsch: Karten spielen! Es wurde eine lange Nacht und neben dem Reizen und Spielen gab es nur das eine Thema: den Guanchen vom Bollullo-Strand. Wobei Rüdiger irgendwann die Frage stellte: „Paul, was für eine Überraschung hast du in Manfreds Höhle eigentlich erwartet?" „Auf keinen Fall die Mumie, ich habe eher befürchtet, einige gestohlene Fernseher oder anderes Diebesgut zu finden, weil ich den exzellenten Felsenkletterer Manfred für die Raubzüge in unserer Anlage und im nahe gelegenen Riu-Hotel in Verdacht hatte. Und die Tatsache, dass dem nicht so ist, hat mich so glücklich gestimmt, dass ich Manfred den Fernseher samt Antenneninstallation geschenkt habe." „Ich empfand dies übrigens als eine edle Geste von dir und mit der Geschichte von der Mumie kannst du recht haben, das habe ich auch im Internet recherchieren können", sagte Rüdiger.

Der nächste Tag war Pool-Tag. Nur Paul regelte zwischendurch bei Mario den Besuch bei Waldemar und erklärte ihm, dass die Rechnung für den Fernseher als auch für die Antennen-Installation von ihm bei seinem Besuch im Januar bezahlt werde, und wollte eine Vorauszahlung leisten, was Mario jedoch großzügig ablehnte.
   Am Pool zurück, sah Paul seine Freunde gemeinsam mit Martin im Wasser plaudern und Paul packte die Gelegenheit beim Schopf, um schon vom Beckenrand zu rufen: „Martin, du kommst wie gerufen, hast du Lust uns drei morgen früh zum Flughafen zu bringen?" „Wenn es nicht vor dem Aufstehen sein muss, ganz bestimmt!" „Die Maschine startet gegen 13Uhr!" „Abgemacht!" Erst dann ging Paul unter die Dusche und gesellte sich zu den Schwimmern. Es wurde nach der sportlichen Pflicht im Wasser noch mit Martin und den Skatbrüdern eine feuchtfröhliche Kür auf Pauls Terrasse, wo Martin sich interessiert den Besuch der drei in Waldemars Schlucht schildern ließ, wobei sich Rüdiger, Horst und Paul an ihr gegenüber Waldemar abgegebenes Versprechen, die Mumie nicht zu erwähnen, selbstverständlich hielten.

Erika fühlte sich nach einer OP wieder gestärkt und so begannen Erika und Paul am 29. Dezember den gemeinsamen fünften Winter auf Teneriffa. Die Wochen bis zu ihrer Abreise Ende März waren ausschließlich Erikas Erholung gewidmet. Paul versuchte möglichst viel Arbeit von ihr fernzuhalten und übernahm sowohl den Küchendienst als auch die Versorgung mit Lebensmitteln und die Pflege der Gewächse auf der Terrasse.

Frau Bauers Hündchen hatte bereits sichtliche Fortschritte zur Genesung gemacht, wie Paul bei seinem fast täglichen Spaziermarsch um La Paz feststellen konnte und dabei der guten Frau begegnete. Es ging angeleint brav bei Fuß, als wollte es Dankbarkeit beweisen.

Nur einen Tag später wurde Paul bei gleicher sportlicher Beschäftigung von dem anderen neuen Mitbewohner, einem kernigen älteren Herrn mit dem Rucksack, der Erika schon aufgefallen war, angesprochen. „Hallo, ich bin Yiorgos, kann es sein, dass ich Sie im Strelitzia-Park des Öfteren in den Pool habe gehen sehen?" „Ja, das kann gut möglich sein, denn ich wohne dort", antwortete Paul und stellte sich ebenfalls vor. Und so kamen die beiden, Paul nun in entgegengesetzter Richtung nebeneinander gehend ins Gespräch. Dabei erfuhr Paul, dass Yiorgos gebürtiger Cypriot war, lange in England gelebt hatte und zuletzt Hochschullehrer in La Laguna war und nun mit seiner Ehefrau den Lebensabend im Strelitzia-Park verbringen mochte, der Rucksack sein ständiger Begleiter sei, weil er darin seine Einkäufe verstauen könne. Beide konnten sich gut auf Englisch verständigen und Paul erzählte Yiorgos, wie er in den Strelitzia-Park kam. Paul verabschiedete sich mit dem Gefühl, dass beide irgendwie auf gleicher Wellenlänge tickten.

Bei der Eigentümerversammlung hatte es Herr Otter durch eine überzeugende Vorstellung geschafft, die Stimmenmehrheit bei der Präsidentenwahl zu erreichen. Knuttermann musste zähneknirschend sein Amt abgeben. Sich mit ihm solidarisch erklärend gaben ebenfalls Verwalter Rechtsanwalt Geiger und Paul als Rechnungsprüfer ihre Ämter ab. Zum Vizepräsidenten wurde Francesco und ein Herr Bübchen als Rechnungsprüfer gewählt. Es sollte nach Ansicht Otters auch mit dem neuen Verwalter Litzmann alles besser werden.

Auch bei Mario schaute Paul vorbei. Wie weit war Mario mit der Installation eines Fernsehers in Manfreds Grotte? „Hallo, Paul, alles erledigt. Aufgrund der Lage hatte ich mit dem Empfang zunächst einige Schwierigkeiten, die aber mit Hilfe des hervorragenden Kletterers und intelligenten Manfred schnell beseitigt werden konnten. Bild und Ton funktionieren, und das Gerät steht an seinem Platz in Manfreds Kuschelecke." „Dir wird nicht verborgen geblieben sein, dass Manfred mittlerweile hören kann und sprachliche Fortschritte macht." „Ja, das stimmt, vorsichtshalber gab ich seinen Eltern brauchbare Tipps in Schriftform, wobei auch Sendungen für Gehörlose berücksichtigt sind. Manfred interessiert sich eh nur für Sport und erfreulicherweise für meinen Beruf", lächelte Mario. „Ich habe ihm meine Visitenkarte gegeben und ihm gesagt; wenn du Lust hast, bei mir zu arbeiten, kannst du dich in meinem Laden melden." „Das finde ich toll, mit dem könntest du einen guten Mitarbeiter gewinnen", freute sich Paul. Mario gab Paul die Rechnung, die dieser ihm umgehend überweisen wollte.

Kapitel 14

Sechster Winter

Loro-Park, der beste Tierpark der Welt

Wieder in Moers, wollten Erika und Paul zuerst ihre Söhne besuchen. Alles andere musste warten. Erst schauten sie bei Bernd in Borken vorbei, der sich sehr darüber freute, dass seine Mutter sich wieder gut erholt hatte. Nicht wie in der Vergangenheit wurde über ihre Ausflüge auf der Insel gesprochen, sondern der Bollullo-Guanche war ihr Hauptgesprächsthema. Wobei sich Bernd sehr für den Sohn des Guanchen und seine weitere Entwicklung interessierte.

Am Tag darauf besuchten sie in Neuss Peter und Mara, um auch zu sehen, wie es den Enkelkindern ginge. Und was die nicht alles wissen wollten, weil sie Oma und Opa so lange vermisst hatten. Als Paul ihnen auch wieder von dem Bollullo-Guanchen und seinem Sohn erzählte, waren sie begeistert: „Opa, nimm uns mit, wenn du diese Leute wieder besuchst." „Ja, gerne", lachte Paul. „Das geht aber nur, wenn ihr uns in den Herbstferien mit euren Eltern wieder auf der Insel besucht." Für Peter, der ebenfalls aufmerksam zuhörte, war der spektakuläre Fund in Manfreds Höhle und wie das kommerziell vermarktet werden könnte, höchst interessant.

Dass ihre Söhne unterschiedlich über die Familie des Guanchen dachten, bemerkte auch Erika: „Bernd ist der Einfühlsame, er sieht mehr den Menschen mit seinem Schicksal, wohingegen Peter eher an einen möglichen Nutzen denkt." Paul nickte: „Gut, dass es so ist, denn nur aus der Vielfalt der Menschen und ihrem unterschiedlichen Handeln kann das Richtige entstehen", tröstete er Erika.

Wie immer wollten Erika und Paul von Moers aus in die weite Welt. Und so waren sie schon Mitte April wieder unterwegs.

Von Düsseldorf flogen sie nach La Palma auf Mallorca, von wo sie mit dem Kreuzfahrtschiff „Mein Schiff 3" in Richtung La Valetta auf Malta starteten. Ein überaus humorvoller Kapitän, er hatte bei Durchsagen immer auch einen lockeren Spruch auf den Lippen, steuerte sein Schiff bei herrlichem Wetter mit viel Sonne und geringem Wellengang über Toulon, Ajaccio, Civitavecchia und Salerno nach La Valetta. Ihre Höhepunkte während dieser Reise erlebten die beiden bei den Landgängen in Ajaccio auf Korsika, wo sie Napoleon Bonapartes Geburtshaus besuchten. Vom Hafen in Civitavecchia fuhren sie mit einem Bus nach Rom. Hier wollte Erika nicht wie alle nur den Petersdom und die Sixtinische Kapelle besuchen, sondern auch die vatikanischen Gärten erleben. In Salerno angekommen, fuhren die beiden mit einem Fährschiff die Küste entlang zur inmitten einer beeindruckenden Naturkulisse gelegenen Stadt Amalfi. Hier bummelten sie durch enge, romantische Gassen, vom Amalfi eigenen Zitronenduft benebelt zum im Jahre 937 erbauten prächtigen Dom Sant'Andrea, der sie vor allem mit seinen baulichen Eigenheiten, wie einer prächtigen Bronzetür, beeindruckte. Dann erreichten sie La Valetta, die kleine Hauptstadt Maltas, und hatten, bevor sie zum Rückflug nach Düsseldorf starteten, noch genügend Zeit für einen Bummel durch die Stadt. Diese zu großen Teilen heute noch ummauerte Stadt wurde im 16. Jahrhundert vom römisch-katholischen Johanniterorden gegründet. Sie schafften es jedoch nur, den Großmeister-Palast inmitten der Stadt zu besichtigen, gerne hätten sie noch die Tempelanlagen in Hagar Qim und den Mnajdra-Tempel besucht. „Leider wird der Flieger nicht auf uns warten", tröstete Paul, der sehr wohl bemerkt hatte, dass Erika von La Valetta gerne noch mehr gesehen hätte.

Am 30. Mai wurde im Berliner Olympiastadion wieder das Fußball-Pokalendspiel ausgetragen. Dafür fuhren Rüdiger und Paul mit ihren Ehefrauen Marita und Erika schon am 28. Mai mit dem ICE in aller Frühe von Duisburg nach Berlin. Die Höhepunkte waren die Besuche im Cecilienhof in Potsdam, ein Spaziergang von ihrem Hotel am Anhalter Bahnhof über den Potsdamer Platz zum Brandenburger Tor und weiter über die Straßen „Unter den Linden" und Friedrichstraße zum Gendarmenmarkt, wo sie sich im Schokoladenhaus Rausch eine Tasse Chili-Kakao gönnten. Für die Frauen waren die Höhepunkte der Besuch des Varietétheaters „Wintergarten" und das Shoppen im KaDeWe. Für Rüdiger und Paul sollte es das Endspiel zwischen dem VfL Wolfsburg und Borussia Dortmund werden. Aber die Borussen, ihr Lieblingsverein, verloren 1:3.

Mitte Juni besuchten Erika und Paul das Woolworth-Pensionärstreffen in Rüdesheim am Rhein. Mit einstigen Kollegen zu plaudern war für Paul noch immer ein Erlebnis, auch bei einer gemeinsamen Dampferfahrt an der Loreley vorbei nach St. Goar.

Erika wollte mal wieder den Harz besuchen. Dafür buchte sie vom 4.–6. August eine Busreise. Für Paul war dies zwar etwas ungewohnt, aber die Fahrt wurde auch für ihn zu einem Vergnügen. Sie konnten dabei in der Stiftskirche von Quedlinburg eine fesselnde Theateraufführung nach Umberto Ecos Roman „Im Namen der Rose" besuchen. Ein Fußmarsch durch Einbecks sehenswerte City war ebenso ansprechend, wie auch der Besuch des Schlosses und des ehemaligen Wohnhauses von Gotthold Ephraim Lessing in Wolfenbüttel. Über das Zisterzienserkloster in Walkenried und das schöne Städtchen Duderstadt fuhr ihr Bus dann wieder heimwärts.

Für einige Tage im August lud Paul seinen Hobby-Lektor Richard zu einem Besuch nach Moers ein. Er wollte mit ihm seinem Erstlingswerk „Woolworth und Paul" den letzten Schliff verleihen. Nach einigen wenigen Korrekturen waren sich die beiden einig, dass einem Druck nichts mehr entgegenstünde. Um möglichen Einsprüchen entgegenzuwirken, setzte sich Paul vor der Veröffentlichung auch mit den Eignern seiner alten Firma in Unna in Verbindung. Diese hatten, bis auf Kleinigkeiten, nichts zu kritisieren, nein, sie übernahmen sogar die Gestaltung der Buchtitelseite. Dafür versprach Paul den Vertretern der Direktion, einen Euro pro verkauftem Buch der Woolworth-Stiftung „help and hope" zu spenden, die sich für bedürftige Kinder engagiert. Paul nahm die besprochenen Änderungen vor und somit stand einer Veröffentlichung von „Woolworth und Paul" nichts mehr im Wege. Anschließend fuhr Paul nach München, um die Details mit dem novum Verlag zu besprechen.

Für seine übliche Skattour mit Rüdiger und Horst wählte Paul die Tage vom 14. Bis zum 17. September, sie fuhren nach Bad Zwischenahn. Während dieser Zeit hatten die Freunde auch Zeit und Weile, um die Städte Jever, Leer und Papenburg zu besuchen. Und ebendieser Besuch in Papenburg lohnte sich, sie konnten eine Werft besichtigten und Arbeiten an einem Kreuzfahrtschiff beobachten. Unter diesen sinnreichen Ablenkungen litt ihre Spielleidenschaft aber nicht.

Dann hieß es wieder Koffer packen für den ersehnten Winter auf Teneriffa. Das ganze Drumherum war für Erika und Paul schon zur Gewohnheit geworden, Horsts freundliches Angebot, sie zum Flughafen in Weeze zu fahren, gehörte ebenso dazu wie der kostengünstige Flug mit Ryan Air und Martins Abholservice am Flughafen Teneriffa-Süd. Nur eines war neu, Paul nahm den Sky-Receiver mit, um die Spiele der Bundesliga auch auf Teneriffa live im Fernsehen verfolgen zu können.

Martin, Pauls immer gut gelaunter Freund, weilte mit seiner netten Frau Liesel schon seit Anfang September wieder auf Teneriffa, und so hatte er auch schon erste Informationen zu bieten: „Carolin und Conny aus Wittlar haben sich im Ortsteil Durazno ein Haus gekauft!" „Aber ja, das haben sie uns während unseres letzten Besuches bei ihnen bereits angekündigt", erwiderte Paul. „Die wachsenden Flüchtlingszahlen in der Bundesrepublik sowie diverse damit verbundene Ereignisse nannten sie als Grund dafür." „Hoffentlich bleibt es auf Teneriffa ruhig, denn hier sind auch wachsende Flüchtlingszahlen aus Afrika zu beobachten", war Martin besorgt. „Und es gibt auch wieder Klagen wegen der angeblich zu niedrigen Wassertemperatur von 23 Grad in unserem Pool!" „Das kann ich durchaus verstehen, denn auch mir sind 23 Grad zu kalt", mischte sich Erika in das Gespräch der Männer ein. „Wie ich hörte, soll wohl eine neue Wärmepumpe eingebaut werden", erzählte Martin weiter. „Aber darüber wird wahrscheinlich bei der nächsten Eigentümerversammlung noch gesprochen werden", sagte Martin, den während der Fahrt nichts ablenken konnte. Selbst Pauls leidenschaftlicher Bericht über die grottenschlechte Spielweise der Borussen beim Pokalspiel in Berlin konnte Martin nicht ablenken, als ein PKW plötzlich ausscherte. Martin bemerkte kurz und unaufgeregt: „Paul, solche vorausschauenden Reaktionen hätte ich auch der Abwehr der Borussia aus Dortmund gewünscht!" Pauls herzhafter Lacher war ihm gewiss.

Natürlich hatte auch Eddy wieder ganze Arbeit geleistet. Die Rollläden waren hochgezogen, und selbst die Terrassenmöbel waren schon aufgebaut. Und als Erika mit einem Finger über den Tisch im Wohnzimmer strich, wusste sie, dass auch die fleißige Putzfee Carmen aktiv gewesen war.

Sich neu einzuleben war nicht nötig, Erika und Paul waren wieder in ihrem lieb gewonnenen Urlaubsdomizil.

Am nächsten Morgen schlug Erika vor, nach einer ersten Einkaufsfahrt, endlich einmal den Loro-Park zu besuchen. Das wünschte sich Erika allerdings vergeblich, denn Paul hatte schon den Techniker Mario angerufen, der ihm den Receiver anschließen sollte.

Mario kam am nächsten Tag schon sehr früh. Aber zu Pauls Überraschung war er nicht allein, er hatte Manfred, den Sohn des Guanchen, an seiner Seite. Paul rief nach Erika, eilte dann zu Manfred und nahm den Jungen in die Arme. „Das ist Manfred, der Sohn des Guanchen vom Bollullo-Strand, von dem ich dir schon so viel erzählt habe", sagte er zu Erika, die von der Terrasse herbeigeeilt kam. Mario, der neben Manfred eher klein wirkte, lachte Paul an: „Ja, Paul, du hast recht behalten,

Manfred war, mit dem Einverständnis seiner Eltern, sofort bereit, bei mir eine Art Lehre zu beginnen, und er hat auch schon viel gelernt. Du wirst es gleich sehen", schmunzelte er. Mario griff nach Pauls Receiver und erklärte seinem Gehilfen dann mit wenigen Worten, was zu tun sei, und überließ Manfred sich selbst. Paul musste ihm nur zeigen, an welchem der beiden Fernseher er ihn installieren sollte. Während Manfred mit seiner Arbeit im Gästezimmer beschäftigt war, setzte sich Mario zu Paul und sagte leise: „Schon als der Junge nur wenige Tage in meiner Werkstatt war, konnte ich erkennen, dass er für solche Arbeiten Talent hat, schon nach kurzer Zeit nahm er mir manche Arbeit ab, ohne dass ich ihm viel dazu erklären musste, womit mir viel Zeit für anderes blieb." Paul freute sich darüber, auch für ihn war klar geworden, dass in Manfred viel verborgenes Potenzial in fast jeder denkbaren Richtung stecken würde.

Mario hob den Finger, er hatte noch etwas zu sagen: „Leider überschlugen sich bei dem Jungen dann die Ereignisse. Zuerst starb sein Vater, und der Bursche war völlig durcheinander, er wollte nicht mehr in der Höhlenschlucht wohnen, wollte aber auch seine Mutter nicht alleine lassen." Fragend blickte Paul zu Mario und Mario fuhr fort: „Ich konnte Manfred verstehen, wie sollte er ohne seinen Vater leben? Der Junge hat zwar inzwischen den Umgang mit Menschen und das Leben in Freiheit lieben und schätzen gelernt, aber ohne seinen Vater? Jetzt half ihm und uns allen der Zufall. Im Schwimmverein hatte Manfred ein Mädchen kennengelernt. Sie meinte es ernst mit ihm, und das führte dazu, dass die Großeltern des Mädchens sowohl Manfred, aber auch seiner Mutter bereit waren zu helfen. Beide, Mutter und Sohn, können in diesem Haus in Los Realechos wohnen bleiben, solange dies nötig ist." Paul war etwas irritiert: „Und was geschieht dann mit Waldemars wunderbarer Höhle?" Mario lächelte: „Ich werde mich um den Verkauf der Hinterlassenschaft kümmern, werde wohl ..." In diesem Moment wurde er von Manfred unterbrochen. Manfred näherte sich Paul, nahm ihn an der Hand und ging mit ihm ins Nebenzimmer zurück. Und nun war Paul sehr überrascht, als Manfred mit strahlendem Lächeln auf eine laufende Sky-Sportübertragung zeigte. Paul war sehr berührt, freudig legte er seinen Arm um den Jungen und lobte: „Prima, prima, ganz wunderbar!", wurde sogleich wieder ernst und sagte leise und ganz langsam: „Lieber Manfred, es tut uns leid, dass dein Vater gestorben ist. Wenn du oder deine Mutter jemals Hilfe brauchen, dann sage es mir. Wir helfen euch immer und tun es gerne." Dann versicherte Paul dem Jungen, dass er stolz auf ihn, auf seinen Fleiß und sein Talent sei, und er sicher sei, dass er den rechten Weg gehen werde. Wieder griff Manfred nach Pauls Händen, er hatte Tränen in den Augen. Dann sagte er sehr leise und etwas umständlich: „Danke, lieber Paul, ich freue mich, dass du mir ein Freund bist." Danach erzählte er noch langsam, sich jedes Wort überlegend, dass sein Vater friedlich eingeschlafen sei, dass er auf der Wiese in der Schlucht unter einem Avocado-Baum, beerdigt worden sei. Danach blickte Manfred wieder auf und sagte zu Paul: „Bezüglich der Mumie haben Susanna und ich meinem Vater noch vor seinem Ableben etwas versprochen, worüber ich gerne mit dir und deiner Frau bei nächster Gelegenheit einmal sprechen möchten. Du weißt ja, wo du mich erreichen kannst!" Dann lächelte der Sohn des Bollullo-Guanchen und ganz leise sagte er: „Jetzt muss ich wieder arbeiten, wir haben heute noch viel zu tun!" Damit hatte er recht, denn Mario stand schon wartend im Haustürrahmen.

„Was soll Manfreds Bemerkung über die Mumie bedeuten?", erkundigte sich Erika. „Das werden wir spätestens bei einem gemütlichen Kaffeeklatsch mit Susanna und Manfred an einem Sonntagnachmittag auf unserer Terrasse erfahren, aber morgen geht's endlich in den Loro-Park", lächelte Paul.

Gegründet wurde der Loro-Park als Papageien-Park in den 1970 er Jahren mit 150 Papageien. Er ist bekannt geworden durch seine Papageien-Shows. Es waren der aus Köln stammende damals 33-jährige Wolfgang Kiesling und sein Vater, die diese grandiose Idee hatten. In den darauffolgenden Jahren entstand dort die weltgrößte Papageien-Sammlung mit mehr als dreihundert Papageienarten und Unterarten in einer Zuchtstation. Das Wissen um die Papageien wird heute als Informationsquelle für Fachleute und Studenten aus aller Welt zur Klärung wissenschaftlicher Fragen genutzt.

Im Jahre 1987 wurde das Delphinarium mit 7 Millionen Litern Meerwasser, das permanent in einer hauseigenen Pump- und Reinigungsanlage erneuert wird, eröffnet. Dann erfolgte der weitere Ausbau des Parks mit dem Orchideenhaus, dem Kaiman-Becken, der Gorillaanlage, dem Pinguinarium und einem riesigen Aquarium. Die Gesamtfläche des Zoos umfasst jetzt 135 000 m² mit einem Gesamtbestand von 4 500 Tieren in 570 Arten.

Nach dem Frühstück schlug Paul vor: „Lass uns gemütlich nach Puerto spazieren und kostenlos mit der Loro-Park-eigenen Bimmelbahn zum Eingang in Punta Brava fahren." Erika war einverstanden und freute sich auf den Zoobesuch.

Sie gingen ihren üblichen Balustraden-Weg über die Klippe von Martianez hinab nach Puerto, auf der Avenida de Colón am Café de Paris vorbei und vor dem Hotel Catalonia las Vegas bestiegen die beiden froh gelaunt einen der seitlich offenen Anhänger der dort wartenden Loro-Bimmelbahn.

„Ich bin wirklich gespannt, was uns heute erwartet", sagte Paul, als sie ruckelnd durch Puertos Straßen an der Playa Jardín vorbei, zum Ortsteil Punta Brava fuhren, wo sie am Ende eines großen Autoparkplatzes zum Eingang des Loro-Parks kamen.

Als Erika und Paul die eigenartige Bimmelbahn verließen, bemerkte Paul etwas irritiert: „Erika, ich erwarte hier ja einige Überraschungen, dass ich aber am Eingang an meine lange zurückliegenden Geschäftsreisen nach Thailand erinnert werde, irritiert mich. Zugegeben, es sieht nicht schlecht aus, aber wie passt dieser Eingang zu einem Tierpark?" „Das kann ich dir erklären", erwiderte Erika. „Ein Prinz von Siam, der Vater des früheren Königs Bhumibol von Thailand, besuchte 1913 Teneriffa und war dermaßen begeistert, dass er viele Landschaftsbilder von Teneriffa in sein Tagebuch malte. Aufgrund der Verbundenheit von Teneriffa mit Thailand wurde hier 1993 das thailändische Dorf von einer Schwester König Bhumibols eingeweiht. Diese erzählte in ihrer Heimat voller Begeisterung von diesem Loro-Park und dem thailändischen Dorf, so dass Königin Sirikit mit großem Gefolge im Jahre 1996 den Loro-Park besuchte."

„Ich bin übrigens auch sehr gespannt", lächelte Erika, als sie nach dem Ticketkauf das Eingangstor mit seinem thailändisch geprägten Dach durchschritten.

Dann kamen beide aus dem Staunen nicht heraus. Zunächst war da der Anblick des aus sechs Holzhäusern bestehenden thailändischen Dorfes, mit seinen kleinen typischen Geschäften. Und dann folgte ein Highlight dem anderen beim Rundgang durch den gärtnerisch sehr schön gestalteten Tierpark. An einem See mit unzähligen farbenprächtigen Kois vorbei erreichten sie ein Gorilla-Gehege, Erika lächelte verschmitzt: „Der gewaltige Boss in der Gruppe hat Ähnlichkeit mit dir, lieber Paul." „Wie kommst du denn darauf?", fragte Paul erstaunt und schaute sich das wuchtige Tier näher an. „Es ist die Trägheit in seinen Bewegungen und die bewundernswerte Ruhe, die er beim Verzehr der Banane zeigt", lachte Erika. „Okay, wenn du das so siehst, dann bin ich gespannt, welche tierischen Eigenschaften noch in mir stecken!", grinste Paul. Als die beiden bei den Seehunden vorbeikamen, wies Erika Paul auf seinen Schnäuzer hin. „Dem Seehund gefällt der auch, schau nur hin, wie stolz der ist", antwortete Paul. Im sogenannten Planet-Pinguin, einer Halle, in der sich hinter einer Glaswand Pinguine in einer wahren Schnee- und Eislandschaft tummelten, wurden sie auf einem Transportband gemächlich an der beeindruckenden Szenerie vorbeigefahren. Am Löwengelände kam Paul ohne lustige Bemerkungen seiner besseren Hälfte vorbei. Nachdem sie den Flamingo-Garten passiert und bei den Jaguaren, Flusspferden und Alligatoren vorbeigekommen waren, befürchtete Paul dann bei zwei Riesen-Schildkröten, die sich in aller Seelenruhe paarten, den nächsten Seitenhieb. Aber Erika beließ es bei einem süffisanten Schmunzeln. Nachdem sie sich auf der Terrasse einer Picknick-Station einen Café con leche gegönnt hatten, durfte Paul die Loro-Show nicht versäumen: „Erika, in zehn Minuten beginnt die Vorführung mit den Papageien, die möchte ich nicht verpassen und außerdem einen guten Sitzplatz in der Halle ergattern." „Okay, ich bin ja schon bereit, das interessiert mich doch auch", freute sich Erika. Von den Darbietungen der intelligenten Vögel, die einfache Rechenaufgaben lösten, Fahrten auf einem Spielzeug-Motorrad zeigten und ihre Flugkünste demonstrierten, waren die beiden angetan. Nach der anschließenden Delphin-Show bummelten sie weiter durch die herrliche Anlage, bis sie den Eingang der Orca-Show erreichten. Paul wunderte sich über den enormen Zuschauerandrang: „Hoffentlich finden wir hier noch einen vernünftigen Sitzplatz", war er überaus besorgt. Diese Sorge war unbegründet, denn das riesige Areal fasst bis zu dreitausend Zuschauer. „Paul, lass uns in der oberen Hälfte der Tribüne platznehmen!", bat Erika energisch. „Warum denn das, hier unten sind wir doch viel näher am Geschehen?", reagierte Paul brummig. „Frau Haubenschlitz, die kürzlich hier war, hat mir verraten, dass die tonnenschweren Orcas es lieben, direkt vor den Zuschauern ihre Arschbomben auszuführen, und deren Auswirkungen will ich mir ersparen", lachte Erika. Vom spritzwassersicheren Sitzplatz aus hatten sie einen guten Blick auf das riesige, mit über 22 Millionen Litern Meerwasser gefüllte Becken mit der dahinterliegenden kleinen Bühne für die Dompteure. Paul war sichtlich aufgeregt, denn eine Show mit diesen gefährlichen Orcas hatte er noch nie sehen können. Erika ging es ähnlich, denn sie flüsterte Paul zu: „Hier soll ein Orca schon mal einen Dompteur getötet haben, so las ich es kürzlich." „Das ist ja schrecklich, aber jetzt scheint's loszugehen. Schau, dahinten werden die Schleusen vom Nachbarbecken zum Hauptbecken geöffnet", sagte Paul und deutete Erika den Ort des Geschehens mit einer Handbewegung an. Sechs dieser riesigen Meerestiere schossen pfeilschnell durchs Wasser. Und schon geschah das von Erika Vorhergesagte. Einer löste sich aus dem Verbund, flog meterhoch aus dem Wasser und platschte genau vor der Tribüne zurück. Eine breite Wasserfontäne ergoss sich tatsächlich auf die unteren Zuschauerränge und über viele Zuschauer, von denen sich nur wenige mit Regenumhängen oder Schirmen schützen konnten. „Danke, Erika, beim nächsten Besuch wissen wir, was wir im Gepäck haben müssen", strahlte Paul. Unterstützt von spektakulären Live-Bildern auf einer großen Leinwand nahm eine unvergessene Show nun ihren Lauf.

„Die Orca-Show war die absolute Krönung unseres Besuches im Loro-Park", stellte Paul fest, als die beiden wieder in der Bimmelbahn in Richtung Stadtmitte saßen. „Und deswegen sollten wir den Tag mit einer lukullischen Krönung am Abend in einem Herrenhaus, ganz in unserer Nähe, ausklingen lassen", schlug Paul vor. „Was heißt hier Herrenhaus, wovon redest du da?", erkundigte sich Erika. „Es ist eine Adresse, die mir unser Freund und Schmecklecker Martin empfohlen hat", lächelte Paul. „Na schön, das hört sich zumindest gut an", war Erika einverstanden.

Das Lokal Abaco – nein, das Herrenhaus „Grande Casa" – hatte seine originale Einrichtung, sein Ambiente und Gefühl aus dem 17. Jahrhundert erhalten, und ist im Ortsteil El Durazno zu finden.

Erika und Paul hatten sich nach ihrer Heimkehr wieder frisch und ausgehfertig gemacht. „Ich schlage vor, zum Abaco zu fahren, marschiert sind wir heute schon genug", sagte Paul. „Okay, ich bin auch dafür, aber du weißt ja, dass du Alkohol dann vergessen darfst", lächelte Erika spöttisch.

Es war eine kurze Fahrt, denn schon nach etwa fünf Minuten erreichten sie den zum Lokal gehörenden Parkplatz. Von außen betrachtet wirkte die Lokalität eher schlicht und bescheiden. Aber im Eingangsbereich blieb Erika verzückt stehen, um die Blumenpracht und Früchtedekoration zu bewundern. „Paul, ist das nicht ein Traum? So etwas Schönes habe ich im Entrée eines Lokals noch nie gesehen!" „Ja, ganz hübsch, hoffentlich hält die Küche, was der Eingangsbereich verspricht", war Paul noch skeptisch, als sich ihnen ein Ober mit der Frage näherte: „Kann ich ihnen behilflich sein und haben sie einen Tisch bestellt?" „Leider nicht, wir haben uns spontan entschlossen, bei

Ihnen einzukehren." „Meine Herrschaften, Sie haben Glück, ich kann Ihnen ausnahmsweise noch einen Tisch im Innenbereich des Lokals anbieten, oder möchten sie an diesem herrlichen Abend lieber auf der Terrasse speisen?" Paul schaute Erika fragend an, und sie entschied sich für draußen. Der Platz war gut gewählt, denn hier genossen die beiden nicht nur ein leckeres „Drei Gänge Menü", sondern auch den weiten Blick über La Paz, das Orotava-Tal, bis hin zum Atlantik.

„Dürfen wir uns hier im Haus, von dem ich nur Positives gehört habe, noch etwas umsehen?", erkundigte sich Paul beim Bezahlen der Rechnung bei dem netten Ober. „Aber selbstverständlich", lachte der Mann, „wir sind für unser Museum doch inselweit bekannt." In der ersten Etage dieses ehemaligen Herrenhauses fühlten sich Erika und Paul tatsächlich von der gesamten Einrichtung ins vorvorvorletzte Jahrhundert versetzt. „Das muss man gesehen haben, solchen schlichten Luxus kann man sich nicht vorstellen", war Paul beim Verlassen des Lokals überzeugt. Auch Erika hatte dieser Blick, drei Jahrhunderte zurück, gefallen, vor allem waren es für sie das Badezimmer und die Küche.

Als Paul einige Tage später Martin beim Schwimmen traf, war es ihm ein inneres Bedürfnis, sich für seinen Abaco-Tipp zu bedanken, aber Martin lachte nur: „Paul, ich habe schon wieder etwas Neues ausbaldowert. Ein klasse Fischlokal in El Sauzal, da gibt es Fisch im Salzmantel." „Prima, darunter kann ich mir zwar nichts vorstellen, aber deine Vorschläge waren immer erste Güte", antwortete Paul, um danach seine fünfzehn Runden im Pool zu schwimmen.

Als er sich danach auf der Terrassen-Liege entspannte, war es Erika, die ihn dabei störte: „Das hat der Briefträger eben für dich abgegeben", sagte sie und übergab Paul ein kleines Päckchen. Mit einem Blick auf den Absender fühlte Paul, dass er nervös und sehr unruhig wurde. Es war sein Buch „Woolworth und Paul". Stolz zeigte er seiner Erika das Produkt seiner zweijährigen schriftstellerischen Bemühungen.

Bei der Eigentümerversammlung gab es aus Kostengründen keine Einigung zur Anschaffung einer überaus notwendigen zusätzlichen Schwimmbad-Wärmepumpe. Der neue Verwalter musste viel berechtigte Kritik über sich ergehen lassen, sodass per Mehrheitsbeschluss der Versammlungsteilnehmer Präsident Otter gebeten wurde, sich mit dem ehemaligen Verwalter Rechtsanwalt Geiger zwecks Wiederaufnahme seines Amtes in Verbindung zu setzen, was auch geschah. Bei einer kurzfristig einberufenen Sondersitzung wurden Otter als Präses, Francesco als Vize und Bübchen als Rechnungsprüfer bestätigt und Rechtsanwalt Geiger wieder Verwalter.

Und wieder war Martin Ende März gerne bereit, Erika und Paul zum Flughafen Teneriffa-Süd zu fahren. Seine Frau Liesel ergänzte die Fahrgemeinschaft, weil sie anschließend mit Martin noch einen Bummel über die Strandpromenade in Ardeche machen wollten.

Kapitel 15

Siebter Winter

La Gomera, die Insel mit Pfiff

Wieder in Moers war es für Erika wichtig, an Anita und Ewald ein kleines Dankeschön-Präsent für deren vorbildlichen Wohnungsservice zu überreichen.

In Gedanken war sie allerdings schon wieder in Holland unterwegs. Sie hatte dafür schon im letzten Herbst beim Reise-Team in Moers für eine Busfahrt vom 19. bis zum 22.04. alles organisiert. Mehr als überrascht erkundigte sich Paul: „Wie kamst du denn auf diese Idee? Nicht, dass ich etwas dagegen hätte, aber kennen wir uns in Holland nicht schon gut genug aus?" „Wenn du die Gegend um Venlo meinst, wo wir fast monatlich zum Blumen- und Pflanzeneinkauf sind, muss ich dir recht geben", antwortete Erika etwas pikiert. Und sie erzählte auch, dass ihr der Gedanke gekommen war, als ihnen Liesel und Martin von ihrem Ferienhaus bei Domburg erzählt hatten und ihnen diese Gegend sehr gefallen hätte. „Na gut", lächelte Paul, „ich lass mich überraschen und unsere letzte Bustour hat mir ja auch gefallen."

Er wurde nicht enttäuscht. In einem schön gelegenen Hotel in Burgh-Haamstede bezogen sie Quartier, von wo die Städte Middelburg, Domburg, Renesse und Rotterdam besucht wurden. Im Hafen von Rotterdam fiel den beiden ein großes Passagierschiff auf. Dieses wollten sie näher besichtigen. Es war die „La Grande Dame", wie die SS Rotterdam auch genannt wurde, und das Schiff hat seine Geschichte. Es wurde 1958 von der damaligen Königin Juliana getauft und mit zwei Dampfturbinen ausgerüstet fuhr dieser Stolz der niederländischen Schifffahrt jahrelang regelmäßig nach Amerika. Jetzt war sie fest vertäut und frisch renoviert und zum Hotel mit mehreren Bars und Räumlichkeiten für Konferenzen wieder nutzbar gemacht worden.

Erika und Paul fanden auf dem Sonnendeck dieser „La Grande Dame" an der Bar einen Platz und genossen bei einem Genever-Tonic-Longdrink die wunderbare Aussicht auf die Maas und ihr Umfeld, bevor sie der Bus mit der servicefreundlichen Begleitung des Reise-Teams wieder heimwärts fuhr.

Pauls Buchpremiere war mit „Woolworth und Paul" im Handel, und der Autor musste jetzt die Werbetrommel rühren. Die vom Verlag initiierte Werbung reichte ihm nicht. Also bemühte sich Paul um Buchbesprechungstermine bei den Redaktionen der WAZ und der Rheinischen Post in Moers sowie den Ruhr-Nachrichten in Dortmund – und bekam sie.

Vom 10. bis zum 16.05. fuhren Erika und Paul mit dem nostalgischen „Klassik-Courier", einem Eisenbahn-Klassiker, in Richtung Danzig in Polen. Es war Pauls Wunsch, einmal die Heimat seiner Großeltern mütterlicherseits kennenzulernen. Natürlich war Erika sofort dabei. Erster Halt war in Posen mit einer Hotelunterkunft und Stadtbesichtigung. Dann ging die Reise nach Czerwonken bei Allenstein weiter, von wo sie mit einem Bus nach Nikoleiken in den Masuren fuhren. Aus dieser Gegend des ehemaligen Ostpreußens stammten Pauls Großeltern. Paul war von den riesigen masurischen Seen sehr beeindruckt und er konnte sich wieder gut an Opas Erzählungen aus seiner Heimat erinnern. Danach stand Frauenburg am Frischen Haff auf ihrem Programm, wo sie das Grab des Nikolaus Kopernikus im Frauenburger Dom besuchten. Ein Stadtbummel durch Danzig und der Besuch der Marienburg rundeten diese erlebnisreiche, wunderschöne Reise ab. Von Thorn fuhren sie mit dem Klassik-Courier wieder heimwärts.

Und wieder durfte Paul ein Pokalendspiel in Berlin nicht versäumen. Am 20. Mai fuhr er mit Horst und Rüdiger mit der Bundesbahn nach Berlin, um nach 120 spannenden Minuten ohne Tore die Borussia aus Dortmund im Elfmeterschießen gegen die Bayern aus München 4:3 verlieren zu sehen. Von dieser bitteren

Niederlage erholten sich die drei dann in einer dem Olympiastadion nahe gelegenen Kneipe mit etlichen „Kühlen Blonden".

Am 20. August fand in der Freilichtbühne in Elspe im Sauerland wieder ein „Karl-May-Tag" statt. Mit den Enkeln Paul und Finn und ihren Eltern schauten sich Erika und Paul die dort gebotene Aufführung „Im Tal des Todes" an. Bevor die eigentliche Vorstellung begann, hatten sie noch Gelegenheit, eine Stunt- und eine Musikshow auf gleichem Gelände zu besuchen. Die Enkelkinder waren wieder rundherum begeistert, und Paul war mehr von der Freude der beiden Jungs als vom sonstigen Geschehen angetan.

„Warum nicht mal wieder mit einem Kreuzfahrtschiff unterwegs sein?", dachte sich Paul, als ihm sein Freund Rüdiger eine gemeinsame Tour nach England, nach Wales und Irland vorgeschlagen hatte. Erika war sofort einverstanden, denn für eine Woche durfte sie sich für die Blumen- und Gartenbewässerung auf ihre Nachbarin Anita verlassen. Am 3. September starteten Marita, Erika, Rüdiger und Paul frühmorgens mit einem ICE vom Duisburger Hauptbahnhof nach Bremerhaven und bezogen im Atlantic-Hotel Sail City Quartier. Bevor am nächsten Nachmittag mit dem Kreuzfahrtschiff „Mein Schiff 5" die Tour beginnen sollte, wollten sie sich in Bremerhaven noch umschauen. Es lohnte sich. Das neue Hafengelände mit dem Mediterraneo, einem Einkaufs- und Erlebniscenter, faszinierte sie. Sie hatten das Gefühl, durch eine italienische Kleinstadt zu spazieren. Danach besuchten sie noch das über die 107 Meter lange, gläserne „Havenbrücke" an dieses Center angebundene Columbus-Center.
 Aus dem Fenster ihres im 7. Stock gelegenen Hotelzimmers hatten Erika und Paul einen freien Blick über das Hafengelände und die Wesermündung. Am Vormittag ihres Abreisetages hatten sie noch Gelegenheit, das interessante Museum im Haus der deutschen Auswanderer zu besuchen. Dann hieß es: „Einschiffen und Leinen los!" Nach einem Seetag mit schönem Wetter erreichten die vier am folgenden Tag Southampton. Wäh-

rend Marita und Rüdiger vor Ort blieben, schlossen sich Erika und Paul einer Reisegruppe an, die die Stadt Bath in einer Hügellandschaft im Südwesten Englands zum Ziel hatte. Sie wollten das Städtchen kennenlernen, in dem ihre Enkel Paul und Finn während eines dreimonatigen Internat-Aufenthaltes im letzten Jahr waren. Bath ist berühmt für seine römischen Bäder, die ab dem Jahr 43 n. Chr. von den damals hier lebenden Römern gebaut worden waren. Davon konnten sich die beiden bei den Ausgrabungen von Aquae Sulis, so wurde Bath zur Römerzeit genannt, überzeugen. Auf ihrem Weg zurück nach Southampton kamen sie an dem über 5 000 Jahre alten Megalith-Bauwerk Stonehenge vorbei, einer Anordnung von Felsen, die darauf schließen lassen, dass das Monument für ein Ritual der Sonnenanbetung errichtet wurde.

Nach einem weiteren Seetag landete das Schiff in dem kleinen Städtchen Holyhead in Wales, wo sich ein Landgang allerdings nicht lohnte. Dafür gönnten sich die enttäuschten vier ein Abendessen im Gosch auf Deck 12. Spannender wurde es am nächsten Tag in Cobh in Irland. Sie landeten in jenem Hafen, in dem die Titanic im Jahre 1912 die letzten Passagiere vor ihrem Untergang aufnahm. Trotz ungemütlichem, regnerischem Wetter blieben die bunten Häuserfronten der Stadt in Erinnerung oder vielleicht auch gerade deswegen. Am Abend dann die angsteinflößende Durchsage des Kapitäns: „Wegen eines herannahenden Sturmtiefs müssen wir eine Kursänderung vornehmen. Statt Dublin wird unser nächstes Ziel Cork sein!" Die Nacht auf dem Schiff verlief ruhiger als befürchtet. Und der Stadtrundgang in der Universitätsstadt Cork bei strömendem Regen fand seine Höhepunkte in einer sehenswerten Markthalle und der auf einem Hügel gelegenen St. Anne's Church aus dem 18. Jahrhundert sowie dem über vierhundert Jahre alten Fort Elizabeth.

Die Kursänderung hatte sich gelohnt, denn am nächsten Tag hatten die vier strahlenden Sonnenschein in Irlands Hauptstadt Dublin. Ihr Ziel war das historische Dublin Castle, ein Schloss aus dem Jahre 1204. Sie nahmen sich Zeit, es von außen und innen zu besichtigen, denn die Anlage ließ sie weit in die alte Geschichte jener Zeit blicken.

Danach überraschten Rüdiger und Paul ihre Frauen mit einer Einkehr in eine Whisky-Destillerie, und alle waren nach mehr als reichlicher Verkostung überzeugt: „In Dublin leben die nettesten und fröhlichsten Menschen der Welt."

Am darauffolgenden Seetag war Relaxen mit Schwimmen, Saunagängen und Massagen angesagt, bevor auf der Halbinsel Portland im Ärmelkanal der letzte Landgang dieser Reise zum Strand von Weymouth unternommen wurde.

In Birgitts Viktoria-Stuben in Moers-Scherpenberg trafen sich Horst, Rüdiger und Paul wieder zu einem zünftigen Skatabend. Natürlich gab es tausend Themen vor, während und nach dem Match zu besprechen, und für Rüdiger war die Familie des Bollullo-Guanchen noch immer ein Thema. „Paul, hast du inzwischen mal wieder etwas von unseren Freunden in der Höhle auf Teneriffa gehört?" „Ja, ich habe Negatives und Positives gehört, was möchtet ihr zuerst hören?" „Mich interessiert mehr das Positive, aber erzähle es uns wie du es für richtig hältst", sagte Horst sofort. Paul nickte, schaute dann zu seinen Freunden und sagte sehr leise: „Unser gemeinsamer Freund Waldemar ist für immer friedlich in seiner Grotte eingeschlafen." Einen Moment hielt Paul inne, aber dann berichtete er ausführlich, dass Manfred erstaunliche geistige und sprachliche Fortschritte gemacht habe, dass er in seinem Job als Fernsehtechniker von seinem Chef Mario über den Klee gelobt würde. Dann erzählte Paul, was er beim letzten Besuch von Manfred in seiner Wohnung bei der Installierung des Sky-Receivers erlebt und gehört hatte. „Es ist wirklich mehr als erstaunlich, und sicher haben seine Therapeuten und sein Umgang mit Menschen im Beruf und Verein viel dazu beigetragen", war Horst sicher.

„Und wer muss geben?", erkundigte sich Horst. „Immer, wer so dämlich fragt!", antwortete Rüdiger. Als nach spannenden Spielen mit einigen Contras und Bocks der Skatabend beendet wurde, hatte Horst die höchste Punktzahl auf dem Block, und das waren Minuspunkte, die umgerechnet in Euro in die Skatkasse wanderten. Dann hatte Paul noch einen Vorschlag: „Solltet ihr Lust haben, unseren nächsten Skatabend auf Teneriffa zu verbringen, dann fliegt mit mir am 19. Oktober. Erika folgt mir erst am 26. Oktober auf die Insel." „Dumme Frage, natürlich habe ich Lust, aber vorher muss ich den Termin noch mit Marita abstimmen", lächelte Rüdiger, und Horst begnügte sich mit einem „Aber ja!"

Paul glaubte wieder vergeblich, dass er im Garten alles winterfest gemacht habe, und Erika monierte prompt: „Paul, wie oft muss ich dir denn sagen, dass auch das Olivenbäumchen in einem Sack verstaut werden muss und der Agapanthus in das Gartenhäuschen gehört. Bist wohl mit den Gedanken schon auf der Insel." „Entschuldige, mein Schatz, das Letztere stimmt!", lachte Paul.

Am 19. Oktober flogen die drei wieder mit Ryan Air vom Flughafen Weeze ab und Martin, den Paul informiert hatte, empfing sie am Passagierausgang mit einem hochgehaltenen DIN-A3-Schild: „Pauls Skatgruppe, herzlich willkommen!" „Martin, alter Freund, du bist jederzeit für eine neckische Überraschung gut, es freut mich, dich wiederzusehen", schmunzelte Paul zur Begrüßung.

Während der Fahrt zum Strelitzia-Park erkundigte sich Martin mit leichtem Spötteln: „Habt ihr drei denn außer Skatspielen noch anderes vor?" Natürlich dachten die Freunde nicht nur an ihr Kartenspiel. Rüdiger erklärte: „Ich beschäftige mich mit dem Gedanken, die Insel La Gomera zu besuchen, habe es Paul und Horst allerdings noch nicht verkündet." „Keine schlechte Idee", meinte Paul, und Horst stimmte dem auch zu. „Da habe ich einen Tipp für euch", ergriff Martin wieder das Wort. „Gleich bei uns um die Ecke an der Calle Acevino ist eine Autovermietung, die mit der Tamaran-Reisegesellschaft Touren auf La Gomera anbietet. Vielleicht könnt ihr da kurzfristig etwas arrangieren. Wie lange bleibt ihr diesmal hier?", fragte Martin. „Den Rückflug haben wir in drei Tagen gebucht, aber ohne Paul", antwortete Rüdiger schmunzelnd. „Dann sollten wir noch heute bei der Autovermietung vorbeischauen", schlug Paul vor. Dann fiel Martin noch etwas ein: „Paul, du hast mir doch mal bei einer unserer Wanderungen erzählt, dass du Kontakt zu dem Bollullo-Guanchen hast. Und als ich jetzt mehrmals mit meinem Enkel Matteo dort war, haben wir ihn zur Enttäuschung meines Enkels nicht mehr gesehen." „Schade für Matteo, den werdet ihr auch nicht mehr sehen können. Er verstarb vor etwa einem Jahr, so hat es mir sein Sohn erzählt", erklärte Paul.

Martin wusste während der Fahrt noch von einem neu entdeckten Restaurant mit guter Küche zu berichten, und er wusste auch, dass der diebische Fassadenkletterer im Riu-Hotel aus der dritten Etage abgestürzt und an schweren Verletzungen verstorben sei.

Als die drei sich in Martins Garage für seinen Abholservice bedanken wollten, winkte Martin ab: „Kümmert euch jetzt lieber um Tickets nach La Gomera." „Danke, Martin, wird gemacht", lachte Paul.

Rasch war ihr Gepäck in Pauls Diele abgestellt und schon waren sie auf dem Weg zur Autovermietung. Sie hatten unwahrscheinliches Glück, denn für den übernächsten Tag war eine Tour nach La Gomera im Angebot und freie Plätze für die Skatfreunde gab es auch noch. „Sie müssen aber pünktlich um sieben Uhr an der Ecke Calle Sabina und Calle Acevino stehen, dort wird ein Kleinbus parat stehen", sagte die charmante Dame hinter dem Tresen, als Rüdiger die Tickets aus der Skatkasse bezahlte.

Pauls Kumpel waren in dieser Ferienwohnung auch schon wie zuhause, also wusste jeder, wer wo schlafen konnte und wo Bier und Wein zu finden waren. Snacks hatten sie sich auf dem Rückweg besorgt, und dank Eddys Empfangsservice konnten sie sofort ihrer Spielleidenschaft auf der Terrasse nachgehen.

Nach dem Frühstück bei Sandra am nächsten Morgen musste für Nachschub im Kühlschrank gesorgt werden. Dafür fuhren sie zum Supermarkt im La-Cupula-Einkaufscenter, weil die drei bei dieser Gelegenheit Manfred im Geschäft von Mario besuchen wollten. Der Boss war anwesend, den konnten sie schon durch die Schaufensterscheibe in seinem Laden werkeln sehen, hoffentlich auch Manfred.

„Buenos dias, Mario, entschuldige bitte die Störung, ich will nicht stören, nur sehen, wie es Manfred geht." Mario freute sich über diesen Besuch: „Schön, dich zu sehen, wie geht es dir?", erkundigte er sich. Nach einem „Danke, ausgezeichnet" stellte Paul dann seine Freunde vor. „Wir wollen mal wieder auf der Insel unseren Spaß beim Skat Spielen haben", sagte Paul und schaute sich suchend nach Manfred um. „Manfred ist nebenan, ich hole ihn", erklärte Mario, der Pauls suchenden Blick zu interpretieren wusste. In genau diesem Moment betrat eine Kundin den relativ kleinen Laden. Um es nicht zu eng werden zu lassen, verließen Horst und Rüdiger den Raum und machten Platz. „Einen Augenblick, gnädige Frau, der Boss kommt sofort wieder", tröstete Paul die Dame. Und dann kam Mario schon. Und er kam mit Manfred, der Paul sofort in die Arme nahm und herzlich begrüßte. „Lass uns vor die Tür gehen, da warten meine Freunde und außerdem stören wir hier den Betrieb", sagte Paul. Nachdem Manfred auch Rüdiger und Horst begrüßt hatte, war ihm die Freude über diesen unverhofften Besuch anzusehen. „Ich bin überglücklich, dich, Paul, und deine Freunde wiederzusehen und habe schon lange den Wunsch, euch Vaters letzte Ruhestätte zu zeigen. Da ich weiß, dass euer Skatmeeting nur über einige Tage geht, schlage ich vor, wenn ihr nichts Besseres vorhabt, schon heute mit euch dorthin zu schippern." „Schön und gut, wir haben Zeit, aber wie soll das gehen?", war Paul überrascht. „Ganz einfach, ich hole euch nach Feierabend gegen 19 Uhr im Strelitzia-Park mit meinem Auto ab. Ich klingele dreimal und ihr wisst, dass ich vor der Eingangspforte zur Anlage stehe. Ich freue mich schon riesig, und nun muss ich zurück zur Arbeit. Bis später." Und weg war er, die drei schauten sich verdutzt an und winkten Mario zum Abschied noch zu.

Manfreds forschen Auftritt und seinen fast fehlerfreien Redefluss mussten die drei noch verarbeiten. Ein Café um die Ecke kam ihnen gerade recht. „Also, Paul, wenn ich Manfred nicht schon in der Grotte kennengelernt hätte, würde ich behaupten, dass soeben ein Double von ihm mit uns geredet hat, so souverän war sein Auftreten. Ich bin mehr als überrascht, das übertrifft ja noch all das, was du uns am letzten Skatabend über Manfred erzählt hast!", wunderte sich Rüdiger. Paul lächelte: „Ich bin fast sicher, dass wir heute noch mehr über seine erfreuliche Entwicklung von ihm erfahren werden, also lassen wir uns überraschen", sagte er. Horst wunderte sich, dass dieser einst hilflose Mensch bereits einen Führerschein hatte, und zweifelte an dessen Fahrtüchtigkeit. „Mich interessiert mehr, von wo und wie Manfred uns in Waldemars Schlucht bringen wird, und wie es dort jetzt aussieht. Jedenfalls sehe ich einen spannenden Abend vor uns", sagte Paul und schlug einen Rundgang durch La Paz vor.

In Gedanken war jeder der drei mit Manfred, dem Guanchensohn beschäftigt, aber darüber reden wollte keiner. Schließlich erreichten sie das Café Alba, das einen herrlichen Blick auf Puerto und die Playa de Martiànez bietet, und an der Balustrade fanden sie einen freien Tisch. Nadine, die hübsche, überaus freundliche und flinke Tochter der aus dem Odenwald stammenden Wirtsleute, hieß die Gäste willkommen, und im Nu standen die gewünschten Biere vor den Skatbrüdern. „Ich bin gespannt, wie oder ob die Mumie wieder unzugänglich gemacht wurde?", rätselte Rüdiger, der damit das lange Schweigen durchbrach. „Ja, mich interessiert dies auch, aber noch mehr, ob die tolle Beleuchtungstechnik in Susannas und Waldemars Höhle und der Generator davor noch existieren?", war Paul neugierig. Horst dagegen interessierte die Landwirtschaft. „Was wird mit dem Gemüsegarten, dem Ziegenstall und der Käserei passiert sein?", fragte er. Auf die Antworten mussten sie wohl oder übel noch bis zum Abend warten, aber der bestellte Flammkuchen ließ ihre Augen leuchten und ihre Gaumen in Verzückung geraten. Und sie sprachen noch sehr lange über Waldemars Geschichte und sein eigenartiges Verhalten bei der Erziehung seines Sohnes. „Ich bin mir nicht sicher, was vor einigen Jahren der Grund für Waldemars Kontaktsuche zu mir war. Die Mumie würde dazu passen, weil ihre Entdeckung terminlich in etwa damit übereinstimmen würde. Oder doch die Sorge um seinen Sohn, dessen Schwierigkeiten mit den Eltern aber erst etwas später begannen, nachdem er erstmals eigenständig die Schlucht verlassen hatte?", rätselte Paul. „Mach dir darüber keine Gedanken mehr, man kann es auch eine Fügung Gottes nennen, dass du dazu beigetragen hast, das Erbe von Susanna und Waldemar in einer quasi Neugeburt ihres Sohnes zu erhalten!", schwärmte Rüdiger. „Das ist des Guten zu viel, wenn da nicht qualifizierte Fachärzte und Logopäden, engagierte Trainer und Therapeuten und ein willensstarker, ehrgeiziger Manfred gewesen wären, hätte es diese Neugeburt nicht geben können", wiegelte Paul ab und ergänzte: „Lasst uns noch ein Bier bestellen, und dann wird es auch schon Zeit, dass wir uns in Richtung Strelitzia-Park begeben."

Es war kurz vor 19 Uhr, als Pauls Sprechanlage klingelte und auf dem kleinen Bildschirm Manfred zu erkennen war. „Wir sind startklar und schnellstens bei dir", sagte Paul und gab seinen Freunden einen Wink zum ersehnten Aufbruch. Manfred begrüßte seine Gäste herzlich und bat sie einzusteigen. „Wir fahren zunächst zu dem großen Parkplatz am Hafen von Puerto. Ganz in der Nähe liegt Vaters Boot, mit dem wir in die Schlucht meiner Einsamkeit fahren werden", sagte Manfred, als Paul vom Beifahrersitz erkannte, dass an Manfreds Ringfinger der linken Hand ein Goldring strahlte. „Lieber Manfred, ich bin von Natur aus neugierig, kann es sein, dass du dich inzwischen verlobt hast?" „Ja, Paul, das hast du richtig erkannt, und damit verbunden gibt es weitere erfreuliche Entwicklungen in meinem Leben, aber darauf komme ich später noch zu sprechen", lächelte Manfred verschmitzt. Vom Parkplatz bis zum Boot waren es nur wenige Meter. und Manfred lbat seine Gäste, einzusteigen. Dann stellte er noch eine große Kühltasche ab und schon steuerte er der Hafenausfahrt entgegen, um dann in östliche Richtung abzudrehen. Es dauerte keine 15 Minuten, bis sie rechtsseitig den Bollullo-Strand passierten und kurz danach den Waldemars Schlucht verdeckenden großen Felsen vor sich sahen. Manfred steuerte das Boot so geschickt an den kleinen Landeplatz, dass seine Gäste trockenen Fußes an Land gehen konnten. „So, liebe Freunde, seid herzlich zu einem Picknick in der Schlucht willkommen. Hier habe ich fast zwanzig Jahre meines Lebens verbracht, freue mich aber, dass du, lieber Paul, und meine Helena dafür gesorgt hattet, dass ich mit meiner Mutter hier nicht mehr leben muss. Versteht mich bitte richtig, ich bin meinem Vater deswegen nicht böse, er hat nach bestem Wissen und Gewissen gehandelt", erklärte Manfred und in tiefem Ernst. Manfred führte die drei in Waldemars ehemaliges Paradies, aber es sah so ganz anders aus. „Hat sie vielleicht so ausgesehen, als dein Vater, kurz vor Ende des Zweiten Weltkrieges, diese Naturschönheit entdeckte?", war Paul überrascht. „Bis auf eine Kleinigkeit muss es so gewesen sein", sagte Manfred. Dann wies er auf einen einzigen in der Mitte der kleinen Schlucht stehenden Avocado-Baum und sagte leise: „Darunter haben meine Mutter und ich meinen Vater begraben."

Tatsächlich waren jetzt weder Spuren von der Gartenanlage noch vom Ziegenstall oder der Antennenanlage zu erkennen. Paul sah nur noch pure Natur. Mit einem Wink bat Manfred, ihm zu folgen, und er führte sie zuerst in die Höhle seiner Eltern, und auch hier sahen seine Besucher nur kahle Wände und Decken. Das gleiche Bild auch in Manfreds Grotte, wo er mit seinen Gästen mit der Taschenlampe voran durch die ehemalige Vorratskammer bis zum Ende ging. Dann richtete Manfred seine Lampe auf eine Stelle an der Felswand und sagte leise: „Könnt ihr euch daran erinnern, wie wir von hier zur Mumie gekrochen sind?" „Nein, überhaupt nicht", antwortete Paul, und Horst und Rüdiger waren der gleichen Meinung. „Das beruhigt mich sehr, denn ich wünsche mir, dass die Mumie bis in alle Ewigkeit unentdeckt bleibt", sagte Manfred. „Wie ist dir das gelungen?", erkundigte sich Paul. „Das soll und wird Susannas und mein Geheimnis bleiben", lächelte Manfred verhalten.

Nach einem beschwerlichen Rückzug erreichten die Männer dann die einstige Terrasse von Susanna und Waldemar. Manfred breitete eine Decke aus und bat sie, Platz zu nehmen. Aus der

Kühltasche servierte er Fingerfood auf vier Teller sowie Sekt, Wein und Mineralwasser. Bald hatte jeder ein gefülltes Glas in den Händen und Manfred sagte, sein mit Mineralwasser gefülltes Glas anhebend: „Prost, auf euer Wohl und lasst es euch schmecken, die Tapas hat Helena mit viel Liebe für euch zubereitet." „Danke, Manfred!", erklang es wie aus einem Mund von den erwartungsvollen Skatbrüdern. Nachdem sie gut gespeist und sich dabei über den letzten Besuch in der Schlucht, der quasi auch ihr Abschied von einem glücklichen Vater eines unerwartet ins richtige Leben gestarteten Sohnes war, lang und breit unterhalten hatten, begann Manfred, von diesem Wunder zu reden.

„Nachdem du, lieber Paul, meinen Therapieprozess mit der Anmeldung im Schwimmverein angestoßen und damit den Grundstein für die ärztlichen Bemühungen um meine gesundheitlichen Handicaps gelegt hattest, war mein nächster Glücksmoment, dass ich meine Vereinskollegin Helena kennenlernte. Helena, eine gelernte Krankenschwester, hat sich anfangs wohl eher aus Mitleid rührend um mich gekümmert. Sie hatte sich nach meiner OP um alle Folgetherapien bemüht. Da Helena ehrgeizig, erfolgreich und gefühlvoll meinen Genesungsprozess steuerte, hat es irgendwann zwischen uns gefunkt. So kam es zu der erst kürzlich erfolgten Verlobung, und nach Vaters Tod zum Einzug von meiner Mutter und mir in das Wohnhaus ihrer Großeltern, in dem sie seit dem frühen Tod ihrer Mutter lebt und zweisprachig aufgewachsen ist.

Wir hatten die Veräußerung aller lebenden und toten Gegenstände der Schlucht vertrauensvoll Mario überlassen, mit der Bitte, die Schlucht in ihren Urzustand zu versetzen, mit nur einer Ausnahme, dem Fernseher, den du mir, lieber Paul, geschenkt hattest. Das hat Mario, wie ihr euch selbst überzeugen konntet, vorzüglich erledigt. Für den Erlös konnte ich mir den Gebrauchtwagen leisten, hatte aber keinen Führerschein. Und jetzt begann eine kleine Katastrophe, weil ich meine Existenz auf dieser Welt schriftlich nachweisen musste. Bei der Anmeldung in der Fahrschule wurde mein Personalausweis verlangt, den ich noch nie besessen hatte und der bisher noch nie von

mir verlangt wurde. Ich hatte weder Geburtsurkunde noch einen Nachweis über meinen Wohnort, wusste nur, dass ich am 1. April 1996 geboren wurde, war also faktisch staatenlos und ein Niemand für die Behörden. Mit Helena und meiner Mutter, deren Nachname Rodrigues ist, ging ich zwecks Antragstellung für den Ausweis zur zuständigen Behörde. Nach langem Hin und Her hat man Susannas schriftlichen Aufzeichnungen über ihr Leben mit Waldemar und meiner Geburt in der Höhle Glauben geschenkt. Die Frage mit der Staatsangehörigkeit war ebenso schnell gelöst wie die nach meiner Adresse. Meine spanische Mutter empfahl mir der Einfachheit halber die spanische zu wählen, denn keiner von uns hatte je erfahren, wo Waldemar in Deutschland gelebt hatte, und Helena empfahl mir, die Adresse ihrer Großeltern zu nennen. So kam ich, nachdem ich noch ein Foto von mir nachgereicht hatte, an meinen Personalausweis und später nach bestandener Fahrprüfung an meinen Führerschein." „Dann hat Mario also nie einen Arbeitsvertrag mit dir abgeschlossen?", fragte Paul. „Das stimmt, und das ist auch gut so, denn mir kommt es darauf an, jenen Beruf, zu dem ich mich berufen fühle, kennenzulernen, und bin ihm dankbar, dass er mir die Möglichkeit dazu geboten hat. Mein Salär war und ist sekundär, wir profitieren wohl beide von dem vertragslosen Zustand. Nun zu dir, Paul, einer der letzten Wünsche meines Vaters war, dich bei der Vermarktung der Mumien-Schlucht zu Rate zu ziehen, da er darin den Lebensunterhalt von Susanna und mir gesichert sah. Mutter, Helena und ich haben uns, wie ich es euch in der Höhle bereits andeutete, dazu entschieden, die Mumie, von der wir immer noch glauben, dass es Bencomo sein muss, wie auch meinen Vater in Frieden ruhen zu lassen."
„Das ehrt euch, und wir versprechen dir nun, euren Entschluss zu respektieren und den Standort der Mumie nicht publik zu machen", klang es wie aus einem Munde von den Skatbrüdern. Manfred fand das toll, bedankte sich und redete weiter: „Für Helena, Susanna und mich kann es in Kürze noch besser werden, denn Helenas Großeltern reizt wieder das Stadtleben, und so wollen sie wieder in ihre Wohnung in Madrid zurückziehen,

und uns ihr Haus in Los Realechos überlassen." „Das kommt ja einem Hauptgewinn im Lotto gleich", war Horst erstaunt. Und Rüdiger meinte: „Manfred, ich bewundere dich, denn ohne deine Willens- und Schaffenskraft, deine geniale Sprachentwicklung wäre das alles nicht möglich gewesen!" „Rüdiger, danke, aber ich habe doch auch noch so viel im Leben nachzuholen, und habe eine kleine Bitte, dass ich mit euch dreien einmal Skatspielen möchte!" „Abgemacht, deine Bescheidenheit ehrt dich, du bist in unserer Runde jederzeit willkommen", freute sich jetzt Paul. „Nun lasst uns mit einem letzten Drink diesen erfreulichen Abend beschließen, aber nicht, bevor ihr mir verraten habt, was ihr morgen vorhabt", lächelte Manfred. „Wir wollen morgen früh in Richtung La Gomera starten und übermorgen zurück nach Düsseldorf fliegen", sagte Horst. Paul lächelte dazu und sagte: „Ich bleibe natürlich hier und erwarte in den nächsten Tagen meine Frau und würde mich sehr freuen, dich mit deiner Verlobten in unserer Wohnung in nächster Zeit begrüßen zu können." „Darauf komme ich gerne zurück, denn ich habe noch viele Fragen zu Vaters Vergangenheit und seinem Leben in Deutschland", entgegnete Manfred. „Aber jetzt lasst uns aufbrechen."

Und Manfred setzte die drei nach kurzer Zeit am Hafen in Puerto ab, die sein Angebot, sie heimzufahren, ablehnten, weil er ihnen genug Zeit geopfert hätte. Von hier wollten sie zu Fuß noch durch die Stadt in Richtung La Paz wandern. Paul griff sich wieder Manfreds Arm und sagte: „Vergiss bitte nicht, deiner Verlobten auszurichten, dass ihre Tapas hervorragend geschmeckt haben."

Es war spät geworden, und so entschieden sich die drei, auf ihre geplante Skatrunde zu verzichten, denn für den nächsten Morgen war frühes Aufstehen angesagt.

Pünktlich um sieben Uhr ließ Vidal, der Fahrer der Tamaran-Reisegesellschaft, die Skatbrüder am vereinbarten Treffpunkt in seinen Kleinbus einsteigen. Am nahe gelegenen Riu-Hotel Garoe warteten noch zwei weitere Reiselustige und dann startete die Fahrt übers Gebirge nach Adeje, im Süden der Insel. Auf der Sammelstelle der aus allen Richtungen der Insel anfahrenden Zubringer begrüßte die Tourleiterin Juanita ihre Gäste und beschrieb den weiteren Verlauf der Reise. Der jetzt aus vier Kleinbussen bestehende und über Funk mit Juanita verbundene Tross fuhr dann zum Hafen nach Los Christianos. Sie durften den Start der Fähre um neun Uhr nicht zu verpassen.

Nur vierzig Minuten benötigte die Katamaran-Fähre „Fred Olsen Express", um den Hafen San Sebastian auf La Gomera zu erreichen. Es war eine angenehme Fahrt bei sonnigem Wetter und einem köstlichen Frühstück an Bord, das im Fahrpreis inbegriffen war. Während des Frühstücks erfuhren sie von der forschen Juanita, dass genau von diesem, an einer Steilküste gelegenen Hafen, Christoph Columbus am 6. September 1492 seine legendäre Reise nach Amerika startete.

Von San Sebastian, der Hauptstadt der Insel, fuhren die Freunde in den Nationalpark Garajonay, der seinen Namen dem höchsten Berg mit 1 487 Metern verdankt. Durchfuhren eine mit üppigem Grün bewachsene Bergwelt bis zum eintausend Meter hoch gelegenen Mirador de los Roquets. Von hier hatten sie eine fantastische Sicht zu den aus den bewaldeten Berghängen herausragenden riesigen Felsblöcken, die ehemals Vulkanschlote waren. Das nächste Ziel war das in einer Terrassenlandschaft eingebettete Bergdorf El Cercado, das mit seinen typischen Steinhäusern vor allem für seine Töpferkunst bekannt ist. Eine Werkstattbesichtigung brachte den Skatbrüdern neue Erkenntnisse über die Herstellung von Töpferwaren. Der nächste Stopp war inmitten des Nationalparks in La Laguna Grande, ein Platz umgeben vom besterhaltenen Lorbeerwald der Welt. Hier konnten sie einen Augenblick entspannen, auch wenn Juanita davon sprach, dass hier, in weit entfernter Vergangenheit, tellurische Rituale, die sich auf die Kraft der Erde auf den menschlichen Körper beziehen, stattgefunden haben sollen.

Weiter ging ihre Reise durch ein grünes, fruchtbares Tal und den Ort Vallehermoso, neben dem imposanten Vulkanschlot Roque Cano. Dann erreichten sie eines der meistbesuchten Highlights von La Gomera, den Mirador Abrante bei Agulo im Norden der Insel. Und Juanita erklärte dazu, dass hier, neben der gläsernen Aussichtsplattform, in dem Lokal eine Kaffeepause vorgesehen sei, mit einer Pfeifüberraschung. „Ein wahrer Höhepunkt, diese Plattform", stellte Paul fest, „aber wer wagt sich als erster auf dieses sieben Meter lange, aus der Felswand ragende, gläserne Gestell?" Es war Rüdiger, der nach dieser Mutprobe berichtete: „Das müsst ihr erleben, dieses Gefühl, in der Luft zu stehen, denn durch den gläsernen Boden seht ihr vierhundert Meter unter euch das Dorf Agulo." Natürlich wollten sich Horst und Paul nicht die Blöße geben, darauf zu verzichten, und sie sahen auch die Insel Teneriffa vor sich aus dem Meer ragen.

Von der Pfeifsprache „Silbo Gomero" auf La Gomera hatten die Skatbrüder schon gehört. Ob sie eine solche auch hören könnten? Erwartungsvoll bestellten sie sich einen Cappuccino und ein Stück Käsekuchen. Glück hatten sie, denn sie mussten nicht lange warten. Ein Angestellter des Hauses erklärte ihnen diese eigene Sprachart: „Die einzige Pfeifsprache der Welt existiert seit Jahrhunderten nur auf La Gomera und wird wirklich pfeifend gesprochen, indem das lateinische Alphabet benutzt wird. Wir wollen Sie jetzt überzeugen!" Er ging auf den Tisch der Skatbrüder zu und ließ sich Horsts Jacke geben. Dann pfiff er undefinierbare Töne, bekam eine Pfeifantwort von jemandem, der sich außerhalb des Lokals befand. Derjenige kam kurze Zeit später herein, schaute sich im Lokal um, holte sich die Jacke ab und brachte sie Horst unter dem Beifall der ganzen Reisegruppe wieder zurück. Die gleiche Pfeifunterhaltung wiederholte sich ein paarmal mit anderen Gästen und anderen Gegenständen. Die drei Freunde waren sicher, dass sich Menschen mit Silbo Gomero, der Pfeifsprache auf La Gomera, unterhalten konnten. Anschließend sprach Juanita noch über geschichtliche Daten der Insel, und wies auch darauf hin, dass La Gomera nach El Hierro die zweitkleinste der sieben Hauptinseln der Kanaren ist.

Am späten Nachmittag gönnten sich die Skatfreunde auf der Plaza de las Américas in San Sebastian noch einen Zaperoco, bevor sie mit der Fähre wieder nach Los Cristianos zurückkehrten, von Juanita verabschiedet und von Vidal nach La Paz quasi vor die Haustür gefahren wurden.

Am Abend wurde sowohl der Kühl- wie auch der Vorratsschrank geplündert, denn alle drei hatten nach dieser Tagesreise mächtigen Appetit. Eine lange Skatnacht folgte dann mit ausgiebigen Gesprächen über Manfreds wundersame Entwicklung.
Nach dem Frühstück bei Sandra fuhr Paul seine Kumpel wieder zum Flughafen Teneriffa-Süd.
Sie verabschiedeten sich mit einem fröhlichen: „Es war mal wieder belebend und wir hören voneinander."

Am 26. Oktober holte Paul dann seine Erika an gleicher Stelle wieder ab. Während der Fahrt zum Strelitzia-Park erzählte ihr Paul sehr ausführlich über die Begegnungen mit Manfred, und auch Erika zeigte sich erfreut und erleichtert über seine enormen sprachlichen Fortschritte und positiv veränderten Lebensumstände.

Wie immer bedankten sich die beiden bei Veronika und Eddy für den Hausservice mit einer Einladung zum gemeinsamen Essen im Restaurant Rigolo in Puerto, wo die Neuigkeiten aus beiden Familien ausgetauscht wurden.

Beim Einkaufen im Supermarkt traf Erika zufällig Cornelia. Cornelia lud Erika und Paul spontan für den kommenden Samstag zum Kaffee in ihre neue Bleibe in El Durazno ein, und Erika sagte genauso spontan zu. Ja klar, war auch Paul damit einverstanden, denn das Haus von Dr. Conny und Cornelia interessierte ihn ebenfalls sehr. Diesen Besuch konnten die beiden mit einem Spaziergang verbinden, denn es waren höchstens zwanzig Gehminuten von Haus zu Haus. Das Reihenhaus befand sich in einer verkehrsruhigen, schönen Gegend mit freiem Blick zum Teide und ins Orotava-Tal. Sie wurden von Cornelia und Conny herzlich empfangen. Wie schon ihre Wohnung in Wittlaer war auch hier jedes Zimmer geschmackvoll modern eingerichtet. Cornelia servierte selbstgebackenen Kuchen, und Conny bediente souverän die Kaffeemaschine. Das Treffen wurde ein unterhaltsamer Kaffeeklatsch, in dem Conny mit seinen sinngebenden Sprüchen zu jeder Lebenslage aufblühte. Die aktuelle Deutschlandpolitik durfte Paul allerdings nicht ansprechen, dagegen protestierte sofort Cornelia, was bei Paul gewisse Ahnungen weckte. Waren doch die unvermindert anhaltenden Flüchtlingsströme fremder Kulturen in die BRD Grund für ihre „Flucht" nach Teneriffa. Und es ist wohl auch nachvollziehbar, wenn dadurch jemand mit dem politischen System in der BRD nicht klarkommt. „Es war ein unterhaltsamer Nachmittag bei euch, herzlichen Dank dafür und Glückwunsch zu eurem neuen Domizil", waren Erikas Abschiedsworte und Paul ergänzte: „Bis bald, und bleibt gesund!"

Bei der Eigentümerversammlung, die neuerdings im Riu-Hotel stattfand, gab es heftige Auseinandersetzungen wegen der immer noch nicht optimal funktionierenden Wärmepumpe fürs Schwimmbad. Otter wurde als Präsident abgewählt, weil er offensichtlich nicht oft genug in der Anlage präsent war. Der bisherige Vize Francesco wurde sein Nachfolger, Herr Manteufel Vize, Rechtsanwalt Geigerblieb Verwalter, Martin und Claus Rechnungsprüfer.

Von Martin gab es eine überraschende Einladung zum Geburtstags-Brunch in einer Finca in La Guancha. Hier, hoch in den Bergen gelegen mit Blick auf den Atlantik, trafen Erika und Paul bisherige Freunde und auch neue Bekannte. Und wie immer hatte Martin dafür gesorgt, dass Küche und Keller nur das Beste boten. „Hier waren wir bestimmt nicht zum letzten Mal", sagte Paul zu Erika, als sie die Finca nach geselligen Stunden verließen.

In La Paz, dem „deutschen" Ortsteil von Puerto de la Cruz, hatte sich seit dem letzten Winter kaum etwas verändert, zumindest aus der Sicht von Paul. Dann kam scherzhafter Protest von Erika, und sie lächelte: „Lieber Paul, da irrst du dich aber gewaltig, schließlich heißt das Café Yucca seit Kurzem ‚Bei Mimi', und wir waren erst vorgestern dort, um der sehr freundlichen Wirtin und vorzüglichen Konditorin vor unserer Abreise Adieu zu sagen."

Kapitel 16

Achter Winter

Ein blumiges Fest

Schon während des Rückflugs Ende März deutete Erika an: „Paul, wenn nichts Unvorhersehbares dazwischen kommt, habe ich Lust, mir die Blumenteppiche auf den Straßen in La Laguna und La Orotava anlässlich der Fronleichnamsumzüge anzusehen." „Wann soll das denn sein?", reagierte Paul erschrocken, denn auf keinen Fall durfte er das Pokalendspiel in Berlin verpassen. „Ich weiß es nicht genau, aber glaube, so Anfang bis Mitte Juni", war Erika unsicher. Und Paul war sich auch nicht sicher, an welchem Wochenende im Mai oder Juni das Endspiel stattfinden würde. Aber sicher war für Paul, dem Blumenfan Erika darf man so einen Wunsch nicht abschlagen.

Wieder zurück in ihrer Sommer-Heimat Moers, konnte Erika ihren Paul bei einem ungewohnten Freudensprung erleben: „Paul, was ist denn bloß mit dir passiert, bist wohl von einer Tarantel gestochen worden?", lachte Erika. „Du wirst es nicht für möglich halten, ich habe eben Post vom novum Verlag erhalten, anbei ist die Gutschrift für mein Honorar für ‚Woolworth und Paul'". „Jetzt bin ich aber gespannt, ob sich deine und Richards Arbeit gelohnt hat", war Erika neugierig. „Mein Schatz, es war doch weder für Richard noch für mich Arbeit, es war ein angenehmer Zeitvertreib mit einem interessanten Rückblick in dein und mein Leben. Ich kann dir sagen, dass 4 200 Bücher verkauft worden sind. Die Gutschrift reicht aus, dass ich Richard den versprochenen Anteil von 15 % und der Woolworth-Stiftung ‚help and hope' 4 200 Euro überweisen kann. Auch meine entstandenen Kosten beim Verlag sind damit gedeckt." „Herzlichen Glückwunsch, ich bin ehrlich überrascht und wünsche dir für dein nächstes Buch einen ähnlichen Erfolg", freute sich

Erika. Ja, Pauls nächster Roman „Bachelor Globetrotter" war bereits in Arbeit.

Kurz darauf wurde Paul von der „help and hope"-Stiftungspräsidentin, Frau Heller, zum Interview und Fotoshooting auf Gut Königsmühle, den Sitz der woolwortheigenen Stiftung, in Dortmund eingeladen.

Terminlich passte alles in Erikas Plan. Am 26.05. ging es mit Rüdiger und Horst zum Pokalendspiel nach Berlin. Sie konnten danach ausgiebig den Sieg der Borussen aus Dortmund gegen die Eintracht aus Frankfurt feiern, die Borussen gewannen 2:1.

Und vom 9.–15. Juni reisten Erika und Paul nach Teneriffa. Von Veronika wusste sie, dass die Straßen in La Laguna an Fronleichnam geschmückt würden, und am darauffolgenden Donnerstag in La Orotava.

Das gesamte, von den Ureinwohnern Aguere genannte Tal, in dem sich La Laguna ausbreitete, war bis vor rund 500 Jahren ein Wallfahrtsort der Guanchen und ist heute Bischofssitz und Universitätsstadt. Zu den traditionellen Festen in der Innenstadt zählt Fronleichnam oder „Corpus Christi", wie es die Spanier nennen. Das war Erikas und Pauls Ziel, zwei Tage nach ihrer Ankunft. Schon am frühen Morgen starteten sie, um die Blütenpracht auf den Straßen La Lagunas zu bewundern. Vom Parkhaus war es ein kurzer Weg zur City. Über Straßen, die noch wie im 16. Jahrhundert angelegt waren, an historischen pastellfarbenen Villen vorbei, kamen sie ihrem Ziel immer näher. Ein Duft von Heidekraut und allerlei anderer Blumen strömte den beiden entgegen, bevor sie fasziniert vor dem ersten Blumenteppich stehen blieben. „Unglaublich, Erika, schau nur, die lange Straße ist komplett dekoriert, nur die Bürgersteige sind frei", freute sich Paul. „Nur schade, dass diese wunderschönen floralen und christlichen Motive auf diesem Teppich nach der Prozession nicht mehr existieren", war Erika traurig. Und es blieb nicht bei der einen dekorierten Straße, im weiteren Verlauf begeisterten die beiden auch große, separate Teppiche mit biblischen Sprüchen und verschiedenen Wappen, kunstvoll aus unterschiedlichen Sandfarben gestaltet. „Paul, dieser Ausflug zu früher Stunde hat sich wahrlich gelohnt", freute sich Erika, als sie von ihm zum Cappuccino im Außenbereich eines Cafés in der Nähe der ältesten Gemeindekirche Teneriffas, „Nuestra Señora de la Concepciòn", die wegen des separat stehenden Glockenturms im Zentrum der Stadt nicht verfehlt werden konnte, eingeladen wurde. Von hier konnten sie beobachten, wie immer mehr Menschen zusammenkamen, um später während der Prozession die Kunstwerke mit den Füßen zu „malträtieren", das anzusehen, mochte sich Erika nicht antun und bat Paul, zurück zum Auto zu gehen.

Acht Tage später am Oktavtag, das heißt eine Woche nach Fronleichnam, startete das Fest „Corpus Christi" in La Orotava. Nach den positiven Eindrücken in La Laguna war Erika gespannt, was sie heute erwartete. „Paul, kannst du dir vorstellen, dass die Blumenteppiche, die wir am Sonntag gesehen haben, noch zu toppen sind?" „Das werden wir gleich erleben", war Paul realistisch, als er gerade dabei war, den Tisch auf der Terrasse vom Frühstücksgeschirr zu befreien.

Es war die Adelige Leonor del Castillo de Monteverde, die im Jahre 1847 die Idee hatte, den Platz vor ihrem Haus mit Blumenteppichen zu dekorieren. Nach und nach entwickelte sich eine Kunstform, die heute nur noch von einer anderen in La Orotava übertroffen wird: Von der Gestaltung eines riesigen Sandteppichs. Nach Ostern arbeiten Künstler 45 Tage vor dem Rathaus an diesem Projekt. Das 900 Quadratmeter große Bild wird mit farbigem Sand aus dem Nationalpark El Teide „gemalt". Bis zu 41 Farbtöne bringt die Natur in dem vulkanischen Gelände um den Teide zustande.

Als Erika und Paul in La Orotava eintrafen, war die Prozession bereits im Gange. Von den Blumenteppichen war nicht mehr viel zu sehen. Aber dann standen sie auf der Empore des Rathauses und schauten auf ein „Sandgemälde", das ihre Erwartungen bei Weitem übertraf. „Erika, so etwas dürfte einmalig in der Welt sein", war Paul euphorisch. „Ja, dieses Projekt zeigt in verschieden großen Sandgemälden den Leidensweg von Jesus Christus, unglaublich, was die Künstler hier vollbracht haben", war auch Erika begeistert und fragte: „Wie haben sie bloß diese filigrane Arbeit vor Regen geschützt?" Das wusste Paul: „Ganz einfach, die hatten während ihres über sechswöchigen künstlerischen Schaffens eine zeltähnliche Überdachung."

„Da hat mir Veronika wahrlich nicht zu viel versprochen, und wir sollten uns mit einer Einladung dafür bedanken", resümierte Erika auf der Heimfahrt. „Du hast recht, was hältst du von einem Besuch im Restaurant Mesón el Monasterio in Los Realechos?" „Gute Idee, Paul, ich werde Veronika und Eddy gleich nach unserer Rückkehr besuchen und mich für diesen hervorragenden Tipp bedanken und sie fragen, ob sie morgen Zeit und Lust haben", war Erikas spontaner Entschluss.

Sie hatten Zeit und noch mehr Lust. Denn dieses aus mehreren Restaurationsbetrieben und einem kleinen Park bestehende, auf 100 000 m² an einem Berghang gelegene Anwesen ist absolut jederzeit einen Besuch wert und bietet neben einheimischer und internationaler Küche einen tollen Blick über Puerto de la Cruz.

Es wurde ein gelungener Abschluss für Erika und Pauls achttägigen Ausflug nach Teneriffa und für Veronika und Eddy eine willkommene Abwechslung in ihrem Alltag.

Im September zog es die beiden für acht Tage nach Sylt. Hier war wohl eher Paul der Impulsgeber, denn er wollte mal wieder auf den Spuren der Vergangenheit lustwandeln. Sie erreichten Sylt mit dem Zug und wohnten in einem kleinen Hotel in Westerland. Sie hatten sich vorgenommen, per pedes und mit öffentlichen Verkehrsmitteln besondere Ecken wiederzuentdecken.

Ihre Kinder waren noch schulpflichtig, als Erika und Paul vor 45 Jahren das letzte Mal in List auf Sylt Ferien gemacht hatten. Es war damals ein ruhiger, beschaulicher Urlaubsort mit einer kleinen Gosch-Bude am Hafen gewesen. Das war den beiden noch in Erinnerung, als sie sich auf den Weg dorthin machten. Mit dem Bus am Hafen angekommen, trauten sie ihren Augen nicht. Aus den alten Buden war ein Ensemble skandinavisch aussehender Holzhäuser entstanden und, wie in vielen Orten an Nord- und Ostsee, ein großes Gosch-Restaurant. Aus der alten Tonnenhalle war eine Ladenpassage errichtet worden. „Erika, nichts ist mehr wie damals, aber schöner ist es trotzdem geworden", war Paul begeistert und traurig zugleich. „Dann lass uns jetzt zum Wattenmeer wandern und schauen, ob unsere Ferienunterkunft wenigstens noch existiert", schlug Paul vor. „Na klar, aber erst nachdem ich die Geschäfte hier ‚abgenommen' habe", lachte Erika. Tatsächlich fanden sie ihr altes Quartier und hier, in der Nähe des Strandes, hatte sich kaum etwas verändert. Bei strahlendem Sonnenschein vor einer Strandrosenhecke im Sand sitzend ließen beide die lustigen Erlebnisse mit ihren Kindern Revue passieren. Das gefiel Paul, und dieses Erinnern an ihre damals neunjährige Bärbel, ihren siebenjährigen Bernd und vierjährigen Peter war auch sein schönstes Erlebnis während ihres einwöchigen Aufenthaltes, obwohl noch interessante Wanderungen durch Kampen, Keitum und Hörnum folgten.

Ende September konnte Paul endlich sein Geburtstagsgeschenk, das er von Erika zu seinem 80. Geburtstag bekommen hatte, einlösen, ein Rundflug mit einem Luftschiff über das Ruhrgebiet. Gestartet wurde auf dem Flugplatzgelände in Mülheim an der Ruhr. Langsam fuhr der Zeppelin auf eine Höhe von etwa dreihundert Meter und bewegte sich mit 50–70 km/h unter blauem Himmel zunächst in Richtung Moers. Das gab Paul die Möglichkeit, den kleinen Teich in seinem Garten zu sehen. Dann drehte der Pilot in Richtung Essen über Oberhausen und Bottrop ab, um nach ca. zwei Stunden wieder am Startort zu landen. Paul erzählte Erika anschließend, dass es eine tolle Geschenkidee und er begeistert vom Blick aufs Ruhrgebiet war, weil er von der nicht erwarteten Vielzahl großer Grünflächen überrascht wurde.

Mitte Oktober waren die Koffer für den achten Winter auf Teneriffa gepackt. Horst brachte Erika und Paul zum Flughafen in Weeze, und Martin stand zur Abholung bereit am Flughafen Teneriffa-Süd. „Ja, das sind Freundschaftsbekundungen, die wahrlich etwas Besonderes sind", dachte sich Paul, als sie von Martin herzlich begrüßt wurden. Kurz vor der Ankunft in ihrer Anlage geschah für Paul etwas Unerwartetes: „Paul, ich habe mich nach langem Überlegen entschieden, aus unserer Skatrunde auszusteigen. Mit dem Profi-Spieler Gerd habt ihr ja den dritten Mann. Verlange bitte keine Erklärung von mir, es ist so, wie es ist." „Okay, du wirst deine Gründe haben, aber schade, mit deinen humorvollen Sprüchen warst du eine Bereicherung für die Runde", war Paul enttäuscht.

Eddys Empfangsservice hatte wieder funktioniert, die Rollläden waren oben, der Kühlschrank an, und Carmen hatte für Sauberkeit in der Wohnung und auf der Terrasse gesorgt.

Apropos Service, auf der letzten Schiffsreise mit der „Mein Schiff 5" gefiel Erika und Paul ein besonderer Kabinenservice, es war eine Nescafé-Maschine, die täglich kostenlos mit vier Kapseln bestückt werden konnte. Das Ergebnis war, dass Paul nach der Heimkehr nach Moers Maschine und Kapseln besorgen musste. Fortan war es Pauls Aufgabe, täglich gegen 11:30 Uhr, quasi als zweites Frühstück, für einen Cappuccino zu sorgen. Darum wunderte es Paul auch nicht, als Erika eine zweite Maschine für Teneriffa aus dem Koffer zauberte. „Auf deinen Cappuccino möchte ich natürlich auch hier nicht verzichten", lachte Erika, als Paul mit dem Kopf schüttelte. „Hoffentlich hast du genügend Kapseln mitgebracht, ich wüsste nicht, wo es hier welche gibt!" „Die reichen für vier Wochen, bis dahin wirst du herausgefunden haben, wo es welche gibt", war Erikas liebevoller Befehl.

Nach acht Tagen waren die ersten Nahrungs- und Getränkeeinkäufe sowie Begrüßungsbesuche bei Veronika und Eddy, Liesel und Martin sowie Monika und Jürgen absolviert, und sowohl Paul mit seinem sportlichen als auch Erika mit ihrem häuslichen Programm wieder im Strelitzia-Trott. Jürgen bedauerte es übrigens auch, als ihm Paul von Martins Skatabsage erzählte. „Dann muss unsere Suche nach dem vierten Mann halt wieder beginnen", war seine Reaktion.

Im Internet hatte sich Paul inzwischen informiert, wo es Nescafé-Kapseln auf der Insel zu kaufen gab. „Die nächste Einkaufsmöglichkeit gibt es in Santa Cruz im Kaufhaus ‚El Corte Inglés'", erwähnte Paul beim „zweiten Frühstück", wozu Erika stets etwas Gebäck parat hatte. „Dann wissen wir ja, wohin wir nächsten Dienstag fahren", lächelte Erika.

Das „El Corte" ist bezüglich der räumlichen Größe und des reichhaltigen Warenangebots durchaus vergleichbar mit dem KaDeWe in Berlin. Erika und Paul fuhren nach einem frühen Frühstück schon um 8 Uhr los und parkten direkt unter dem Warenhaus. Erika hatte den Wunsch geäußert, mit dem Einkauf auch einen Bummel durch Santa Cruz zu verbinden, dem Paul gerne nachkam.

„Ich schlage vor, dass wir die Kapseln am Ende unseres Stadtrundgangs kaufen", sagte Paul, als die beiden das Parkhaus verlassen hatten und vor dem Eingang des El Corte standen. „Dann musst du das aber so einrichten, dass wir spätestens gegen 11:30 Uhr wieder hier sind", grinste Erika ihren Paul an. „Warum das denn?" „Weil mir Veronika erzählt hat, dass es im Restaurant des El Corte bis zu diesem Zeitpunkt täglich die besten Churros auf der Insel geben soll", schnalzte Erika mit der Zunge. „Okay, dann lassen wir uns überraschen und gehen erst zum nahe gelegenen Palmengarten und dem Wahrzeichen der Inselhauptstadt, der Kongress- und Konzerthalle. Das Auditorio de Tenerife, wie es offiziell heißt, wurde im Jahre 2003 feierlich in Anwesenheit von Königin Sofia und dem Kronprinzen Felipe eröffnet." „Paul, mir scheint, wir haben so ein Gebäude schon mal irgendwo gesehen", war Erika erstaunt, als sie sich diesem Prachtbau näherten. „Du hast recht, ich erinnere mich auch, es ist schon ein paar Jahre her, und zwar war es auf unserer Reise um die halbe Welt in Sydney, das Opernhaus!" „Gut, Paul, dein Gedächtnis ist doch noch besser, als du immer behauptest", lobte Erika.

Von allen Seiten bewunderten sie dieses monströse Bauwerk, leider gab es keine Gelegenheit zur Innenbesichtigung. „Paul, in diesem Palast möchte ich unbedingt einmal ein Konzert besuchen", war Erikas Wunsch, der für Paul nicht überraschend kam, er kannte ihre heimlichen Anliegen. Nicht weit von hier erreichten sie das Palmetum, den auf einem künstlichen Hügel in einer Größe von 120 000 m² angelegten Botanischen Garten, der auf Palmen spezialisiert war. Direkt am Meer gelegen war es ein geeigneter Ort zum Relaxen und Staunen, aber Paul schaute zur Uhr: „Erika, den Besuch müssen wir leider verschieben, denn ich möchte noch einen Blick in das in der Nähe befindliche, von César Manrique entworfene Erlebnisbad ‚Parque Maritimo César Manrique' werfen, und du möchtest doch die Churros pünktlich naschen." Paul wollte das frittierte Brandteiggebäck natürlich auch probieren. In der obersten Etage des El Corte fanden sie das Restaurant und einen Platz am Fenster mit Blick auf den Hafen. Auf der Karte lasen sie, dass das Gebäck mit Schokolade oder Zucker angeboten wurde. Beide entschieden sich für Zucker und einen Café con leche. „Ich kann Veronika beipflichten, es sind die besten Churros, die ich je gegessen habe", war Erika begeistert, während Paul keinen Unterschied zu denen im Eissalon an der Plaza del Charco in Puerto de la Cruz feststellen konnte. Okay, ein Feinschmecker war Paul noch nie, er behielt deshalb sein Urteil für sich.

Den Nescafé-Stand fanden die beiden im Erdgeschoss und konnten hier ihren Fünfmonatsbedarf an Kapseln decken und die Fracht im Auto deponieren, bevor die Sightseeing-Tour fortgesetzt wurde. Erika interessierte sich für den afrikanischen Markt, Paul für die Hafengegend. Der „Mercado de Nuestra Señora de África" ist der wichtigste und wohl auch interessanteste Markt von Teneriffas Hauptstadt, hier verschmelzen Tradition und Moderne nicht nur in der Waren-Darbietung, sondern auch in seiner baulichen maurischen Darstellung. Nach gut zwanzigminütigem Fußmarsch durchschritten Erika und Paul den imposanten Eingangsbogen zum Markt und für Erika konnten die über einhundert Marktstände und Läden nicht genug sein.

Leichte Ermüdungserscheinungen nach dem Besuch des Marktes deuteten sich bei ihr dennoch an: „Paul, ist es noch weit bis zum Hafen?" „Auf jeden Fall näher als vom El Corte bis zum Markt, und an der Plaza de Espana in Hafennähe gibt es bestimmt eine Gelegenheit zur Einkehr und Stärkung", war sich Paul sicher.

Und tatsächlich fanden die beiden ein freies Plätzchen im Außenbereich eines Restaurants am Rande des riesigen Platzes, dessen Mittelpunkt ein recht groß angelegter „Lago" mit einem Springbrunnen im Zentrum war. „Schatz, von hier können wir das interessante Umfeld des Platzes beobachten", war Paul glücklich, als er die Bestellung beim Ober getätigt hatte. Das an der Südseite der Plaza stehende, baulich interessante Regierungsgebäude war ein Blickfang aus der Franco-Ära, ebenso unübersehbar das Denkmal in Form eines riesigen Kreuzes, das an die Opfer des spanischen Bürgerkriegs erinnerte. Spannend auch das rege Treiben Einheimischer und Touristen rund um den See, dem sich die beiden nicht entziehen wollten, nachdem sie sich wieder ausgeruht und gestärkt hatten. Dabei fiel ihnen der Eingang zu einem unter dem Platz befindlichen Museum auf. „Erika, hast du Lust, da mal hineinzuschauen?", fragte Paul vorsichtig an. „Nein, habe ich nicht, aber du kannst es dir gerne ansehen. Ich warte unterdessen da vorne auf der Bank", sagte Erika. Paul tat es und bereute es nicht. So konnte er Erika erzählen, dass er Fragmente der Festungsanlage Castillo de San Christóbal aus dem 16. Jahrhundert gesehen hatte. „Außerdem soll mit einer Kanone, die dort ausgestellt ist, im Jahre 1797 Admiral Nelson bei einem Angriff seiner Armee auf Santa Cruz ein Arm abgeschossen worden sein", erklärte er Erika, die wohl nur mit halbem Ohr zuhörte, da Rückfragen ausblieben. Für den Rückmarsch zum Parkhaus am Hafen vorbei, wo zwei Kreuzfahrtschiffe ankerten, fühlte sich Erika aber wieder fit.

Skatabend auf Pauls Terrasse mit Jürgen und Gerd war angesagt, wobei zunächst über das Warum von Martins Absage diskutiert und spekuliert wurde. Gerd, der Skatprofi war am späten Abend wieder derjenige, der sich seinen Gewinn von seinen

Mitspielern in bar auszahlen lassen konnte. Aber danach fanden Jürgen und Gerd kein Ende des Abends, denn Paul erzählte ihnen die ganze Geschichte vom Bollullo-Guanchen, seiner Frau Susanna und Sohn Manfred. Gerd konnte bestätigen, diesen außergewöhnlichen Typen dort gemeinsam mit seiner Frau Heidi auch schon gesehen zu haben. Damit war Jürgens Skepsis beseitigt. Ja, und Jürgen meinte dann sogar: „Bei der rasanten geistigen Entwicklung des Jungen könnte ich mir vorstellen, den vierten Mann für unsere Runde gefunden zu haben." „Daran habe ich auch schon gedacht", lachte Paul und verabschiedete seine Gäste kurz nach Mitternacht.

Auf der Eigentümerversammlung bestätigten sich Eddys und Martins Vermutungen, dass nämlich Bübchens erfolgreiche Bemühungen zur Kapazitätsverbesserung der Schwimmbad-Wärmepumpe ihn zum ernsthaften Präsidentschaftskandidaten werden ließ. Er überzeugte die Mehrheit der stimmberechtigten Eigentümer mit seinen technischen und organisatorischen Fähigkeiten. Francesco wurde als Präsident abgewählt und der Verwalter Rechtsanwalt Geiger im Amt bestätigt. Zum Vize wurde Pauls Nachbar Yiorgus gewählt und Rechnungsprüfer blieben Martin und Klaus.

„Erika, bevor wir wieder heimwärts fliegen, sollten wir Manfred mit seiner Freundin und seiner Mutter zum Kaffee einladen", sagte Paul so nebenbei, als die beiden es sich auf der Terrasse auf zwei Liegen gemütlich gemacht hatten. Erika legte ihre Lektüre zur Seite, überlegte und kam zu dem Entschluss: „Mir ist es am kommenden Sonntag recht, dann habe ich genügend Zeit, die entsprechenden Vorbereitungen zu treffen." „Okay, dann gehe ich morgen bei Mario vorbei und frage Manfred, ob ihm der Termin gegen 15 Uhr am kommenden Sonntag passt." Er passte, und Manfred freute sich besonders, dass Erika und Paul bei der Einladung auch an seine Mutter gedacht hatten.

Erikas Vorbereitungen für diesen ersten Besuch der drei waren mit einem Splitterkuchen nach Mutter Lottes Art, einer

Kirschtorte und einem Apfelstreuselkuchen sowie der Tischdekoration auf der Terrasse abgeschlossen, als es kurz nach 15:00 Uhr klingelte. Manfred, der sich in der Anlage schon bestens auskannte, wurde samt Gefolge von Paul bereits auf dem Hauptgang zur Wohnung herzlich begrüßt und zur Wohnung begleitet. Erika freute sich, Susanna und Helena kennenzulernen, Paul freute sich auf die Bekanntschaft mit Helena. Paul erkannte ein besonders strahlendes Lächeln bei der liebenswerten, taubstummen Susanna, die er bisher nur im Jogginganzug kannte, und die nun in schicker weißer Bluse und blauem Faltenrock vor ihm stand. Paul fragte die Gäste nach deren Getränkewünschen. Pauls Empfehlung, ein Aperol Spritz, wurde einstimmig angenommen, sicherlich deswegen, weil diese schon vorbereitet auf dem Wohnzimmertisch standen. Mit seinem ihm eigenen lustigen Trinkspruch „Arbatzkegenbai" hieß Paul die Gäste auch im Namen von Erika herzlich willkommen und bat sie, sich wie zuhause zu fühlen. Susanna und Erika schienen sofort auf einer Wellenlänge zu liegen, Erika verstand, Susannas Gestik zu entnehmen, dass diese sich gern in der Wohnung umsehen wollte. Helena folgte den beiden, während Paul und Manfred schon an der Kaffeetafel Platz genommen hatten und Manfred erfahren wollte, wann die Skatbrüder wieder auf die Insel kämen. Das konnte Paul nicht exakt beantworten, wohl aber, dass er auch hier zwei lustige Skatbrüder habe und er jederzeit willkommen sei. „Paul, das traue ich mich noch nicht, obwohl ich schon mit den Großeltern von Helena geübt habe." „Es ist noch kein Meister vom Himmel gefallen, und das brauche ich dir Supertalent par excellence doch nicht zu sagen." „Danke für die Blumen, Paul, dann bin ich dabei." „Das könnte im kommenden Herbst sein, denn in zwei Wochen geht es für uns wieder in Richtung Deutschland." Inzwischen waren die Damen wieder eingetroffen, und Helena half Erika, Kuchen- und Tortentabletts aus der Küche zu holen, während Susanna Paul an die Hand nahm und mit ihm in sein Büro ging. Vor einem Bild, auf dem Paul mit Kindern zu sehen war, blieb sie lächelnd stehen und zuckte mit den Schultern. Paul verstand die Geste und schnell hatte auch Susanna Pauls Antwort verstanden, dass es nämlich seine Enkelkinder waren. Susanna nahm Paul in den Arm und drückte ihn herzlich.

Von Erikas Backkünsten waren die Gäste so begeistert, Helena ließ sich sogar das Rezept von Oma Lottes Splitterkuchen geben.

Nun wollten Manfred und Helena von Paul endlich Waldemar Ritters Grund für seinen Rückzug in die Höhlenschlucht erfahren. Nachdem Paul zunächst von seinen Kindheitserlebnissen im Dritten Reich und dem danach beginnenden wirtschaftlichen Aufschwung in einem demokratischen Deutschland erzählt hatte, bemerkte Erika, dass sich Susanna eher langweilte, weil sie Pauls Redeschwall logischerweise nicht folgen konnte. Erika nahm sie an die Hand und spazierte mit ihr durch die Anlage. Dann erzählte Paul, was er von Waldemars Jugendzeit, seinem Einsatz in Diensten des Geheimdienstchefs Canaris in Puerto und vom Bombenangriff auf Witten an der Ruhr mit den tragischen familiären Folgen erfahren hatte. Und letztlich Waldemars Verzweiflung, nachdem er nach Kriegsende erfahren musste, welch menschenverachtendem diktatorischen System er gedient hatte. Angespannt hörten Helena und Manfred Pauls Erzählung zu, als er zum Abschluss Waldemar wörtlich zitierte: „Paul, als ich das alles erfahren und erlitten hatte, habe ich mich geschämt, ein Deutscher zu sein, darum habe ich mich als Eremit in diese Schlucht zurückgezogen und den taubstummen Guanchen gemimt."

Mit Tränen in den Augen gestand Manfred: „Paul, ich bin dir so dankbar, dass du mir einen kleinen Einblick in Vaters langes Leben gegeben hast, aber kannst du seine Handlungsweise nach Kriegsende nachvollziehen? Ich, der heute im Alter meines Vaters von damals ist, kann es nicht." „Manfred, die Frage ist nicht leicht zu beantworten. Dein Vater war von Kindheit an von einem politischen System überzeugt, weil er im Jungvolk und der Hitlerjugend Gutes erfahren hatte. Dann war er einer einseitigen Propaganda dieses Staates ausgesetzt und hatte außerdem Erfolg in seinem Job im Dienste dieses Systems. Erst kurz vor dem Ende des Zweiten Weltkrieges wurde er mit dem

Bomben-Tod seiner Familie und kurz danach mit der Erkenntnis der über 6 Millionen getöteten Juden und den Grausamkeiten dieses faschistischen Systems konfrontiert. Heute wissen wir, dass Gegner des Faschismus in einer solchen Herrschaftsform verfolgt, gefoltert und eingesperrt wurden. Für deinen Vater muss eine Welt zusammengebrochen sein. Danach wollte er sich seine eigene in der schönen Schlucht gestalten." „Nur gut, dass du ihm vor Jahren begegnet bist, damit hast du mein Leben und das meiner Mutter positiv verändert", sagte Manfred. Die hübsche, sportliche und selbstbewusste Helena meinte zu alledem: „Vergangenheit ist Geschichte, wir blicken in die Zukunft, lieber Manfred, und wer weiß, was unser Nachwuchs später über uns zu mäkeln hat?" „Na, da ist doch was im Busch in Sachen Nachwuchs", reagierte Paul sofort. „Das stimmt, Paul, Helena ist im dritten Monat schwanger und wir werden im Mai heiraten", strahlte Manfred glücklich. „Herzlichen Glückwunsch, was soll es denn werden?" „Wenn es nach mir geht, ein Mädchen, aber Manfred wünscht sich einen Jungen, wir lassen uns überraschen", sagte Helena überglücklich. „Meine Großeltern haben uns bereits ihr Domizil in Los Realechos überlassen und ihr seid im nächsten Winter herzlich eingeladen. Momentan stecken wir noch inmitten der Umbauarbeiten, da wir für Susannas Wohnbereich einen separaten Eingang schaffen", sagte Manfred.

Inzwischen waren Erika und Susanna von ihrem Rundgang zurück. Bevor sich auch Erika zu ihren Gästen gesellte, erfüllte sie noch deren Getränkewünsche. Manfred wollte noch mehr von Paul erfahren: „Paul, mich interessiert natürlich auch die Heimat meines Vaters. Helena und ich möchten im nächsten Jahr dort unseren Urlaub verbringen. Kannst du uns etwas empfehlen?" „Gerne, ich kann euch etliche schöne Gegenden empfehlen, beispielsweise am Niederrhein, in Bayern, im Sauerland oder Schwarzwald, auch an der Nord- oder Ostsee. Ich lade euch auch zu uns nach Moers ein, dort könntet ihr einige Tage in unserem Fremdenzimmer wohnen. Ich wäre gerne euer Fremdenführer für den Niederrhein und das Ruhrgebiet, die Gegend, aus der dein Vater stammt." „Danke, Paul, auf dieses Angebot kommen wir gerne zurück, oder was meinst du, Helena?", freute sich Manfred. „Aber selbstverständlich, sofern wir unseren Nachwuchs schon in Susannas Obhut geben können", lachte Helena. „Den könnt ihr mitbringen, denn euer Fremdenzimmer ist eine abgeschlossene Wohnung", schaltete sich Erika ein.

Sie verbrachten unterhaltsame Stunden, Paul erfüllte die Getränkewünsche der Gäste, und Erika servierte die vorbereiteten Snacks. Zum Abschied wurden noch die Handy-Nummern und gute Wünsche für den Heimweg und das Wohlergehen der werdenden Mutter ausgetauscht. Manfred vergaß auch nicht, Erika und Paul einen guten Heimflug zu wünschen und betonte, dass er sich schon auf ihre Rückkehr im Herbst freue.

Kapitel 17

Neunter Winter

La Palma – Eine gute Idee

Es war bitterkalt, als Horst die Langzeiturlauber Ende März am Flughafen in Weeze abholte. Gewöhnlich war seine erste Frage: „Wie geht's, habt ihr eine gute Zeit gehabt?" Diesmal fragte er sofort: „Was macht unser Freund Manfred?" Und Paul konnte ihm während der Heimfahrt alle Neuigkeiten berichten. Worauf er spontan sagte: „Wenn Helena und Manfred tatsächlich Urlaub in Deutschland machen und bei dir zu Gast sein sollten, dann lade ich euch auf mein Boot ein, und wir zeigen ihnen, wie schön es am Rhein ist."
„Gute Idee, Horst, aber jetzt darfst du uns erst mal aussteigen lassen", lachte Paul, nachdem sie schon fünf Minuten vor Erikas und Pauls Bleibe in Moers standen und kein Gesprächsende fanden.

„Erika, so schön es auf Teneriffa war, so sehr freue ich mich auch, wieder in Moers zu sein", sinnierte Paul, als die beiden am nächsten Morgen gemütlich am Esstisch im Wohnzimmer saßen und das Frühstück genossen. „So geht es mir auch, vor allem kann ich hier wieder eine richtige Zeitung lesen und bin nicht auf deine Kurzberichte aus der Online-Zeitung angewiesen", freute sich auch Erika. „Und jetzt fällt mir auch auf, dass du die Osterdekoration im Wohnzimmer schon angebracht hast, waren etwa die Heinzelmännchen während unserer Abwesenheit hier?", fragte Paul erstaunt. „Lieber Paul, du hast schon fest geschlafen, als ich gestern Abend noch die Deko aus dem Keller geholt habe, denn schließlich haben wir schon morgen den ersten Ostertag. Aber es wundert mich schon, dass dir die Deko überhaupt aufgefallen ist", grinste Erika zynisch.

Für Mitte April hatte Erika beim Moerser Touristikunternehmen „Reiseteam" bereits wieder eine dreitägige Bustour nach Hamburg gebucht. Diese Touren waren stets gesellig, ja, schon fast familiär, nicht nur wegen der fürsorglichen Betreuung durch das Reiseteam, sondern auch wegen der mitreisenden Gäste, die fast ausschließlich Erikas und Pauls Altersgruppe angehörten. Sie waren in einem Hotel in Hamburg-Ohlsdorf untergebracht. Nach ihrer Ankunft war es beider Wunsch, den nahe gelegenen, größten Parkfriedhof der Welt zu besuchen. Es hatte sich gelohnt, diese friedliche, erholsame Ruhestätte mit Teichen, Bächen, kleinen Straßen und einem enormen Baumbestand hatten beide noch nicht gesehen. Am nächsten Tag konnten sie bei einer Fleetfahrt durch die Speicherstadt und der im Umbau befindlichen Hafencity den maritimen Charme Hamburgs erleben. Eine Mahlzeit auf dem Restaurations- und Museumsschiff „Rickmer Rickmers" an den Landungsbrücken sowie auch ein Bummel über den Fischmarkt mussten sein. In der Michaeliskirche lauschten sie einem kurzen Orgelkonzert. Der Höhepunkt und Abschluss der Reise war ein Konzert moderner Musik in der Elbphilharmonie.

Sohn Peter hatte eine Überraschung für Rüdiger und Paul für das Fußballpokal-Wochenende im Mai in Berlin. Er hatte ihnen ein Geschenkpaket geschnürt, bestehend aus zwei Übernachtungen im Maritim-Hotel inklusive lukullischem, sportlichem und musikalischem Pokalspiel-Vorabendprogramm im Hotel, Stadiontransport und Eintrittskarten. Die Bayern aus München verloren im 75. Pokalendspiel mit 1:3 gegen die Eintracht aus Frankfurt.

Die nächste frohe Botschaft erhielt Paul kurz nach seiner Rückkehr aus Berlin, eine Vermählungsanzeige von Manfred und Helena. Manfred hatte ein Hochzeitsfoto beigefügt und vermerkt, dass die Feier im engsten Familienkreis stattgefunden habe. Erika antwortete sofort mit einem Fleurop-Blumenpräsent und besten Wünschen.

Erikas Vorliebe im Garten galt neuerdings der Vergrößerung des Rosenbeetes, dafür musste Paul einige Sträucher entfernen,

Rosenerde besorgen und immer mal wieder Erikas Neuerwerbungen einpflanzen. Seine Liebe zur Gartenarbeit konnte Erika damit allerdings nicht beflügeln.

„Paul, schau dir das mal an", und Erika zeigte ihm ein Schnäppchen-Angebot für eine Flusskreuzfahrt. „Da muss man wirklich zuschlagen", war Pauls spontane Reaktion und er machte die Sache perfekt. So starteten sie am 30. Juni mit der Bundesbahn nach Berlin, wo sie am Tegeler See auf der „Katharina von Bora" herzlich empfangen wurden. Bei herrlichem Wetter fuhr das Schiff mit rund achtzig Gästen über die Havel und den Havel-Oder-Kanal nach Lehnitz, in der Nähe von Oranienburg, wo das Schiff am späten Abend ankerte. Am nächsten Tag, nach der Ankunft in Eberswalde, besuchten sie das idyllisch gelegene, im gotischen Stil erbaute Kloster Chorin aus dem 13. Jahrhundert. Bei der Weiterfahrt wurde die „Katharina von Bora" im größten Schiffshebewerk Deutschlands in Niederfinow 36 Meter auf Oder-Niveau abgesenkt und ankerte gegen Mitternacht in Schwedt an der Oder. Anderntags fuhren sie auf der Oder nach Stettin, einer Hafenstadt in Polen. Die „Katharina von Bora" ankerte vor der Hakenterrasse mit dem Nationalmuseum, von wo der interessante Stadtrundgang startete. Die alte Hansestadt atmete an vielen Stellen deutsche Geschichte. Das Greifenschloss, die ehemalige Residenz der Herzöge von Pommern, gehörte zu den historisch und kulturell bedeutsamen Wahrzeichen der Stadt. Die Jakobskathedrale, ein gotischer Backsteinbau aus dem 13. Jahrhundert, war eine der größten Kirchen Pommerns. Und natürlich zeigte man ihnen auch das Geburtshaus von Sophie Friederike Auguste von Anhalt-Zerbst, der späteren russischen Zarin Katharina der Großen. Dann schipperten sie weiter über das Stettiner Haff nach Swinemünde. Interessant wurde es wieder am übernächsten Tag, als die beiden in Peenemünde das Raketenmuseum besichtigten und von Lauterbach auf Rügen mit dem Bus zum Königstuhl, der berühmtesten Kreidefelsformation, fuhren. Von dort hatten sie einen weiten Blick auf die Ostsee und wurden an Casper David Friedrichs Gemälde

„Kreidefelsen auf Rügen" erinnert. Nach einem weiteren Stopp in Greifswald endete die siebentägige Tour in Stralsund, von dort ging's mit der Bundesbahn wieder heimwärts.

Von Moers aus starteten die beiden schon am 10. Juli wieder zum Treffen der Woolworth-Pensionäre am wunderschön gelegenen Kloster Eberbach in Eltville am Rhein. Für Paul war es wieder eine besondere Freude, mit den Weggefährten seiner beruflichen Laufbahn über alte Zeiten zu plaudern. Für Erika stand eher der angekündigte Rundgang durch das ehemalige Zisterzienserkloster im Vordergrund, die riesigen Weinkeller sowie einige Drehorte des Films „Im Namen der Rose." Mönche suchte sie allerdings vergebens, die gibt es schon seit dem vorletzten Jahrhundert nicht mehr in dieser Abtei. Übernachtet wurde im Kloster-Hotel und am nächsten Tag machten die beiden noch einen Abstecher zum Elternhaus von Paul im Odenwald. Neuigkeiten aus dem Ort erfuhren die beiden von ihren stets hilfsbereiten Nachbarn, Karin und Josef, sowie ihren jungen Mietern Tatjana und Slava.

Im Oktober hatte Erika den Garten wieder winterfest gemacht, Paul die Tickets für den Flug nach Teneriffa gebucht. Wieder wurden sie vom Freund Horst zum Flughafen Weeze gebracht und von Martin auf Teneriffa am Flughafen abgeholt. Wie nicht anders zu erwarten, konnte Martin einiges an Neuigkeiten berichten: „Paul, stell dir vor, die Schwimmbadwassertemperatur hat nun endlich 26° erreicht, und das nur, weil eine Spende von 10 000 € von Herrn Bruse für eine neue Wärmepumpe überwiesen worden war!" „Sehr lobenswert", antwortete Paul. „Aber wenn dir daran so viel gelegen hat, hättest du ja schon eher dem Beispiel des ehrenwerten Herrn Bruse zuvorkommen können", lachte Paul und wartete vergeblich auf eine Reaktion. Stattdessen erzählte Martin weiter: „Bei den Immobilien in der Anlage gab es einen Wechsel. Ein Ehepaar aus England hat die Wohnung von Frau Haubenschlitz gekauft. Und ansonsten freue ich mich, dass ihr wieder da seid, denn ich habe einige gute Restaurants gefunden, die Liesel und ich gerne noch mal mit euch besuchen würden", lachte Martin. „Aber gerne, denn deine Empfehlung des Lokals Los Angeles in El Sauzal mit dem Wolfsbarsch im Salzmantel war eine Klasse für sich", schwärmte Paul noch immer.

Beim ersten morgendlichen Schwimmen empfand auch Paul die erhöhte Wassertemperatur im Pool als angenehm und wollte dieses Gefühl mit zwei ihm unbekannten Schwimmern teilen. Als er bemerkte, dass diese ihn nicht verstanden und nur mit den Achseln zuckten aber ihm ein fröhliches „Good morning, Sir" zuriefen, stellte Paul sich in Englisch vor. Dann erzählten sie ihm, dass sie Ann und Chris seien, aus Birmingham kämen und die Wohnung von Frau Haubenschlitz gekauft hätten und vorhätten, hier den Rest ihres Lebens zu verbringen. Paul gratulierte ihnen.

„Erika, soeben habe ich die neben Veronika und Eddy eingezogenen Engländer im Pool getroffen, ein sehr sympathisches älteres Ehepaar, das hier seinen Lebensabend verbringen will", überraschte Paul seine Frau. „Das finde ich mutig, aber die haben bestimmt keine Kinder, denn ich könnte hier nicht immer leben", resümierte Erika, die aber auch für Paul eine Überraschung parat hatte: „Was hältst du davon, meinen lang gehegten Wunsch, nach La Palma zu reisen, zu verwirklichen?" „Sehr viel, mein Schatz, ich denke dabei an das nächste Frühjahr, das Jahr, in dem wir unseren 60. Hochzeitstag feiern werden. Lass dich überraschen", reagierte Paul spontan und hatte auch schon einen Plan.

Einige Tage später, beim zweiten Frühstück auf der Terrasse, überraschte Erika Paul schon wieder: „Ich weiß nicht, wie es dir geht, aber mich interessiert sehr, wie und wo Helena und Manfred leben, und ob der Nachwuchs schon da ist." „Mir geht es ähnlich, das können wir sofort klären," und griff zum Handy. „Hallo Manfred, hier ist Paul, wir sind wieder auf der Insel und wollten mal hören, wie es euch, besonders Helena, geht?" „Danke, bestens, ich bin gestern Vater einer Tochter geworden, Mutter und Kind geht es ebenfalls gut. Ich hätte dich in den nächsten Tagen sowieso angerufen und euch beide eingeladen. Ist euch der übernächste Samstag um 16 Uhr recht?", fragte Manfred. „Herzlichen Glückwunsch zum Töchterchen und danke für die Einladung, liebe Grüße an Helena und Susanna", sprachen Erika und Paul ins Handy. „Mein Zuhause ist in der Calle Brasil 33 in Los Realechos, und macht's gut bis zum Wiedersehen", verabschiedete sich Manfred.

Die Tage auf der Insel, an denen weder Erika noch Paul Lust zum Kochen hatten, mehrten sich von Jahr zu Jahr. Kein Wunder, denn in La Paz oder Puerto gab es reichlich Gelegenheit, gut und günstig mit herrlichem Blick aufs Meer oder in quirligen Fußgängerzonen zu speisen. So entschieden sich die beiden, heute ins Café Mimi zu gehen, um sich mit einem Stück Zwiebelkuchen und einem Schoppen trockenen Weißwein verwöhnen zu lassen. Die überaus freundliche Wirtin hatte sich gerade danach erkundigt, ob alles recht war, als Paul von hinten angesprochen wurde: „Excuse me, Paul, can we sit next to you?" Paul drehte sich erschrocken um und erkannte Chris und Ann: „Aber selbstverständlich", er stellte die beiden Erika vor. Die neuen Mitbewohner aus Großbritannien waren sehr redselig und wollten von Paul all das erfahren, was auch Paul seinerzeit als Neuankömmling in La Paz wissen wollte, nur Erika verstand kein Wort. Paul gab ihnen gerne Auskunft, und es entwickelte sich ein intensives Dreiergespräch, wobei Paul erfuhr, dass beide gegen den Brexit seien, und Chris als Schüler mehrere Wochen im Warenlager eines Woolworth-Ladens gearbeitet hatte. Das hatte Paul Erika besonders gerne übersetzt, denn schon war eine Verbindung zwischen den Ehepaaren geknüpft worden. Gemeinsam begaben die vier sich weinselig auf den Heimweg.

Monika und Jürgen, die noch aktiven Geschäftsleute in der Penthouse-Wohnung, waren auch mal wieder für einen Entspannungsurlaub eingetroffen. Jürgen hatte die Ankunft bereits per E-Mail angekündigt und gleichzeitig zum nächsten Skatabend auf seiner Terrasse eingeladen, wozu Paul den Termin bestimmen sollte. Da musste Paul nicht lange überlegen: „In drei Tagen, denn ich weiß ja, dass du immer zwei Tage zum Eingewöhnen brauchst", lautete seine Antwort.

„Wo ist denn der vierte Mann, dein Guanchen-Sohn?", bollerte Jürgen Paul freundlich an, als er diesem die Tür öffnete. „Nun mal langsam, alter Freund, zuerst möchte ich deine charmante Monika begrüßen und dann prüfen, ob du Biertrinker meine Weinsorte im Angebot hast, erst dann werde ich dir erzählen, was mit Manfred ist", lachte Paul. Gerd war auch schon da, und nachdem Jürgen seine Gäste mit Getränken versorgt hatte, war auch Monika neugierig, was Paul von Manfred zu erzählen hatte. „Manfred ist letzte Woche stolzer Vater einer Tochter geworden, da kann man ihm wohl nicht zumuten, sein junges Glück mit einer Niederlage beim Skat zu vermiesen. Darum habe ich ihn nicht eingeladen, aber aufgeschoben ist nicht aufgehoben", lächelte Paul. Auch Monika, die Manfreds Geschichte kannte, freute sich über dessen Nachwuchs. Jürgen und Gerd waren beide der gleichen Meinung: „Deswegen hätten wir nicht auf einen Skatabend verzichtet." „Typisch Männer", sagte Monika nur und zog sich zurück. Dieses Mal war Jürgen der Gewinner des Abends, und Gerd merkte an: „Jürgen, bei deinem Blatt mit drei gewonnen Grands mit vier Buben in der Bockrunde hast du heute wohl den Papst in der Tasche gehabt."

Erika hatte für den Besuch bei Helena und Manfred einen Strampelanzug besorgt, Paul einen Blumenstrauß und drei Flaschen erlesenen Weißwein. Damit fuhren die beiden nach Los Realechos zur Calle Brasil. „Schöne Gegend hier", sagte Erika, als sie zum Ziel kamen. „Prima Häuschen, dieser Bungalow", meinte Paul, als sie die von Manfred angegebene Adresse erreicht hatten. „Helena und Manfred Rodrigues" stand auf einem Schild, auf einem zweiten „Susanna Rodrigues". „Hier sind wir richtig, Erika", freute sich Paul und klingelte. Manfred empfing die beiden mit einem herzlichen Willkommensgruß und führte sie ins Wohnzimmer, wo Helena gerade mit dem Stillen ihres Babys beschäftigt war. Erika und Paul überreichten Manfred die Geschenke. Dann war auch das Baby gesättigt, und Helena legte es behutsam in Erikas Arme. „Ist das ein süßer Wonneproppen", schwärmte Erika. „Habt ihr schon einen Namen für die Kleine?", fragte Paul. „Ja, sie wird auf den Namen Barbara getauft", antwortete der stolze Vater, während er die Empfangsdrinks einschenkte. Erika schaukelte das zufriedene Baby liebevoll auf ihren Armen hin und her, Helena und Manfred freuten und bedankten sich für die Geschenke, die sie inzwischen ausgepackt hatten. Nachdem Erika die kleine Barbara in eine Wiege gelegt und gekonnt eingekuschelt hatte, ließ das junge Paar es sich nicht nehmen, sofort ihre Wohnung zu zeigen. „Nicht nur das Haus, auch das Mobiliar haben wir dankenswerterweise komplett von den Großeltern übernehmen dürfen und werden es von Zeit zu Zeit unserem eigenen Stil anpassen, nur der Fernseher von dir, Paul, durfte im Wohnzimmer nicht fehlen", lächelte Manfred. Von der Terrasse aus zeigte Manfred den beiden noch den neugeschaffenen Eingang vom Garten zu Susannas kleiner Zweizimmerwohnung und Paul bat, sie kurz begrüßen zu dürfen. „Selbstverständlich, Mutter wird sich freuen, euch zu sehen", nickte Manfred und Helena empfahl sich, um auf der Terrasse den Tisch zu decken. Susanna empfing die beiden hocherfreut und aus ihren Gesten entnahm Paul, dass die gesamte, nagelneue Einrichtung der Wohnküche und des Schlafzimmers von ihrem Sohn gekauft worden sei. „Übrigens, Paul, Susanna wird uns beim Kaffee keine Gesellschaft leisten können, sie will einen wichtigen Termin im hiesigen Gehörlosenverein wahrnehmen." Erika und Paul nahmen Susanna in den Arm und verabschiedeten sich. Manfred bemerkte noch, dass er mit seiner Mutter bis zum Auszug der Großeltern von Helena in diesem Zimmer gewohnt hatte.

Helena hatte sich tatsächlich die Mühe gemacht und den Splitterkuchen nach Mutter Lottes Rezept gebacken, der ihr auch hervorragend gelungen war. „Kompliment, Helena, dass du das bei der vielen Arbeit mit dem Baby noch auf die Reihe bekommen hast, und glaub mir, ich weiß, wovon ich rede", lobte Erika, die erfahrene Mutter dreier Kinder. Nachdem sie über die schlafraubenden Nächte gesprochen hatten, fragte Paul interessiert, wie es denn mit den Ambitionen von Helena und Manfred im Schwimmverein stünde. „Paul, das ist schnell erklärt, nachdem das Schwimmbad in Puerto geschlossen worden war und es die nächste Trainingsmöglichkeit erst im dreißig Kilometer entfernten La Laguna gab, haben wir beide dem Leistungssport Adieu gesagt", sagte Manfred. Paul glaubte, so etwas wie Wehmut seinen Worten zu entnehmen. „Ich spiele jetzt mit dem Gedanken, mich im Gesundheitssektor selbständig zu machen." Das war für Paul eine erfreuliche Botschaft. „Aber wie kam es denn zu diesem Sinneswandel?", war seine Frage. „Lieber Paul, das ist schnell erklärt. Helena hat mit ihrem bemerkenswerten Engagement zu meiner Genesung von der Sprach- und Gehörlosigkeit bis hin zu meinem gewonnenen Selbstwertgefühl den Grundstein gelegt. Das hat mir dermaßen imponiert, dass ich mich jetzt im Gesundheitsdienst einbringen und ebenfalls Menschen Hilfe anbieten möchte. Ich denke dabei an Massage-Therapien, für den Kurs hat Helena mich bereits angemeldet. Einen Praxis-Raum gibt es im Keller dieses Hauses übrigens auch schon", strahlte Manfred übers ganze Gesicht. „Das finde ich lobenswert, lieber Manfred, und bin auch fest davon überzeugt, dass dir auch dieses Vorhaben gelingen wird. Aber was hat denn dein Chef Mario dazu gesagt?" „Er hat meine Kündigung sehr bedauert, mir jedoch in Aussicht gestellt, dass ich jederzeit zu ihm zurückkommen könne, sollte es mit meiner Praxis nicht klappen." „Auch das hört sich gut an, Manfred. Jetzt können wir dir nur noch gutes Gelingen für dein ehrenwertes Vorhaben wünschen", sagte Paul, während Erika ihm ein Zeichen zum Aufbruch gab. „Liebe Helena, lieber Manfred, nochmals herzlichen Dank für die Einladung. Prima habt ihr es hier, uns hat's Spaß gemacht, mit euch zu plaudern und die kleine Barbara kennenzulernen. Liebe Grüße an Susanna", lachte Paul, und Erika schloss sich Pauls Worten an. „Ihr wart übrigens unsere ersten Gäste aus dem Kreis der Nichtfamilienmitglieder, wir haben uns sehr über euren Besuch gefreut", sagte Helena. „Wir bleiben in Kontakt, schon wegen deiner Skatpremiere bei uns, Manfred", rief Paul dem glücklichen Ehepaar noch zu, als er das Auto bestieg.

Bei der Ankunft im Strelitzia-Park traf Paul den in dessen Garage handwerkelnden Martin. Erika beließ es bei einer kurzen Begrüßung und ging zur Wohnung. „Martin, hast du einen Augenblick Zeit?" „Für dich immer, nun schieß schon los, was hast du auf dem Herzen?" „Was hältst du davon, wenn wir mit unseren Frauen im Februar für ein paar Tage nach La Palma fliegen?" „Sehr viel, tolle Idee, ich werde mich schon mal im Reisebüro im Canaris-Center schlaumachen", war Martin begeistert. „Aber vorher müssen wir mit unseren Frauen noch ein von mir neu entdecktes Restaurant auf dem Weg zum Humboldt-Denkmal besuchen", frohlockte Gourmet Martin. „Das passt auch, und jetzt will ich dich nicht mehr von der Arbeit abhalten", sagte Paul und verabschiedete sich.

Zwei Wochen später fuhren Erika und Paul mit Liesel und Martin am frühen Freitagabend zu dem von Martin empfohlenen Restaurant in Santa Ursula. Paul ließ sich gerne von Martins gastronomischen Neuentdeckungen überraschen, Erika war eher etwas skeptisch. Martin konnte seinen Wagen direkt neben dem Lokal „El Calderito de la Abuela" – „Omas Kessel" – parken. Martin hatte einen Tisch mit herrlichem Blick auf die Küste im Orotava-Tal reserviert. Aus der an Spezialitäten reichen Speisekarte bestellten sich Erika und Paul Kalbsleber mit geschmorten Zwiebeln in einem zierlichen Keramikkessel, aus dem sie sich portionsweise bedienen konnten, dazu gab es Pommes. Es schmeckte hervorragend, und das passte auch zu Martins Botschaft: „Für La Palma habe ich einen Plan mit dem Reisebüroleiter ausgeheckt. Wir fliegen mit einer Propellermaschine der Binter Airline nach Santa Cruz de La Palma, mieten uns einen Leihwagen, residieren zwei Tage im H10-Hotel Taburiente im vier Kilometer vom Flughafen entfernten Los Cancajos und beginnen von dort unsere Sterntour über die kleine Insel mit täglicher Rückfahrt zum Hotel." „Martin, da bleibt mir die Spucke weg, besser hätte ich das auch nicht hingekriegt. Und wann soll es losgehen?", freute sich Paul. „Gerne gegen Ende Januar", meinte Liesel. „Dann schlage ich den 28. vor, das ist ein Montag", sagte Erika, nachdem sie sie im Taschenkalender nachgeschaut hatte. „Okay, dann werde ich das gleich morgen klar machen", war auch Martin erfreut. Im Lokal stimmte alles, aufmerksamer Service, gute Küche, wohltemperierte Getränke und zivile Preise. Und ob Paul es wollte oder nicht, rutschte es ihm wieder heraus: „Hier waren wir nicht das letzte Mal!" Aber meistens hielt er sein Versprechen.

Für einen Gedankenaustausch mit Dr. Conny und Cornelia hatte Cornelia das Café Terraza Taoro vorgeschlagen. Zum einen wegen der tollen Aussicht über Puerto zum Atlantik, zum anderen um Erika und Paul von ihrer Wohnmobiltour zu erzählen. Ja, die beiden waren gerade von einer achtwöchigen Reise durch Portugal und Andalusien heimgekehrt.

Auf der Terrasse bei Wein und Wasser, das Conny bevorzugte, und leckeren, preiswerten Bocadillos berichteten sie begeistert von ihren spannenden Erlebnissen. Erika und Paul waren aufmerksame Zuhörer. Nur Erika konnte sich bei diesem Paar, das stets wie aus dem Ei gepellt mit weißer Bluse bzw. weißem Hemd zum passenden Beinkleid erschien, nicht vorstellen, wie sie das in einem Wohnmobil schafften. „Cornelia, jetzt interessiert mich noch, in welchem Outfit ihr auf Tour unterwegs seid?" Sofort zückte Conny sein Handy und zeigte den beiden Bilder vom Alltag im Wohnmobil. Zu beider Überraschung waren Cornelia und Conny unverändert schick gekleidet darauf zu sehen. „Erika, das ist quasi unsere Uniform, passend zu unseren schwarzen Locken, und ich nehme dafür sogar in Kauf, dass ich fast täglich waschen und das Bügeleisen schwingen muss", sagte Cornelia im Brustton der Überzeugung. Jeder wie er es mag,, dachten sich Paul und Erika. Conny, der sich mal wieder lässig über seine schwarze Mähne strich, hatte auch noch eine Neuigkeit zu vermelden: „Wir haben uns beim Bauvorhaben ‚Botanico homes' ein Apartment angezahlt, ich bin gespannt, wann es mit dem Bau losgehen wird", lachte er. Dann schwatzten sie noch über Gott und die Welt, nur auf Politik durften weder Paul noch Conny zu sprechen kommen, das blockten die Frauen wieder energisch ab. Aber warum nur, fragten sich wohl insgeheim die Männer. Trauen sie vielleicht ihren Partnern keine vernünftige Diskussionsmoral zu?

Es war so weit, der geplante Trip nach La Palma, auf den sich besonders Erika freute, konnte beginnen. Für die Anfahrt zum Flughafen Nord hatte Paul in Absprache mit Martin ein Taxi bestellt. Alles verlief wie am Schnürchen, sowohl der dreißigminütige Flug wie auch die kurze Fahrt zum wunderschön gelegenen H10-Hotel Taburiente in Los Cancajos. Das Ambiente des Hotels mit seiner fantastischen Poolanlage war dermaßen einladend, dass es die vier nach ihrer Ankunft schon Überwindung kostete, gleich in die Hauptstadt Santa Cruz de La Palma zu fahren. Schließlich hatten sie sich vorgenommen, am zweiten Tag den Norden und am letzten Tag ihres Aufenthaltes den Süden und Westen der Insel zu bereisen.

La Palma ist mit 40 % Waldbedeckung die waldreichste der Kanarischen Inseln und wird daher auch Isla Verde, die grüne Insel, genannt. Sie ist mit einer Fläche von nur 708 km², Teneriffa hat 2 000 km², einer Nord-Süd-Ausdehnung von 45 km und einer West-Ost-Ausdehnung von 27 km die fünftgrößte Insel des Archipels. Sie bietet auf relativ kleiner Fläche und mit dem Gebirgsmassiv mit dem 2 426 m hohen Roque de los Muchachos fünf Vegetationsstufen mit vielen endemischen Sträuchern und Bäumen und ist deshalb auch bei Wanderurlaubern sehr beliebt.

Aber die Wanderschuhe hatten Liesel, Erika, Martin und Paul nicht mitgenommen, sie wollten sich ja nur einen Überblick über ihre Nachbarinsel verschaffen. So starteten sie in ihrem Leihwagen, um sich in der etwas weiter nördlich gelegenen Inselhauptstadt umzusehen.

„Habt ihr einen besonderen Besichtigungswunsch?", fragte Martin seine Begleiter. Paul hatte einen: „Mir wäre es recht, wenn du die Uferstraße bis ans Ende der Stadt fahren würdest, damit wir einen Eindruck von der Küstenlandschaft bekommen, dann in der City einen Parkplatz suchen und bummeln." Alle waren mit dem Vorschlag einverstanden. Schon an der Uferstraße fielen ihnen die mit Blumen dekorierten Holzbalkone an den Häusern auf, und das setzte sich auch in etlichen Straßen der Innenstadt fort. Martin parkte schließlich in der Nähe der Plaza de Espana im historischen Zentrum der Inselhauptstadt. Die Plaza ist umgeben von Bürgerhäusern, dem Rathaus und der Kirche El Salvador, die im 16. Jahrhundert erbaut wurde. Schon von außen faszinierte die vier dieser Bau durch ein Renaissanceportal und einen Turm aus Quadersteinen vulkanischen Ursprungs. „Die müssen wir uns aber auch von innen ansehen", sagte Erika ganz spontan und schritt dem Eingang entgegen, sie war sich offenbar sicher, dass ihr Liesel, Martin und Paul folgen würden. Was sie auch taten und nicht bereuten, denn von der monumentalen, hölzernen Kassettendeckenkonstruktion im Mudejar-Stil waren die vier begeistert, so etwas Filigranes hatten sie noch nie gesehen.

Die Calle O'Daly mit einer Vielzahl an Einzelhandelsgeschäften war ein Eldorado für die beiden Frauen, während Martin und Paul sich je eine Portion Eis gönnten und weniger lustvoll den Damen folgten, Paul dabei bemerkte:. „Martin, hast du schon eine Idee, wo und wann wir zu unserer Stärkung einkehren werden?" „Ja, das habe ich, wenn ihr einverstanden seid, könnten wir nach unserer Rückkehr an der Playa Los Cancajos unweit unseres Hotels ein uriges Restaurant am Strand besuchen." „Einverstanden, aber von wem hast du Schlauberger denn diesen Tipp bekommen?", lachte Paul. „Von meinem Sohn, der mit unserem Enkel im letzten Jahr hier war", strahlte Martin.

Beim gemeinsamen Frühstück am nächsten Morgen wurde das Ausflugsziel des Tages besprochen. Man wollte ja möglichst viel Sehenswertes der Insel erkunden. „Also geht's heute in den Nordosten, den grünsten Landstrich der Insel. Hier sehen wir die Lorbeer-Urwälder und an der Küste ausgedehnte Bananenplantagen", bestätigte Martin den Reiseplan und bat zum Aufbruch. Es ging in Richtung Santa Cruz de la Palma, und danach war's vorbei mit der Fahrt am Ufer des Atlantiks, so wie Paul sich das bis nach San Andrés y Sauces, ihrem Zielgebiet, vorgestellt hatte. Dennoch blieb die Fahrt in den Nordosten spannend und abwechslungsreich. Es wurden gewaltige Barrancos gesichtet, etliche Tunnel durchfahren und oberhalb der Straße säumten Lorbeerwälder so manchen Streckenabschnitt. Kurz vor Los Sauces überquerten sie die größte Brücke La Palmas über den Barranco de Agua. Die auf einem etwa dreihundert Meter hohen Hügel gelegene Kleinstadt hatte außer einem tollen Blick auf die größte Brücke nichts Sehenswertes zu bieten. Martin schlug deshalb vor, zu dem in der Nähe liegenden Ort San Andrés zu fahren. Hier empfing die vier ein reizendes Dörfchen, überall lila und pink blühende Bougainvillen und leuchtende rote, rosa und gelbe Hibisken.

Das begehrte und hier früher angebaute Zuckerrohr verhalf San Andrés schon im 16. Jahrhundert zu wirtschaftlichem Aufschwung. Später spielten Obst und Gemüse für den Bedarf der Inselbewohner eine größere Rolle, und ab den 20er Jahren des letzten Jahrhunderts wurden Bananen zum wichtigsten landwirtschaftlichen Erzeugnis. Noch heute versprüht der Ort mit seiner besonderen Architektur sowie den engen und steilen gepflasterten Gassen den Charme jener Zeit. Der massive Bau der Kirche San Andrés mit dem Glockenturm im maurisch-kanarischen Stil gehört zu den ältesten Kirchen La Palmas. Bereits im Jahre 1515 wurde mit dem Bau inmitten des Dorfes auf der jetzt mit Palmen umgebenen Plaza begonnen. Genau hier genossen sie in der schwülen Mittagshitze im schattigen Außenbereich eines Restaurants die Köstlichkeiten des Hauses.

Nicht weit von hier erreichten sie Charco Azul, die blaue Pfütze, ein Naturschwimmbecken. Die unterschiedlichen Becken waren durch Mauern getrennt, und zum Meer hin offen. Bei Flut war für ständigen Wasseraustausch gesorgt. Eine schöne Anlage mit Liegeplateaus, Sonnenschirmen und sanitären Anlagen.

Einen Strand suchten die vier hier vergebens, aber nur wenige Hundert Meter weiter entdeckten sie in Puerto Espindola in Hafennähe eine Rum-Brennerei, in der noch Rum gebrannt wurde. Paul genehmigte sich einige Kostproben, die Damen schüttelten sich schon beim Gedanken an den Geschmack, Martin als Fahrer musste eh passen, gönnte Paul jedoch das Vergnügen, allerdings mit der Einschränkung: „Gleich wird's aber auch Zeit für die Rückfahrt!"

Längst hatte sich Martin als hervorragender Reiseleiter auf diesem Trip bewährt, und so vertrauten Erika und Paul auch am dritten Tag seiner Route in den Süden und Westen der Insel. Der Südosten ist bekannt für seine Handwerkskunst: Stickerei und Keramik, Weinkelterei und Zigarrenherstellung haben hier Tradition. Martin steuerte die Keramikwerkstatt „El Molino" bei Mazo an, die sie in einer Oase blühender Mandelbäume nach kurzer Fahrt erreichten. Hier konnten sie Handwerkern über die Schulter schauen, die mit der Technik und nach Vorlagen der vorspanischen Bevölkerung arbeiteten, also ohne Drehscheibe. Eine kleine Schale mit altertümlichen Motiven hatte es Erika angetan, sie musste zugreifen. Was Paul zu der Bemerkung veranlasste: „Kompliment Erika, nun gibt's in unserem Haushalt endlich ein Erinnerungsstück an die Guanchen", was Liesel und Martin schmunzeln ließ.

Je weiter sie nach Süden fuhren, desto karger zeigte sich die Landschaft. An der Südspitze hinter Fuencaliente sahen die vier eine riesige Lavafläche, die von den Vulkanen San Antonio – Ausbruch im Jahre 1677 – und Teneguia – Ausbruch im Jahre 1971 – verursacht worden war. Das war fast schon gespenstisch, denn kurvig und steil führte die Straße durch die schwarze Lava hinab zur Südspitze der Insel. Bald sahen sie auch schon die letzte Saline La Palmas sowie zwei Leuchttürme. Mit ihren quadratischen schwarz-weißen Salzfeldern und weißen Salzbergen wirkte die Saline auf die vier wie ein Teil der Landschaft und lud zu einem Stopp ein, den Martin natürlich geplant hatte, denn es war bereits späte Mittagszeit. Nachdem sie die Gegend um die Saline und die zwei Leuchttürme, von denen der rot-weiße noch in Funktion war, und das Besucherzentrum im zweiten Turm einer Ausstellung diente, die sie über das bedrohliche Ausmaß der Verschmutzung der Meere informierte, gab es nur noch ein Ziel, das Restaurant. Nach dem Essen war es diesmal Liesel, die in dem dem Restaurant angeschlossenen Verkaufsraum noch ein Gewürz-Mitbringsel erwarb. Das inspirierte auch Erika, als sie ein Produkt in den Händen hielt und las: „Das Wasser des Atlantiks, das Feuer der Sonne, die Erde des Vulkans und die Luft der Passatwinde sind die vier Elemente, die sich vereinigen, um die weißen kristallinen Blütenblätter der Salzblume zum Leben zu erwecken, welche mit Sorgfalt in den traditionellen Salinen gesammelt wird. Die Salzblume der Salinen von Fuencaliente mit ihrem sanften Meeresgeschmack verleiht ihren Gerichten einen exquisiten Geschmack." Was sie selbstverständlich zum Kauf reizte, aber Martin drängte schon zur Weiterfahrt.

Der Südwesten war nicht nur geografisch, sondern auch klimatisch das genaue Gegenstück zum Nordosten der Insel. Durch die Wetterscheide der Cumbres, der 14 Kilometer langen und rund 2 000 Meter hohen Vulkankette, vom Passatwind nur selten erreicht, bekam dieser Landstrich nur wenig Feuchtigkeit, es war die trockenste und wärmste Zone der Insel. Die vier befuhren die kurvenreiche Hauptstraße an La Palmas Westküste von Fuencaliente nach Las Manchas, die die Landschaft teilte: rechts die Kiefernwälder der Vulkankette „Cumbre Vieja", links Gärten und mit Wein bepflanzte Terrassen, danach von Lavaströmen durchschnittener Wald, Strauchzonen und Küste, so weit das Auge reichte. Martins Ziel war die Gemeinde El Paso im Naturpark Cumbra Vieja. El Paso war mit rund 8 000 Einwohnern flächenmäßig die größte der 14 Gemeinden, lag im Zentrum der Insel und hatte als einzige keinen direkten Zugang zum Atlantik. Es war die Lust auf einen Cappuccino, die Martin nach Absprache mit seinen Begleitern reizte, hier an einem Café Halt zu machen, bevor er sein angepeiltes Ziel, die Caldera de Taburiente, erreichen wollte. Dank guter Beschilderung und Auskunft im Besucherzentrum fand Martin den Aussichtspunkt Mirador de la Cumbrecita direkt an der Caldera. Dieser natürliche Balkon lag am Ende eines engen Tals und schien über dem riesigen Abgrund der Caldera zu hängen. Der Blick von dort auf die Caldera mit einem Durchmesser von sechseinhalb Kilometern und die vielen Schluchten, die sie durchbrachen, war unvergleichlich und für die vier unvergesslich. Mit diesem beeindruckenden Naturerlebnis endeten erlebnisreiche Tage auf La Palma und es begann die Rückfahrt zum Hotel und anderntags der Rückflug nach Teneriffa.

Das größte Problem auf den Eigentümerversammlungen der letzten Jahre war die Wärmepumpe, wegen der von vielen Bewohnern der Anlage zu niedrig empfundenen Wassertemperatur im Pool, das hatte Präses Bübchen mit seinen technischen Fähigkeiten und der respektablen Geldspende von Bruse endlich in den Griff bekommen. Bübchen wurde selbstverständlich wiedergewählt, Nachfolger von Yiorgas der aus persönlichen Gründen sein Amt als Vize zur Verfügung stellte, wurde Hernandes, Verwalter blieb Rechtsanwalt Geiger und Rechnungsprüfer wurden Kreuzlich und Ärmel.

Nach Abschiedsbesuchen bei Liesel und Martin sowie Veronika und Eddy ließen Erika und Paul den Tag gemütlich bei einem Gläschen Rotwein auf der Terrasse ausklingen. Sie ließen den neunten Winter Revue passieren und Erika kam zu dem Ergebnis: Schöner, unterhaltsamer, ereignisreicher und lehrreicher kann und muss es nicht werden, wir sind ja nicht mehr die Jüngsten. Das wollte Paul so nicht stehen lassen: „Schatz, alt werden ist wie Bergsteigen, man kommt ein wenig außer Atem, aber die Aussicht ist viel besser. Und solange wir körperlich und geistig fit sind, können wir noch ganz viel Interessantes vom Gipfel des Berges unseres Lebens entdecken."

Kapitel 18

Zehnter Winter

Schweben über dem Orotava-Tal

Plötzlich und unerwartet musste sich Paul im April 2019 von seinem gleichaltrigen Freund Peter in Forchheim für immer verabschieden. Mit ihm, dem damaligen weitgereisten „Junggesellen", hatte er Mitte der 60er Jahre des vergangenen Jahrhunderts die sogenannten Junggesellen- bzw. Kulturreisen mit einem ersten Trip nach Warschau aus der Taufe gehoben. Ja, Paul hatte Peter zu verdanken, dass in ihm die Lust, Land und Leute auch außerhalb Deutschlands kennenzulernen, geweckt worden war.

Gerne erinnerten sich Rüdiger und Paul an das komfortable Arrangement fürs Pokalendspiel im letzten Jahr, zumal Rüdigers Quelle für Endspielkarten beim Deutschen Fußball-Bund versiegt war. Also buchten sie wieder bei Vietentours für die Paarung Bayern München gegen RB Leipzig am 25.05. Die Bayern gewannen 3:1.

Für Erikas 80. Geburtstag hatte Paul vom 16.–20.7. ein Hotel in Bad Salzuflen gebucht. Die Zeit wollten sie in trauter Zweisamkeit verbringen, gesundheitsfördernde Besuche des Gradierwerks der Saline und einer Salzgrotte einplanen. Allerdings überraschte später Sohn Peter sie an ihrem Ehrentag, sehr zur Freude Erikas. Nach Rücksprache mit Paul tauchte er im Restaurant auf, in dem die beiden bei leckeren Köstlichkeiten den Tag ausklingen ließen. Sein Besuch war eine große Bereicherung des Abends.

Gleich nach ihrer Rückkehr in Moers fand die Nachfeier mit der ganzen Familie in der Auermühle in Ratingen statt.

Ihre Goldene Hochzeit im August wollten Erika und Paul ebenfalls in aller Ruhe verbringen. Vom 4.–11.8. hieß es „Leinen los" auf der AIDAblu in Venedig, wo die beiden tags zuvor gelandet waren. Es war eine erholsame Tour, die über Korfu, Bari, Dubrovnik und Zadar zurück nach Venedig führte. Jeder dieser Orte rief Erinnerungen an glückliche Stunden wach. Es war aber auch ein besonderes Geschenk, das sich die beiden nach so vielen gemeinsamen, glücklichen Ehejahren gönnten, gekrönt von einem exklusiven Dinner im Gourmet-Restaurant Rossini an ihrem Ehrentag.

Wieder daheim hörte Paul die eingegangenen Sprachnachrichten ab, während Erika im selben Zimmer die Reisekoffer auspackte. „Paul, kann es sein, dass ich vorhin Manfreds Stimme gehört habe?" „Ja, das hast du, dann hast du bestimmt auch mitbekommen, was er mir erzählt hat", schmunzelte Paul. „Eben nicht alles, nur so viel, dass es sich um seinen Besuch in Deutschland handele. Kommt er mit Frau und Kind? Das würde mich freuen", war Erika neugierig. „Leider kommt er nicht. Er bat uns um Verständnis, da er seinen Massage-Salon im Frühjahr nächsten Jahres eröffnen werde und voll im Stress mit Ausbildung und Einrichtung der Praxis sei. Aber er sagte auch, dass es ihn freuen würde, wenn er uns mit seiner bisher erworbenen Massagetechnik bald einmal überzeugen dürfe." „Aber ohne mich", war Erikas Reaktion, die ob Manfreds Fähigkeiten eher skeptisch war.

Beim Skatabend in Birgits Viktoria-Stuben wurde es beschlossen und Mitte Oktober in die Tat umgesetzt: Paul flog wieder mit Rüdiger und Horst nach Teneriffa, Erika folgte eine Woche später. Paul hatte seine Skatbrüder über den aktuellen Stand bezüglich Manfreds neuesten Vorhabens informiert. So freuten sie sich schon auf ihr Treffen mit Manfred, den Paul ja bereits zu einem Skatabend eingeladen und ihm Spielpraxis beizubringen versprochen hatte.

Auf dem viereinhalbstündigen, ruhigen Hinflug gab es hauptsächlich nur ein Thema, das die drei beschäftigte, Manfreds unvorstellbare Entwicklung zum gestandenen Mannsbild. Noch vor Jahren war er als taubstummer Kletter-Manfred in der gottverlassenen Schlucht von der Außenwelt abgeschottet. Rüdiger meinte dazu zum wiederholten Male, dass das an ein medizinisches Wunder grenze, und er sehr angetan sei von der übermenschlichen Energieleistung des Sohnes des Bollullo-Guanchen. Er erntete ein anerkennendes Nicken von Paul und Horst. Dann war es Paul, der sich lässig über seine Glatze strich, und die beiden darauf aufmerksam machte, dass sie den Teide schon sehen könnten.

Freund Martin empfing die drei am Flughafen Teneriffa-Süd in seiner gewohnt spaßigen Art: „Na, ihr Teutonen, haben euch eure Frauen mal wieder ein paar Tage freigegeben?" Darauf konterte Rüdiger lachend: „Sie waren froh, uns losgeworden zu sein."

Neuigkeiten aus dem Strelitzia-Park wusste Martin nicht zu berichten, dafür konnte Paul ihm die neuesten Storys von Manfred verkünden und auf den bevorstehenden Skatabend auf seiner Terrasse mit dem Guanchen-Sohn hinweisen. „Den würde ich zu gerne kennenlernen, damit ich meinem Enkel Mateo davon erzählen kann. Er hatte Manfreds Vater in sein Herz geschlossen, nicht nur wegen dessen außergewöhnlichen Outfits, sondern auch seiner Art und Weise, wie er mit den Kindern am Bollullo-Strand spielte." Aber darauf reagierte Paul nicht mehr, denn in diesem Moment erreichten sie den Strelitzia-Park, und die drei bedankten sich bei Martin für den Abholservice.

„Es ist schon fast wie ‚nach Hause kommen'", schmunzelte Horst, als sie das Feriendomizil betraten. Und entsprechend schnell hatten die drei ihr Gepäck verstaut und Paul das kühle Blonde auf der Terrasse serviert. Nachdem sie auf drei schöne Tage angestoßen hatten, war Pauls erste Tat, sich bei Manfred telefonisch zu melden. Manfred freute sich, dass Paul mit seinen Skatbrüdern wieder auf der Insel war und sagte auch spontan für den übernächsten Abend zu. Nachdem der erste Programmpunkt für die drei Tage gefixt war, galt es, beim nächsten Bier die weiteren Aktivitäten zu besprechen. Rüdiger schlug vor, auf jeden Fall einen Spaziergang durch Puertos Altstadt zu unternehmen und zum Abschluss das Café Alba mit der tollen Aussicht auf den

Atlantik und die Playa Martianez zu besuchen. Horst wünschte sich einen Spaziergang zum Taoro-Park, er wollte das legendäre Hotel auf dem Hügel, von dem Waldemar unter anderem bei Horst und Rüdigers erstem Besuch in der Höhle erzählt hatte, endlich aus der Nähe sehen. „Eure Wünsche passen doch prima in die Zeit eures Aufenthaltes, und wenn ihr dann auch noch mit dem täglichen Frühstück bei Sandra einverstanden seid, steht mit dem allabendlichen Skatvergnügen unser Programm", war Paul zufrieden, und erhielt Zustimmung.

Am nächsten Morgen, nachdem sich Paul kurz bei Eddy und Veronika zurückgemeldet und sich für den immer wieder erfreulichen Wohnungsservice bedankt hatte, schlenderten die drei zu Sandras Café, wo sie von der Chefin wie alte Bekannte freundlich empfangen und mit einem leckeren Frühstück verwöhnt wurden.

Beim Spaziergang durch Puerto machte es Paul Freude, seine im Laufe der Jahre gesammelten Erlebnisse mit seinen Freunden zu teilen. Schon am Mirador in La Paz deutete er in die Richtung des Immobilienbüros, wo während des Telefongesprächs mit seinem Sohn Peter der Grundstein für ihr Feriendomizil gelegt worden war. „Mach weiter so, Paul, das gefällt mir", ermunterte Rüdiger Paul. Und Paul berichtete in allen Einzelheiten, auf dem Weg zur Playa de Martiánez, was nach dem Telefonat bis zur Wohnungsfindung passiert war. „Das war wirklich ein spannender und erfolgreicher Urlaub vor zehn Jahren", stellte Horst fest, als sie den Strand erreichten, hinter ihnen das Hotel Bahia Principe San Felipe. „In dem Hotel habt ihr also damals gewohnt und den spektakulären Sandsturm erlebt", meinte Rüdiger, der Pauls Schilderungen genau registriert hatte. „Ja, das stimmt, und wo mir die hübsche, schwarzhaarige TUI-Reiseleiterin Carmen den entscheidenden Tipp für eine Wohnanlage im Ortsteil La Paz gegeben hat", erwiderte Paul. Dann kamen die drei auf der Vorzeige-Promenade Avenida Colón an jenem sehenswerten Meerwasser-Schwimmbad Lago Martiánez vorbei. Diese riesige Badelandschaft mit einem großen See, dem Lago, feinsandigem Strand und mehreren kleineren Schwimmbecken wurde von César Manrique, dem Architekten, Maler und Klimaexperten, entworfen und in den 70er Jahren angelegt. Der Grund war: Puerto de la Cruz den anspruchsvoller gewordenen Touristen gerecht zu machen und ein attraktives Highlight zu schaffen. „Auf der Insel im Lago haben wir doch vor einigen Jahren das Spielcasino besucht", erinnerte sich Horst. „Das ist allerdings vor ungefähr drei oder vier Jahren geschlossen worden", entgegnete Paul.

Am Café Paris und der kleinen Kapelle Ermita San Telmo vorbei erreichten sie die Punta del Viento, von wo sie einen überwältigenden Ausblick auf den Ozean, seine Brandung, das Meerwasser-Schwimmbad und die Promenade San Telmo hatten. Von dort hatten sie es nicht weit bis zum Rathaus an der Plaza de Europa und der Bateria de Santa Barbara, einer Befestigungsanlage, die im 18. Jahrhundert erbaut wurde, um den damaligen Handelshafen vor Angriffen von Piraten und Freibeutern zu schützen. Bis zum Hafen waren es nur noch wenige Meter. Dort angekommen, konnte Paul seinen Freunden von zwei seiner spektakulären Erlebnisse an diesem relativ kleinen Hafenbecken berichten, zum einen vom Bad der Ziegen zu San Juan, dem Johannestag, und zum anderen das Verbrennen einer überdimensionalen künstlichen Sardine. Diese findet nach einem Trauerumzug durch einige Straßen Puertos am Aschermittwoch am Ufergelände des Hafenbeckens vor zahlreichen Zuschauern ihr trauriges Ende, vergleichbar mit der Verbrennung des Hoppeditz in deutschen Regionen.

Dann erzählte Paul von Erikas Wunsch, die Düfte auf der Bühne des Lebens zu erschnuppern. Jetzt wurde Rüdiger neugierig und wollte wissen, wo diese Bühne denn sei. Großes Gedränge herrschte an diesem Tag nicht auf der imaginären Bühne, als Paul auf dem kurzen Weg vom Hafen zur Plaza del Charco neben dem Hannen-Alt-Restaurant stehen blieb. „Genau hier ist sie, die sogenannte Bühne des Lebens, und exakt hier haben Erika und ich den Dufttest gemacht, indem wir die Augen geschlossen und die Nase in die Luft gestreckt haben", schmunzelte Paul. „Das versuche ich auch", war Horst begeistert und schritt zur Tat. Nach hörbarem, konzentriertem Schnuppern öffnete er die Augen und sagte zu Paul: „Du hast mich nur verscheißern wollen, ich habe nichts Außergewöhnliches gerochen." Paul tröstete ihn und Rüdiger mit einer Einladung zum Bier im „Hannen-Alt", wobei er den Freunden erzählte, dass das auch nur bei besonderen Festivitäten wie beispielsweise der Sardineneinäscherung oder dem Ziegenbad funktioniere, wenn auf dieser Bühne die Menschen dicht gedrängt stünden, die Düfte von Bratwurstbuden, Fischbratereien und der salzhaltigen Meeresluft über diesen Ort waberten, dann rieche auch nur der hiesige Spanier, dass eine besondere Fiesta gefeiert werde. Und heute würde er sagen: Nichts los im Dorf, nur drei Extranjeros auf der Bühne. „Nun ist's aber gut, Paul, prahl nicht so mit deinen Spanisch-Kenntnissen, erkläre mir lieber, was das für komische Extranjeros sind", war Rüdiger etwas ungehalten. „Entschuldige bitte, das sind Fremde", sagte Paul, währender beim Ober die Rechnung bezahlte. Dann schlenderten die drei durch die engen Gassen der Altstadt, bewunderten etliche künstlerisch gestaltete Hauswände und landeten bei Mama Baum zum nächsten Bier. Nach freundlicher Begrüßung empfahl ihnen die Wirtin zum Bier noch ein Schmankerl aus der Küche: Datteln im Speckmantel. Natürlich konnten die drei nicht Nein sagen.

Danach hatte Paul die Idee, seinen Skatbrüdern eine besondere Sehenswürdigkeit zu zeigen. Über die Plaza del Charco, an fröhlichen Kindern auf dem dortigen Spielplatz vorbei, spazierten sie zur nahe gelegenen Calle Quintana. Vor dem Hotel Marquesa hielt Paul inne und fragte seine Kumpel: „Habt ihr schon mal was von einem Alexander von Humboldt gehört?" „Blöde Frage, wer kennt diesen berühmten Wissenschaftler nicht", antwortete Rüdiger etwas pikiert. „Dieser Mann wohnte im Juni des Jahres 1799 einige Tage in diesem Haus", erklärte Paul und schilderte seinen Freunden kurz den Grund für Humboldts Aufenthalt auf Teneriffa. „Wahrlich interessant, kann man da mal reinschauen?", war Horst neugierig. Ja, natürlich, und Pauls Freunde waren überrascht, gleich im stilvollen Foyer des Hotels ein großes Bild mit dem weltbekannten Wissenschaftler zu sehen.

Ein paar Schritte weiter gen Osten auf der Calle Quintana stand auf der rechten Seite die seit 2003 denkmalgeschützte Kirche „Nuestra Señora de la Francia", gebaut im Jahre 1697. Auch hier konnte Paul seine Story von dem mysteriösen Schweigemarsch erzählen, und Rüdiger ließ keinen Zweifel aufkommen, dass er dieses dreischiffige Gebäude von innen sehen müsste. Es lohnte sich, vier der fünf Altarretabeln waren besonders eindrucksvoll dekoriert und bebildert. Paul entdeckte im linken Seitenschiff jenes Relikt, das er seinerzeit beim Schweigemarsch gesehen hatte, das mit Silber überzogene und mit fein ziselierten Ornamenten versehene Holzkreuz aus dem 17. Jahrhundert.

„Paul, herzlichen Dank für diesen wahrlich interessanten Rundgang. Respekt, du kennst dich hier genauso gut aus wie in Moers, aber jetzt wird es auch Zeit, dass wir zum Café Alba gehen", drängte Rüdiger.

Nadine, die bildhübsche, flinke Tochter der Wirtsleute freute sich, die Männerrunde, die auch einen freien Tisch an der Balustrade mit Blick aufs Meer und den Strand Martianez gefunden hatte, wieder zu begrüßen. Bei Bier und hausgemachtem Flammkuchen entdeckten die drei mehrere Paraglider am azurblauen Himmel, die an ihren buntfarbigen Gleitschirmen in unterschiedlichen Höhen dahinschwebten. Und sie beobachteten auch, wie ein Tandemflieger am Strand landete. „Das muss ein geiles Gefühl sein, die Gegend wie ein Adler im Flug zu erkunden", war Rüdiger fasziniert. Auch Horst äußerte sich ähnlich enthusiastisch. Paul erzählte, dass Max, der stets hilfsbereite Mitbewohner aus der 2. Etage, so einen Tandemflug kürzlich gemacht habe und begeistert war. „Paul, würdest du dich trauen, so etwas zu machen?", fragte Rüdiger. „Na, klar, das habe ich mir bei nächster Gelegenheit fest vorgenommen."

Nach einem langen Abend beim Skat Spielen und dem Austausch lustiger Anekdoten aus ihrer sportlichen Zeit beim Meerbecker Sportverein, wurde am nächsten Tag Horsts Wunsch nach einem Besuch des Taoro-Parks erfüllt. Schon auf dem Weg über die Carreta Botanico und den Serpentinenweg, vorbei an den Fliesenmalereien mit Szenen aus dem Guanchen-Alltag, durch den Park hinauf zum Grand Hotel erzählte Paul, wie der Taoro-Park vor rund 150 Jahren auf diesem Hügel entstand. Aber all das interessierte Horst wenig, er wollte endlich vor dem Grand Hotel mit seiner für ihn spektakulären Vergangenheit um den Geheimdienstchef des Dritten Reiches, Canaris, stehen. „In diesem vernachlässigten, leerstehenden Gebäude war auch das Büro unseres leider verstorbenen Waldemars", bemerkte er, als die drei endlich davorstanden. „Ja, so muss es wohl gewesen sein, und er wohnte auch dort", entgegnete Paul. Horst wirkte enttäuscht. „Aber vor rund 35 Jahren, bei unserem ersten Aufenthalt in Puerto im Hotel Botanico, haben Erika und ich das Spielcasino, das sich damals in dieser Anlage befand, auch schon besucht. Davor waren es gekrönte Häupter und die Hautevolee aus vielen Ländern, die sich im Grand Hotel einquartierten und verwöhnen ließen", ergänzte Paul spaßig. Rüdiger bemerkte nachdenklich, wie in einem so herrlichen Park für eine solche Anlage kein Investor gefunden werden könne. Paul wusste, dass es Interessenten gäbe und über kurz oder lang eine Lösung gefunden würde. „Dann lassen wir uns überraschen, vielleicht werden wir es noch erleben", grinste Horst und deutete an, dass er eine Stärkung brauche.

Ganz in der Nähe befand sich ein uriges Lokal, und in dessen Außenbereich mit herrlichem Blick auf Puerto und den Atlantik fanden die drei einen Tisch und Alberto, der Wirt, verwöhnte sie nach ihrer Bestellung mit Vino tinto de la casa und Iberico-Schinken, Manchego-Käse und Pan con Aioli. Natürlich wurde über Waldemars damalige Tätigkeit in den Räumen des Grand Hotels sowie seine eigenartigen Erziehungsmethoden gesprochen. Alle drei waren sich einig, dass er in seinen jungen Jahren eine beachtenswerte Karriere gemacht hatte, aber mit dem Tod seiner Eltern durch einen Bombenbangriff in den letzten Kriegstagen sowie die Erkenntnis, einem Schurkenstaat gedient zu haben, für ihn eine Welt zusammengebrochen war. „Dass er dann die

Flucht in die Einsamkeit suchte, kann ich zwar nicht nachvollziehen, aber wie er dann in ein neues Leben startete, ehrt ihn", meinte Paul. „Aber warum hat er Manfred fast zwanzig Jahre in dieser Einsamkeit gehalten?", fragte Horst. „Ich kann es mir nur so erklären, dass er und auch Susanna ihren Sohn nicht der Unbill der Menschheit freigeben wollten, denn Waldemar selbst wollte oder konnte sich nicht mehr seiner Kindheit erinnern. Susanna konnte sich vielleicht nicht durchsetzen", vermutete Rüdiger. „Es ist mir ein Rätsel, warum Waldemar offensichtlich erst nach der Geburt von Manfred seine Späßchen mit den Kindern am Bollullo-Strand gemacht hat. War es vielleicht doch die fehlende Fröhlichkeit in seiner kleinen Familie, die dazu in der Schlucht wenig Grund hatte? Oder war es die pure Ohnmacht, einen gravierenden Erziehungsfehler einzugestehen?", spekulierte Paul. „Egal, wie auch immer, fest steht, dass Manfred ins wahre Leben zurückgefunden hat und gleich unser Gast beim Skat sein wird, und darauf freue ich mich schon", ergänzte Rüdiger und beglich bei Alberto die Rechnung aus der Skatkasse.

Paul hatte für den Abend Snacks vorbereitet, an Getränkevorräten mangelte es nie bei ihm. Alle drei waren gespannt, wie es um Manfreds Skatkünste bestellt war.

Pünktlich wie immer, das musste ihm sein militärisch gedrillter Vater beigebracht haben, klingelte er um 19 Uhr am Portal und meldete sich über die Sprechanlage. Paul sah schon sein strahlendes Lachen auf dem Bildschirm und öffnete das Portal für einen mit Freude erwarteten Skatabend mit Manfred. Von allen dreien wurde der sportlich leger gekleidete Modellathlet herzlich begrüßt und von Paul willkommen geheißen. Nach dem Austausch üblicher Begrüßungsfloskeln über Gesundheit und Familie, wobei Manfred stolz erwähnte, dass seine Tochter Barbara schon laufen könne, fragte Paul nach den Getränkewünschen und bat, auf der Terrasse Platz zu nehmen. Agua con gas für Manfred und Cerveza für Rüdiger und Horst lautete die Bestellung, Paul gönnte sich ebenfalls eine Cerveza. Nachdem Paul seinen Gästen zugeprostet und allen ein gutes Blatt gewünscht hatte, bat Manfred ums Wort. „Zunächst möchte ich mich bei euch bedanken, dass ihr mir einen weiteren Schritt in eure Kultur ebnet, aber berücksichtigt bitte, dass ich Anfänger bin, ich habe nur wenige Stunden mit Helenas Großeltern geübt." Dann erklärte Paul die Regeln, nach denen sie spielten, und bot Manfred an, heute nicht um Geld, sondern nur um Punkte zu spielen, was Manfred allerdings strikt ablehnte. „Okay, dann beginnen wir mit sechs Testspielen, bevor es ums Geld geht." Von Spiel zu Spiel schauten sich die vermeintlichen Experten verdutzt an, denn was sie erlebten, war an Spielraffinesse nicht zu überbieten. Dann war es Rüdiger, der Kassenwart, der sagte: „Lieber Manfred, du hast mich, seit wir uns in der Höhlenschluchtkennenlernten, mit der Vehemenz deiner sprachlichen Entwicklung und dem Ehrgeiz, Versäumtes nachzuholen, immer wieder überrascht. Deswegen wundert es mich nicht, dass du mir heute erneut deine ausgeprägte Lernfähigkeit unter Beweis stellst. Mach weiter so, bevor es hier im Spiel um Moneten geht. Wir spielen um einen zehntel Cent pro verlorenem Punkt. Aber vorher erzähl uns bitte noch, wie es um deine Massageausbildung bestellt ist." „Das ist schnell gesagt, nach Beratung mit Helena hatte ich mich für ein Ayurveda-Wellness-Massage-Seminar entschieden und war nach knapp vier Wochen damit fertig. Nachdem ich bei Helena eine Probemassage zu ihrer vollsten Zufriedenheit absolviert hatte, ermunterte sie mich, zusätzlich eine Ausbildung zum Heilpraktiker zu machen, die wesentlich anspruchsvoller und zeitaufwendiger ist. Damit bin ich noch nicht fertig, aber zuversichtlich, dass ich mich bis zum nächsten Frühjahr qualifizieren werde." „Auch das wirst du schaffen, Manfred, und jetzt lasst uns mit dem Spiel beginnen", meinte Horst, der schon die Karten mischte.

So souverän Manfred die Proberunden bestritt, ging es auch weiter. Natürlich gehörte zu jedem Spiel auch eine Portion Glück, aber mit den wenigen Spielen mit Helenas Großeltern musste er maßlos untertrieben haben, zweifelte Paul insgeheim an. Plötzlich, und für Paul nicht ganz unerwartet, erschien Martin und entschuldigte sich für die Störung. Er kam aus der Garage und wollte nur vermelden, dass Paul vergessen habe, sein Garagentor zu schließen. Bei der Gelegenheit stellte Paul ihm seinen Gast vor, und so erfuhr Martin endlich, dass er dem Sohn des Guanchen vom Bollullo-Strand gegenüberstand. Und Martin wollte auch nicht verschweigen, dass sein Enkel Matteo nur wegen des urigen Guanchen immer zum Bollullo-Strand gehen wollte, weil er die lustigen Spiele mit dem Taubstummen über alles liebte. Das gefiel Manfred, denn mittlerweile war ihm klarer geworden, dass auch sein Vater ab und zu Abwechslung vom Eremitendasein brauchte. „Das Gelächter der Kinder, ihr fröhliches Geschwätz war wohl eine Art Seelenmassage für ihn. In der Schlucht lief die Kommunikation nur über Gesten ab, denn von meiner Mutter und mir hörte er nie ein Wort, und mit wem sollte er als taubstummer Guanche, zu dem er sich der Außenwelt offenbarte, schon reden", sagte Manfred sichtlich gerührt.

Genauso plötzlich, wie er erschienen war, verabschiedete sich Martin höflicherweise wieder, und Paul war klar, dass der angebliche Grund seines Erscheinens eine Finte war. Ja, Martin war von Natur aus irgendwie sympathisch neugierig.

Solche Verschnaufpausen während des Skatspielens machten auch Manfred Freude, und Rüdiger erklärte ihm, dass das in der Runde mit Horst und Paul einfach dazu gehöre, und bat Manfred, von seinem Leben in der wunderschönen Bucht zu erzählen. „Das mache ich gerne. Seit ich zurückdenken kann, wurde ich von meinen Eltern verwöhnt. Ich vermisste in unserer Einsamkeit nichts, hatte meinen Spaß mit unseren Haustieren, und Vater brachte mir peu à peu bei, was zur erfolgreichen Tierhaltung alles erforderlich ist. Er war es auch, der mir, ich war vielleicht vier Jahre alt, das ABC und Rechnen beibrachte. Das mit den Zahlen habe ich schnell kapiert und konnte bald einfache Rechenaufgaben lösen. Nur mit dem ABC kamen wir nicht wesentlich weiter. Zwar lernte ich, meinen Namen und alle um mich herum befindlichen Gegenstände zu schreiben, aber mir fehlte die Phonetik. Von der Mutter habe ich früh die Verständigung mit Gesten gelernt, und wie ich im Haus und Garten eine Hilfe sein konnte. Schnell wurden Klettern und Schwimmen zu meinen Hobbys, und ich hatte nie das Gefühl, im Leben etwas versäumt zu haben. Bis zu jenem Tag vor etwa acht Jahren, als ich mit Vater zum Fischfang unsere Bucht verließ und erkannte, dass es auf dieser Welt nicht nur das Paradies in der kleinen Schlucht gab." Die drei waren beeindruckt, ein kurzer Moment der Stille trat ein. Dann erzählten Rüdiger, Horst und Paul von ihren interessantesten Urlaubsreisen rund um die Welt, zum Erstaunen von Manfred. „Davon träume ich noch", lächelte Manfred, der mit seinen vom Klettern ausgeprägt kräftigen Händen wieder zu den Spielkarten griff.

Danach wurden noch etliche Runden Skat gespielt, der glückliche Sieger des Abends hieß Manfred, der dann doch zugab, eifrig mit Helenas Großeltern geübt zu haben. „Es hat mir wirklich Freude gemacht, in eurer Runde angekommen zu sein, bei eurem nächsten Besuch auf der Insel seid ihr meine Gäste", sagte Manfred, der von Komplimenten seiner Mitspieler ob seiner exzellenten Spielweise überschüttet wurde. Mit herzlicher Verabschiedung und besten Wünschen für Manfreds neues berufliches Vorhaben endete ein unvergessener Skatabend.

Am nächsten Vormittag fuhr Paul seine Freunde wieder zum Flughafen. Während der Fahrt wollte Horst von Paul wissen, was er denn die nächsten paar Tage bis zu Erikas Ankunft unternehmen werde. „Da brauche ich nicht lange zu überlegen, denn die werde ich fast ausschließlich der Schreiberei für mein zweites Buch widmen." „Willst du etwa die wundersame Geschichte von Manfred zu Papier bringen?", fragte Rüdiger lächelnd. „Nein, gewiss nicht, denn die ist ja noch nicht zu Ende. Ich habe bereits damit begonnen, meine vielen Auslandsreisen mit einer fiktiven Geschichte von drei Junggesellen, Bulle, Nathan und Charly heißen sie, zu verarbeiten. Ich hoffe, es wird ein ähnlicher Erfolg wie ‚Woolworth und Paul'", strahlte Paul und hätte beinahe die Abfahrt zum Flughafen Teneriffa-Süd verfehlt.

Schon fünf Tage später konnte Paul seine Erika am Flughafen in die Arme nehmen. Es war eine so herzliche Begrüßung, als hätten sie sich wochenlang nicht gesehen.

Auf der von strahlendem Sonnenschein begleiteten Rückfahrt wollte Paul von einigen Eigentümerwechseln in der Anlage berichten, was Erika aber nicht interessierte. Sie genoss lieber das herrliche Wetter und die Naturschönheiten aus dem Auto heraus und meinte, er könne sich nicht vorstellen, wie mies das Wetter in den letzten acht Tagen zuhause in Deutschland war, es habe nur geregnet. Und dann wollte sie noch wissen, wie Paul die Tage mit den Skatbrüdern verbracht hatte. „Es war wie immer sehr kurzweilig und anstrengend", und dann erzählte Paul die Höhepunkte, wobei das Skatspiel mit Manfred und seine genialen Einfälle zu seinem neuen Buch dazugehörten. Er erwähnte auch, dass er endlich seinen Plan zum Paragliding in die Tat umsetzen wolle. „Mensch, Paul, dann solltest du aber vorher dein Testament machen", reagierte Erika sichtlich verängstigt. „Keine Sorge, Schatz, das liegt doch schon lange im Safe", lachte Paul.

Nach Erikas erstem Rundgang durch die Wohnung gab es zu Pauls Verwunderung keine Reklamationen, nur der Umbaulärm über ihr machte sie stutzig. „Ja, das nette Münchener Ehepaar ist umgezogen und hat Knuttermanns Penthouse-Wohnung übernommen. Jetzt wohnen Siggi und Marianne aus Brandenburg über uns. Ich habe sie auch erst gestern kennengelernt, auf den ersten Blick ebenso nett wie die Münchener."

„Jetzt wird's aber Zeit, dass wir uns erst mal einen Willkommensdrink genehmigen", meinte Paul und schenkte zwei Gläschen Sekt ein. „Prost, auf unsere Gesundheit und den zehnten Urlaub im Strelitzia-Park." „Ach, Paul, so lange ist das schon wieder her, mir kommt es viel kürzer vor, und ich bin, trotz des Lärms über uns, der glücklichste Mensch." „Das freut mich, Liebling, und darum lade ich dich heute Abend zum Essen bei Manuela ein."

Erika meldete sich am nächsten Tag bei Eddy und Veronika zurück, während Paul beim Schwimmen im Pool wieder etliche Bekannte und seinen Freund Martin begrüßen konnte, der sich natürlich danach erkundigte, wer das Skatmatch gewonnen habe. Und Paul wollte von ihm wissen, ob er Lust habe, mit ihm zum Paragliden zu gehen. „Ich bin doch nicht lebensmüde", war seine Antwort und er tauchte weg. Als er seinen Kopf wieder aus dem Wasser streckte, meinte er: „Nee, das ist nichts für mich, aber auf deinen Erfahrungsbericht bin ich gespannt."

Paul war nicht mehr von seinem Vorhaben abzuhalten, er stellte es sich fantastisch vor, über das Tal von Orotava bis zum Atlantik zu schweben. Schon am nächsten Tag buchte er, nachdem er sich über die Modalitäten hatte aufklären lassen. Wind- und Wetterlage sowie entsprechende Bekleidung waren natürlich von entscheidender Bedeutung. Schon am darauffolgenden Tag bekam Paul den ersehnten Anruf des Piloten, sich zum vereinbarten Treffpunkt gegen 11 Uhr an der Calle Acevino Ecke Calle Sabina zu begeben.

Mit besten Wünschen für eine glückliche Heimkehr wurde er von Erika verabschiedet und von Jesus, dem Piloten, an einem größeren Kombi empfangen. Neben Jesus lernte Paul noch den Fahrer, einen zweiten Piloten und einen weiteren Fluggast kennen. Über La Orotava fuhren sie sie die Straße in Richtung Teide hinauf, in der Nähe des Observatoriums erreichten sie auf etwa 2 000 Metern Höhe das Abfluggelände. Während der Fahrt erfuhr Paul von dem anderen Fluggast, einem jungen Mann aus Stuttgart, dass dieser ebenfalls mit gemischten Gefühlen vor seinem Jungferntandemflug stünde.

Die beiden Piloten breiteten sehr sorgfältig die Flugutensilien auf dem Schottergelände aus und hatten dabei stets die Windverhältnisse im Auge, indem sie immer mal wieder mit einem Fuß in den Schotter stießen und die Staubentwicklung beobachteten. „Seid ihr euch nicht ganz sicher oder warum macht ihr das ständig?", fragte Paul Jesus. „Das ist die Gewohnheit", antwortete er, ohne von seiner Arbeit aufzublicken. Paul war froh, dass der andere Fluggast als erster starten durfte, so konnte er sich den Ablauf einprägen. Der Start war geglückt, der Gleitschirm

öffnete sich perfekt über dem Paar. Nun wurde Paul von Jesus instruiert und mit einem Sturzhelm, mit Handschuhen und einer Daunenjacke ausgestattet. Leichte Aufregung war Paul anzumerken, als er linksseitig über die Vulkanlandschaft blickend den Teide sah, vor ihm die unendliche Weite über dem Tal und dem Ozean. Pauls Sitz war
eng mit dem des Piloten hinter ihm verbunden. Dann hieß es, gemeinsam loszulaufen, um Wind unter den Schirm zu bekommen. Plötzlich schrie Jesus „Stopp" und beide rutschten in den Schotter. „Was ist passiert?", fragte Paul erschrocken, als er sich unverletzt, aber umständlich mit dem Piloten aus dem groben Schotter erhob. „Ist nicht optimal gelaufen, aber keine Angst, wir hatten nur zu wenig Wind unterm Schirm, beim nächsten Start hast du schon Routine", versuchte Jesus zu trösten. Jetzt dauerte es wieder eine Viertelstunde, bis Jesus alle Startvorbereitungen erledigt hatte. Paul war währenddessen in sich gekehrt, mit einem flauen Gefühl in der Magengegend.

Aber Jesus behielt recht, der Start klappte und er erkundigte sich auch sofort, ob Paul bequem sitzen würde, was er bestätigen konnte. Paul war erleichtert und von jetzt auf gleich von einem unbeschreiblichen Gefühl von Freiheit und Schwerelosigkeit übermannt. Unter sich die grünen Pinien- und Kiefernwälder, vor sich die ersten Behausungen des Orotava-Tals, weit dahinter die Küste von Puerto de la Cruz und das Meer und er weit davon entfernt, sich unsicher zu fühlen. Ganz im Gegenteil, denn Jesus hinter ihm forderte ihn gar auf, kurzfristig die Steuerleinen zu übernehmen, da er für Paul die Videokamera aufnahmebereit machte, die er ihm anschließend mit dem Hinweis übergab, alles für ihn Sehenswerte per Knopfdruck aufnehmen zu können. Erst zögerlich, aber nach dem energischen Hinweis von Jesus, fester zuzugreifen, machte es Paul sichtlich Spaß, den Schirm durch den spürbar kalten Flugwind zu lenken. Paul entdeckte fortwährend interessante Motive, bis sie eine Wolke durchflogen. Paul träumte einen Augenblick davon, von dieser Wolke um die Welt getragen zu werden. Wieder mit freier Sicht, drehte Jesus, der längst wieder die Steuerung übernommen hatte, einige Schleifen, dabei kam Paul mit seinem Sitz in ungewohnte Schieflage. Pauls ängstlicher Blick zurück zum Piloten veranlasste diesen, die Kamera mit der Frage zu übernehmen: „Alles klar bei dir?" „Der Gleitflug mit leichten Kurven ist mir zwar angenehmer, aber der Mensch lebt mit der Gewohnheit und bei der nächsten Schleife habe ich Routine." Paul kam sich vor wie ein Adler, dem die Freiheit über und unter den Wolken ebenso grenzenlos erscheinen muss, wie es ihm in diesem Moment vorkam.

Über dem riesigen Tal schwebend konnte er von Los Realechos, Puerto de la Cruz und La Orotava bis nach Santa Ursula schauen und erkannte auch die Wohntürme des Maritim-Hotels sowie die Bollullo-Schlucht an der Küste. Aus etwa eintausend Metern Höhe versuchte er, auch den Strelitzia-Park in La Paz ins Blickfeld zu bekommen. Und es gelang, aber Erika war auf der Terrasse nicht zu entdecken. Langsam und mit einigen routiniert gesteuerten Schleifen näherten sie sich der Küste, und Jesus flog mit Paul einige Hundert Meter hinaus aufs Meer. Nun, beim Blick zurück, sah Paul das wunderschöne Orotava-Tal mit dem Teide im Hintergrund aus einer Perspektive, die er bisher noch nicht kannte und die überwältigend herrlich, gar unvergesslich für ihn war. In einem rasanten Kreiselsinkflug näherten sie sich der Klippe von La Paz, flogen am Café Alba vorbei, um dann am Strand von Martiánez sicher zu landen.

„Jesus, es hat mir echt Spaß gemacht, mit einem so souveränen Piloten meinen ersten Paragliding-Flug zu machen, es war bestimmt nicht mein letzter, du hast mir eine fantastische Schwebestunde geboten, ich danke dir", strahlte Paul und entledigte sich der Flugmontur, während Jesus schon wieder damit beschäftigt war, den Schirm zusammenzufalten. Der Kombi-Fahrer, der sie zum Abfluggelände gebracht hatte, war nach kurzer Wartezeit wieder vor Ort. „Übrigens, den Videofilm von unserem Flug sende ich dir an deine E-Mail-Adresse", sagte Jesus, als er sich von Paul genau dort verabschiedete, wo sie sich getroffen hatten.

Erika war sichtlich erleichtert, als sie ihren Paul wieder begrüßen konnte, und hatte dafür den Sekt schon kaltgestellt. Paul war die Freude und auch ein gewisser Stolz über das Erlebte anzumerken, als sich die beiden zuprosteten. Erika konnte Pauls Erfahrungsbericht kaum abwarten. „Nun erzähl schon, wie war's?" „Erika, es war fantastisch!" Paul berichtete detailliert von seinen Gefühlen und dem Erlebten und beendete seine Ausführungen mit seinem Empfinden in der kleinen Wolke: „Als wir uns in der Wolke befanden, sah ich um mich herum lauter kleine Engelchen und dazwischen ein wunderschön großes, das warst du. Aber, Spaß beiseite, schon morgen kann ich dir etliche Szenen meines Fluges auf dem Bildschirm zeigen."

Die tägliche Fernsehsendung „Aktuelle Stunde" im 3. Programm der ARD, gesendet aus Duisburg, ließen sich Erika und Paul selten entgehen, neben den überregionalen Nachrichten interessierten sie sich natürlich auch für das Geschehen in Moers und am Niederrhein. Es war an einem Abend im November 2019, als die beiden von einem Ausbruch einer Epidemie in Wuhan im fernen China erfuhren. Es war nicht die Epidemie, die sie aufhorchen ließ, deren verheerende Folgen sie auch noch nicht ahnen konnten, sondern die Tatsache, dass sie sich an einen gemeinsamen Besuch auf einem der Märkte dieser Millionenstadt während einer Flusskreuzfahrt auf dem Jangtse vor einigen Jahren erinnerten. Sie ließen die Höhepunkte dieser Reise noch einmal Revue passieren.

Beim Frühstück auf der Terrasse am darauffolgenden Tag meinte Paul, mal wieder witzig gelaunt: „Schatz, wenn wir gestern Abend schon in Erinnerungen schwelgten, sollten wir uns für heute mal wieder einen Spaziergang zum Bollullo-Strand vornehmen." „Das ist eine gute Idee, es erspart mir die Kocherei zu Mittag", war Erika sofort einverstanden.

Es war an diesem Vormittag recht windig bei strahlendem Sonnenschein. Sie wählten den von Paul so bezeichneten Klippenweg in La Paz wegen des weiten Blicks über den Ozean. Bis zu den Bananenplantagen redeten die beiden kein Wort miteinander, lediglich Paul schenkte den wenigen entgegenkommenden Passanten ein freundliches „Hola". Erika ahnte schon, dass sich in Pauls Gedankenwelt etwas zusammenbraute. Und richtig, als Erika links und rechts von sich nur noch Bananenstauden sah, begann ein wahrer Redeschwall ihres Mannes. „Erika, stell dir vor, wir sind in diesem Winter das zehnte Mal in unserem Strelitzia-Paradies, haben quasi schon rund fünf Lebensjahre hier verbracht. Was wir in dieser Zeit alles erlebt haben, ist geradezu unglaublich. Die Freunde und Bekannten, die wir hier kennenlernten, sind fast zahlreicher als in Moers. Das Wichtigste sind für mich die vielen Sonnenstunden, die wir hier genießen können, und die unserem Knochengerüst guttun und uns vermehrt Glückshormone schenken." „Du tust ja gerade so, als machtest du einen Abgesang auf diese herrliche Zeit." „Nein, ganz im Gegenteil, ich wünsche uns noch viele gemeinsame Winter auf dieser wunderschönen Insel." In der zum Bollullo-Strand führenden Schlucht angekommen blieb Paul stehen und zeigte auf das dem Meer gegenüber liegende Ende der Schlucht. „Noch etwa zehn Meter höher und halb so groß musst du dir die versteckte Schlucht der Familie des Bollullo-Guanchen vorstellen, die allerdings nur vom Meer aus zugängig war", erklärte er Erika, die sich auf einem Felsblock einen Platz zum Ausruhen gesucht hatte. „Danke, jetzt habe ich endlich eine Vorstellung von dem, wovon du mir so oft vorgeschwärmt hast."

Mit dem anstrengenden Aufstieg aus der Schlucht und einem kurzen Marsch durch die nächste Bananenplantage begann schon der Serpentinenweg hinunter zum Bollullo-Strand, wo sie in der Strandbude einen freien Tisch fanden und sich einen halben Liter „Vino tinto de la casa" bestellten. Es waren meterhohe Wellen, die schäumend auf den Strand peitschten und etliche Sonnenanbeter fluchtartig ihre Stellung wechseln ließen. Baden war verboten, worauf die rote Fahne am Strandwärterstand hinwies. „Bei diesem Wellengang hätte Waldemar, der Guanche, Gott habe ihn selig, hier niemals anlegen können", meinte Paul, nachdem sie sich zugeprostet hatten. „Ja, es ist wirklich schade, dass dieser urige, seltsame Typ, von dem du mir so viel erzählen konntest, die fantastische Entwicklung seines Sohnes Manfred nur in ihren Anfängen miterleben konnte." „Vielleicht erleben wir ja noch weitere Überraschungen in seinem noch jungen Leben", sagte Paul, während er beim Wirt, der ihn als alter Bekannter freundlich begrüßte, zwei Portionen Currywurst mit Pommes bestellte.

Übrigens, da drüben am Tisch saßen Peter und ich, als wir Waldemar in seinem Ziegenfell-Outfit vor zehn Jahren erstmals am Strand beobachteten, er uns danach vom Nebentisch belauschte und mir dann den Bierdeckel mit der überraschenden Einladung übergab", äußerte Paul sichtlich fröhlich. „Ihr müsst wohl so etwas wie eine Sternstunde für den alten Knacker gewesen sein", lachte Erika und klaute Paul die letzten Pommes vom Teller. „Na ja, jedenfalls war es der Beginn einer unglaublichen Geschichte, woran wir uns hoffentlich in zehn Jahren noch gemeinsam an diesem schönen Ort erinnern können." „Mensch Paul, du Optimist, dann bist du 94 und ich 91 Jahre alt, wie soll das denn klappen?" „Ganz einfach, mein Schatz, wir dürfen das Atmen nicht vergessen", scherzte Paul.

So wie im ersten Winter auf Teneriffa und in allen darauffolgenden flogen Erika und Paul über Weihnachten stets in ihre Heimat. An Weihnachten gehörte die Familie zusammen, lautete Erikas Devise, und Paul fügte sich, wie auch in diesem Jahr.

Wieder zurück auf der Insel des ewigen Frühlings überschlugen sich Meldungen über die Verbreitung des Corona-Virus über China hinaus, wo diese Epidemie bereits Hunderte von Menschen das Leben gekostet hatte. Auch auf Teneriffa wurden erste Covid-19-Infektionen gemeldet. Erika und Paul hatten es zwar registriert, nahmen es aber mehr oder weniger gelassen hin. Dieser Eindruck währte aber nicht lange, denn die ersten Corona-Toten auf Teneriffa veranlasste die Inselregierung zu rigorosen Maßnahmen. Sie verfügte beispielsweise neben der Maskenpflicht eine Ausgangssperre für die Bevölkerung. So durfte man nur als Einzelperson zum Einkaufen oder mit dem Hund Gassi gehen. Paul wurde sogar einmal von einem Ordnungshüter auf der menschenleeren Calle Acevino kontrolliert, und Einkaufsbeutel samt Quittung des Inhalts überprüft. Außer bei Taxis durfte im PKW nur der Fahrer sitzen.

Also wurde es auch nichts mit der geplanten Fahrt zur Mandelblüte in Santiago del Teide mit Erika. Und als innerhalb weniger Wochen sämtliche Touristenhotels geschlossen wurden, bekamen auch Erika und Paul ein ungutes Gefühl, wobei nicht nur ihr Rückflug in die Heimat, sondern auch Manfreds Existenz eine Rolle spielten.

Sofort telefonierte er mit ihm und war wenig überrascht, ihn erstmals in mieser Stimmung zu hören. Er erzählte Paul, dass er für die Eröffnung seines Massagesalons Mitte März alle Umbauarbeiten abgeschlossen und alle Kurse erfolgreich absolviert habe. Nun habe er wegen Corona alles auf Eis legen müssen. Ein Anruf bei Mario, dem freundlichen Fernsehtechniker, habe ihm allerdings wieder Mut gemacht, denn der würde ihn sofort wieder beschäftigen. Beide gaben der Hoffnung Ausdruck, dass die Epidemie bald enden möge. Paul versprach ihm, in Kontakt zu bleiben, denn schließlich freue er sich auf seinen Familienurlaub in Deutschland, um ihm Vaters Heimat näherzubringen.

„Darauf komme ich garantiert zurück", versicherte Manfred.

Der bereits im Januar für Ende März gebuchte Rückflug bei Ryan Air wurde eine Woche vor Abflug annulliert, da keine Touristen mehr auf die Insel flogen, vermutete Paul. Weder Erika noch Paul konnten nun entspannt ihre Terrasse im wunderschönen Strelitzia-Park, den plätschernden Wasserfall und die Sonne genießen, denn nicht nach Hause reisen zu können, war für Erika undenkbar, ihr Garten in Moers brauchte ihre Hilfe. Nach langem Hin und Her gelang es Paul Anfang April endlich, einen Rückflug mit Eurowings zu ergattern.

Ende

Der Autor

Horst Pape wurde 1936 in Dortmund geboren. 1943 wurde er zu seiner Tante nach Schlesien evakuiert und kehrte im Januar 1945 zur Mutter zurück. Seinen Vater lernte er bewusst erst nach dessen Rückkehr aus der Kriegsgefangenschaft 1946 kennen. 1954 endete seine erfolgreiche Lehre als Großhandelskaufmann und begann seine zweiundvierzigjährige Arbeit für das Kaufhaus Woolworth, bis er 1996 als Einkaufsdirektor pensioniert wurde. Mit seiner Ehefrau Erika, die er 1959 heiratete, wuchs die Familie auf fünf Mitglieder. Das Reisen gehört neben dem Interesse für Politik und Kultur sowie Sport und Spiel mit Freunden und Familie schon immer zu seinen liebsten Gewohnheiten. Seine Geschäfts- und privaten Reisen führten ihn bereits auf alle fünf Kontinente. Sein erstes Buch „Woolworth und Paul" wurde 2017 im novum Verlag herausgegeben, worauf die Bücher „Bachelor Globetrotter" und „Umwelt-Opa Erasmus" folgten.

Der Verlag

novum ⬛ VERLAG FÜR NEUAUTOREN

„Wer aufhört
besser zu werden,
hat aufgehört
gut zu sein!

Basierend auf diesem Motto ist es dem novum Verlag ein Anliegen, neue Manuskripte aufzuspüren, zu veröffentlichen und deren Autoren langfristig zu fördern. Mittlerweile gilt der 1997 gegründete und mehrfach prämierte Verlag als Spezialist für Neuautoren in Deutschland, Österreich und der Schweiz.

Für jedes neue Manuskript wird innerhalb weniger Wochen eine kostenfreie, unverbindliche Lektorats-Prüfung erstellt.

Weitere Informationen zum Verlag und seinen Büchern finden Sie im Internet unter:

www.novumverlag.com

Bewerten Sie dieses Buch auf unserer Homepage!

www.novumverlag.com